Hideaways

Hideaways

Die schönsten Hotels und Destinationen der Welt

The World's most beautiful Hotels and Destinations

Klocke Verlag

GENUSSVOLLE TRÄUMEREIEN

Mit unserem Bildband *Hideaways* möchten wir Sie zu den schönsten Hotels und Destinationen der Welt entführen. Der Titel, der aus dem englischen Sprachgebrauch stammt, setzt sich aus den Wörtern *hide* (verstecken) und *away* (fort) zusammen. Eine zutreffendere Beschreibung für den Charakter der Hotels, die wir Ihnen präsentieren, gibt es nicht: es sind wahre Verstecke an den faszinierendsten Plätzen und Metropolen der Welt, Refugien für die Seele und Kleinode des erlesenen Geschmacks, die ihren Gästen ein Maximum an Komfort und Privatspähre garantieren. Gemeinsam mit unserem Redaktionsteam waren wir rund um die Welt für Sie unterwegs, um die schönsten *hideaways* zu entdecken. Zahlreiche Domizile befinden sich an Destinationen, an denen die Natur atemberaubende Szenarien geschaffen hat, deren Eindrücke für immer der Erinnerung verschrieben bleiben, wenn man sie einmal erlebt hat. Zu behaupten, wir hätten die vorgestellten Hotels „überprüft“, wäre falsch: wir haben sie genossen und uns dabei von dem einzigartigen Komfort, einem allgegenwärtigen Service und einer exzeptionellen Küchenleistung überzeugt. Solche Eindrücke können immer nur subjektiv sein; es gibt jedoch eine Gemeinschaft von Genießern auf dieser Welt, die in den meisten Dingen gleich empfinden, und diese möchten wir mit unserem Bildband ansprechen und zu genußvollen Träumereien einladen.

With our illustrated book Hideaways we would like to whisk you to the world's most beautiful hotels and destinations. The title itself is an extremely apt description of the hotels we will be presenting. These hotels really are hiding places - and that in the most fascinating locations and greatest metropolis the world has to offer. They are refuges for the soul, bastions of good taste, which guarantee their guests a maximum of luxury and privacy in a distinguished atmosphere. Togehter with our photographers and editors we have been once around the world to discover the most beautiful hideaways. Many of them are situated in places of breathtaking natural beauty, providing us with memories we can feast on for the rest of our lifes. Others still invite their guests to participate in cultural highlights which, once experienced, will likewise never be forgotten. It would be not correct to say that we have "tested" the hotels presented. We have instead experienced and indeed savoured the extraordinary comforts they have to offer, service which is omnipresent and exceptional culinary achievments of their chefs. Such impressions will always be subjective, although in most areas there is indeed widespread agreement among the epicures of this world. This is the audience our illustrated book seeks to adress and to tempt our readers away to delightful dreams.

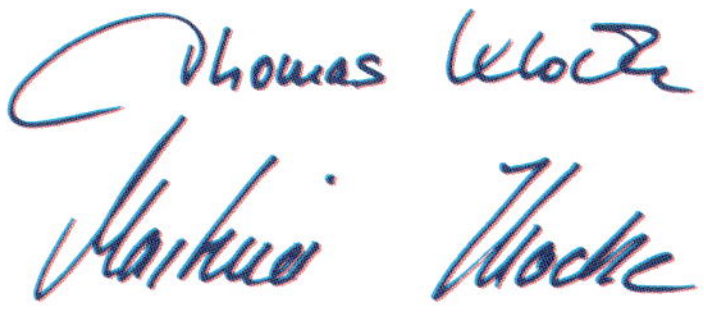

Thomas und Martina Klocke
HERAUSGEBER / PUBLISHER

Hideaways
Die schönsten Hotels und Destinationen der Welt

Klocke Verlag GmbH
Höfeweg 62 a, 33619 Bielefeld, Telefon: 05 21 / 9 11 11-0, Telefax: 05 21 / 10 96 96

1. Auflage 1997

Fotos:
Ydo Sol, Klaus Lorke, Jürgen Gutowski, Martina Gutowski, Michael Lindner

Texte:
Thomas Klocke, Günter Ned,
Jürgen Gutowski, Wolfgang Reich

Grafische Gestaltung:
Sabina Winkelnkemper, Thomas Kacza, Sabine Flöter

Lithographie: Holger Schönfeld

Produktion: Claudia Quelle

Vertrieb: Stephan Klocke

Druck: Graphischer Betrieb
Ernst Gieseking GmbH, Bielefeld

Gedruckt auf Profimago

Printed in Germany

ISBN 3-9804698-9-1

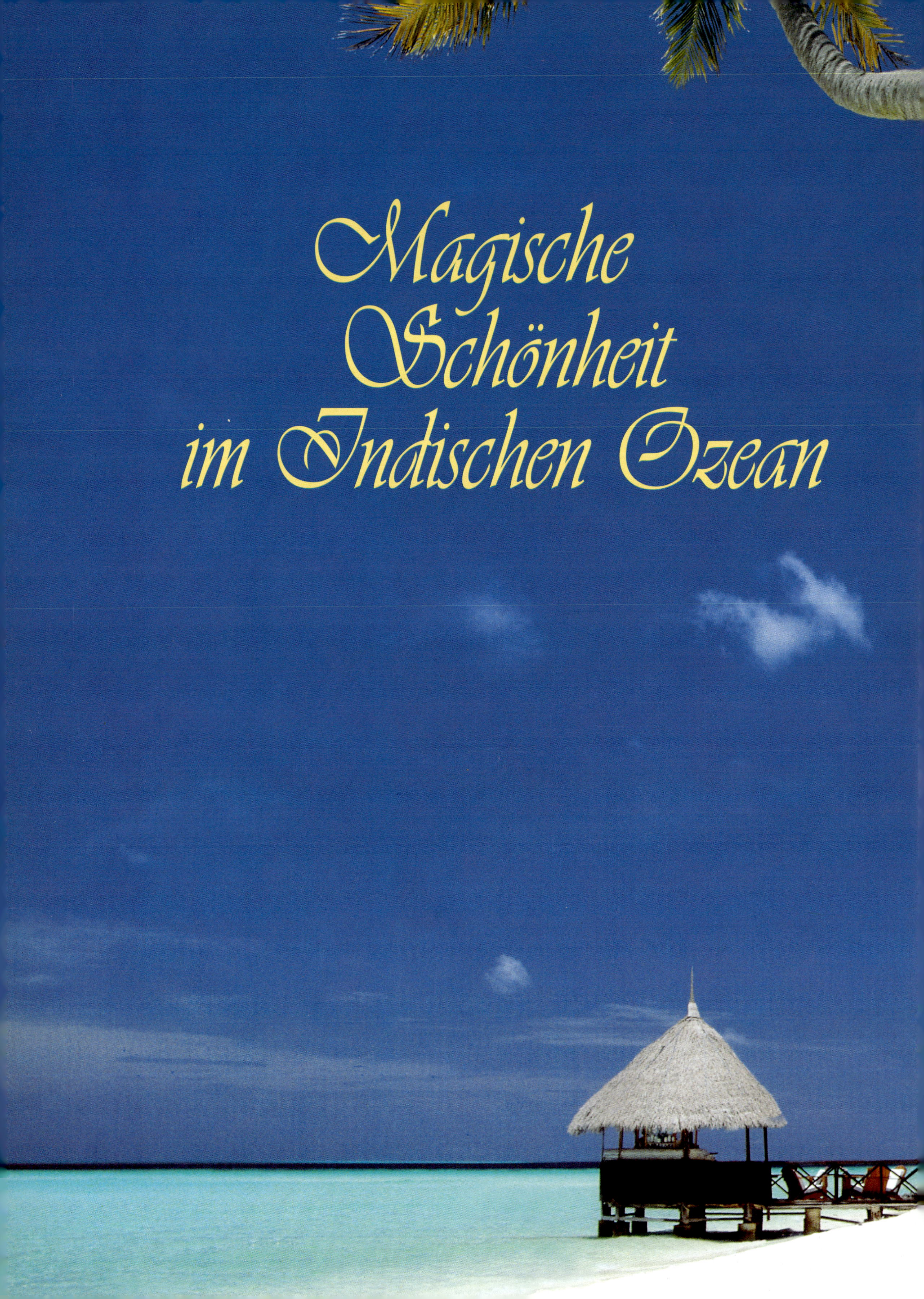
Magische
Schönheit
im Indischen Ozean

Magical beauty in the Indian Ocean

Cocoa Island

Text: Günter Ned · Fotos: Klaus Lorke

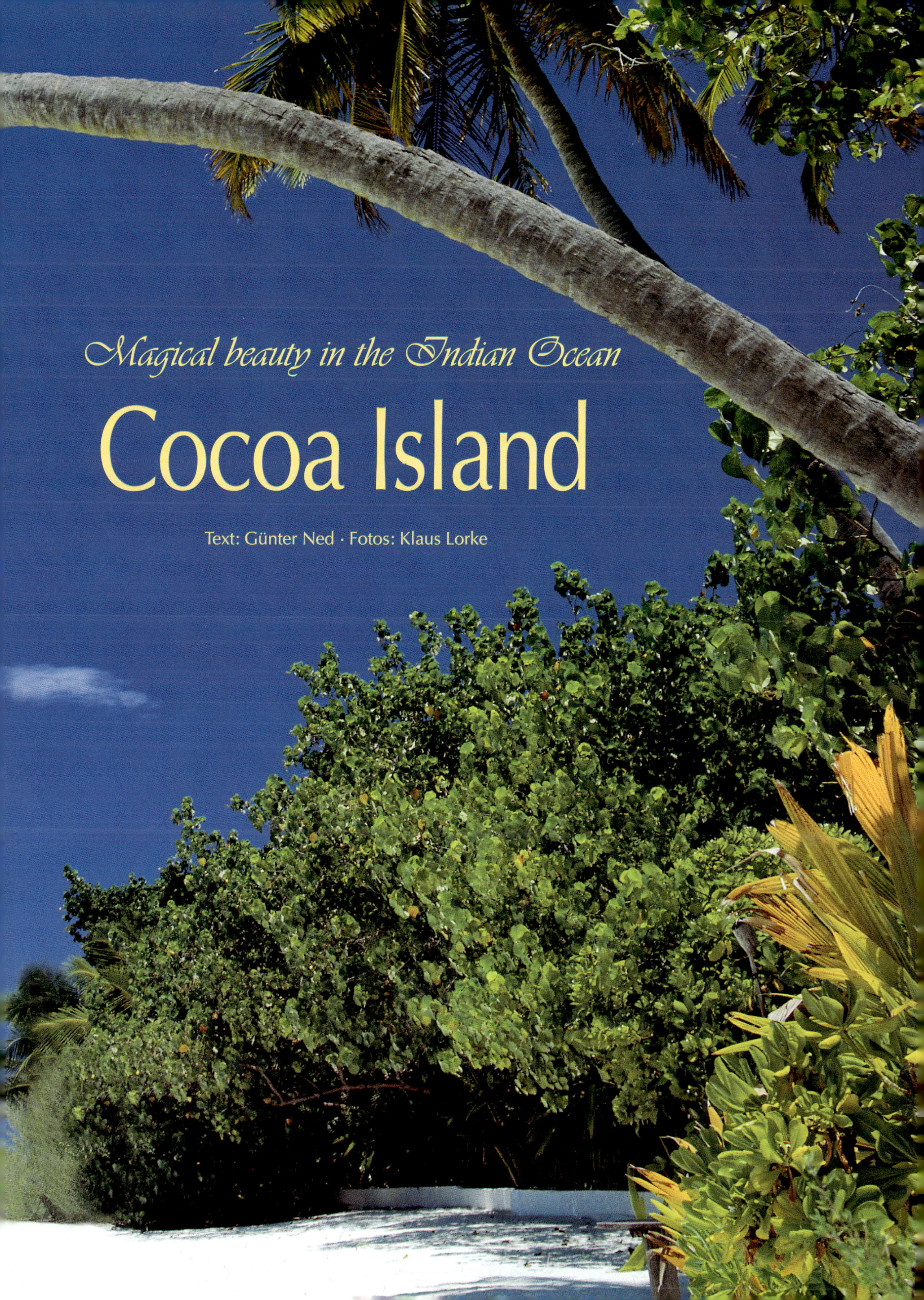

Barely twenty years ago, Eric Klemm, graphic designer and top photographer, designed his private island paradise, which is a fantastic atoll dressed as if by magic. Today he shares a happiness that he found on the Maldives island with the guests of his exclusive resort. They are looking for exclusive seclusion and to be close to nature. They allow themselves to be enticed by the magical blue of the lagoon and dive into a fairy tale coral world.

Angezogen vom Zauber eines traumhaften Atolls entwarf Eric Klemm, Grafik-Designer und Top-Fotograf, vor knapp zwanzig Jahren sein privates Inselparadies. Heute teilt er das Glück, das er auf dem Malediven-Eiland fand, mit den Gästen seines exklusiven Resorts. Sie suchen kultivierte Abgeschiedenheit und Naturnähe, lassen sich vom magischen Blau der Lagune in Bann ziehen, tauchen ab in märchenhafte Korallenwelten.

Vom Heulen der Maschinen, die auf Male landen, dringt nichts in die milden Lüfte über Cocoa Island. 25 Kilometer übers glasklare Wasser des Süd-Male-Atolls liegen vor uns, als wir den Flughafen der Maledivenhauptstadt verlassen. Das Speedboot legt sie in einer guten halben Stunde zurück, mit Kurs nach Süden, mitten durch das Reich der berühmten grünen Spiegeleier auf blauem Grund, die über Jahrhunderte und Jahrtausende dem Meer entwuchsen und auch heute noch in unendlicher Langsamkeit aus den Fluten des Indischen Ozeans tauchen. Schon bei der Passage spüren wir, daß jede dieser Inseln, entstanden aus der unermüdlichen Arbeit der Korallenpolypen, ihre eigene Atmosphäre hat. Als wir das schönste Eiland vor uns sehen, ist die Überfahrt zu Ende.

Nothing from the roaring of the planes which land on Male penetrates the mild air above Cocoa Island. 25 kilometers over crystal clear water, the south Male islands lie before us as we leave the airport of the Maldives capital. The speed boat covers the distance in a good half hour with a course set to the south, straight through the realm of the famous green fried eggs on a blue background which have been growing out of the sea for hundreds and thousands of years, and still today appear from the tides of the Indian Ocean with a never ending slowness. During the journey, we can feel that each of these islands, originating from the tireless work of the coral polyps, has its own atmosphere. When we see the most beautiful island in front of us, the journey is at an end.
Cocoa Island rises from the sea with a special magic. Ten coconut palms have grown high towards the heavens. The green stars of their peaks show the new arrivals the way to

Cocoa Island stieg aus der See mit besonderem Zauber. Zehn Kokospalmen sind hoch in den Himmel gewachsen. Die grünen Sterne ihrer Wipfel weisen Ankömmlingen den Weg zum Landungssteg und wachen über den schlanken grünen Leib der Insel. Er zieht sich einige hundert Meter lang von West nach Ost, umkost vom gleißend weißen Strand, eingefaßt vom leuchtenden Türkis der Lagune.

Bei Niedrigwasser erstirbt auch das hochtourige Getöse des rasanten weißen Wassershuttles bereits draußen am Riff. Die Gäste steigen um und tuckern im flachen Boot behutsam über die Korallenbänke zur hölzernen Mole.

Als Eric im Herbst 1979 mit seinen Kameras und einem wunderschönen Model zum erstenmal die Insel betrat, nahm ihn ihr Zauber unmittelbar gefangen. Der Strand, die niedrig

the jetty and guard over the thin green body of the island. It stretches a few hundred meters from west to east, surrounded by gleaming white sand and bordered by the sparkling turquoise of the lagoon.

At low tide, even the high speed din of the rapid white water-shuttle dies outside on the reef. The guests change boats and cautiously chug over the coral banks in shallow water to the wooden mole.

In autumn 1979, when Eric first landed on the island with his cameras and beautiful models, its magic totally enveloped him. The beach, the low vegetation below the high palm trees was completely uninhabited by people, and even still, or perhaps because of this, the spirit of the place seemed to be pleased about the arrival.

"As I stood on the island, I immediately sensed a strong feeling of happiness, and the place was really lucky for me. Nowadays my guests also sense this happiness. There is the peacefulness, the feeling of well-being, the warmth, which here create a kind of magic. Once a native of the Maldives took me to a magic spot on his island. If he felt uneasy, didn't know which way to turn, had to make decisions, he went to that place, and then everything became clearer."

Cocoa Island has at least eight such magic spots. There is a two-storey bungalow on each, equipped for two or three people, and with the open-air restaurant on the beach, with a wooden bridge to the bar (a palm leave thatched rondel which stands on posts in the lagoon), with the diving school on the west side and the shelter for the surfing equipment and the catamarans in the east, this presents the whole resort to the guests.

Cocoas luxury doesn't present itself with a tourist hotel complex that levels the island with an artificial layout in international comfort and service perfection, its flowers forced, local coloured through beach and palms. The distinguished exclusive-

„Als ich auf der Insel stand, spürte ich sofort ein starkes Glücksgefühl ... Heute spüren auch meine Gäste dieses Glück."

"As I stood on the island, I immediately sensed a strong feeling of happiness ... Nowadays my guests also sense this happiness."

Erschloß seinen Gästen ein zauberhaftes Eiland: Eric Klemm und seine Frau Mariette.

Developed a magical island for his guests: Eric Klemm with his wife Mariette.

Ein Ort für schöne Träume. Man schlummert unter Palmreet und korallenweißem Moskitonetz.

A place to have beautiful dreams. One slumbers under palm reeds and coral white mosquito nets.

ness on Cocoa is left to nature. When fully booked, about 16 friends of the genuine beauty of the Maldives have an entire island to themselves, a 500 meter wide lagoon that stretches along the beach like a huge swimming pool, and an ideal place to dream in their own bungalow. After a light lunch you can sway in a hammock, relax in a deck-chair, sheltered by the leafy roof of palm and panda nut trees, just a few steps away from the quietly lapping water. In the afternoon, the yellow flowers of the wild hibiscus begin to fall all around and slowly turn a deep red colour after they have left the stem. Often they lie with their stalks in the sand and seem to draw the energy to change from the layers of coral underground. The small white patchouli calyx gives off a fragrance which wafts in the air, and we suddenly perhaps realise that the journey to the realm of the thousand atolls didn't end at the airport, that it is continuing at the moment within your true self. Things which can disturb from afar don't penetrate the romantic seclusion of Cocoa Island. Even the sea doesn't touch the island in this way. However wild and thundering they roll in, the waves of the ocean break out on the reef. Their white foam is changed in the underwater abyss to lap the quiet lagoon.

The magnificent underwater world of the Maldives hasn't only attracted prominent deep sea experts like Hans Hass and Leni Riefenstahl. The magical realms of the coral bring myriads of hobby divers to their eldorado year after year. Trouble and injuries, thoughtless interventions in the soul creation of the reef were the consequences, defiling nature, that Eric knows how to prevent on his dream island. As intact as the environment has been kept above water (there is no air pollution above the atoll, in the bathrooms of the bungalows you clean your teeth with rain water from a glass carafe), Cocoas guests leave the beauty under water just as un-

Vegetation unter den hohen Palmen waren von Menschen völlig unbewohnt, und doch oder vielleicht gerade deshalb schien sich der Geist des Ortes über die Ankunft zu freuen.

„Als ich auf der Insel stand, spürte ich sofort ein starkes Glücksgefühl, und Glück hat mir der Ort dann auch wirklich gebracht. Heute spüren auch meine Gäste dieses Glück. Da ist die Stille, das Wohlgefühl, die Wärme, es gibt hier eine gewisse Magie. Ein Malediver hat mich einmal zum *magic point* seiner Insel geführt. Wenn er unruhig war, nicht weiter wußte, Entscheidungen zu treffen hatte, ging er dort hin, und dann klärten sich seine Dinge."

Cocoa Island hat mindestens acht solcher *magic points*. Auf jedem steht ein zweistöckiger Bungalow, eingerichtet für zwei bis drei Personen, und mit dem offen an den Strand gebauten Restaurant, mit der Holzbrücke zur Bar (einem palmstrohgedeckten Rondell, das auf Pfählen in der Lagune steht), mit der Tauchschule am westlichen Ende und dem Unterstand für die Surfausrüstungen und den Katamaransegler am östlichen zeigt sich Gästen bereits das gesamte

Die Bar von Cocoa Island steht auf Pfählen in der Lagune.

Cocoa Island's bar stands on staakes in the lagoon.

Resort. Cocoas Luxus präsentiert sich nicht mit einem touristischen Hotelkomplex, der die Insel planiert, mit einer künstlichen Anlage, in der internationaler Komfort- und Serviceperfektionismus seine Blüten treibt, lokal koloriert durch Strand und Palmen. Die distinguierte Exklusivität auf Cocoa ist naturbelassen. Bei voller Belegung haben etwa 16 Freunde der genuinen Schönheit der Malediven eine ganze Insel für sich, eine 500 Meter breite Lagune, die sich wie ein riesiger Swimmingpool um den Strand spannt, und im eigenen Bungalow einen idyllischen Ort zum Träumen.

Nach einem leichten Lunch wiegt man sich in der Hängematte, ruht im Liegestuhl, geschützt vom Laubdach der Palmen und Pandanusbäume, wenige Schritte entfernt vom leise anplätschernden Wasser. Am Nachmittag beginnen ringsum die gelben Blüten des wilden Hibiskus zu fallen und färben sich, getrennt vom Stamm, langsam tiefrot. Oft sitzen sie mit dem Stielansatz auf dem Sand und scheinen die Kraft zur Veränderung aus den Korallenschichten des Untergrunds zu saugen. Die schmalen weißen

touched. Hans Hass found this most impressive during his visit. Moreover vistas into the deep are an imperative part of the island's programme. Caution is part of the spirit of Cocoas and Ina, Maldives expert and leader of the resort's own diving school, doesn't just see her job as leading newcomers into the elements of the underwater world or leading advanced divers through the fascinating deep sea landscapes, incidentally only in groups of a maximum of four participants. The young Viennese woman, who was an intensive care nurse before she took up her career in diving, takes the active, protection of nature in the sea very much to heart.
How shabby are souvenirs broken off from this underwater world compared to the fairy tale pictures and stories which one brings up inside ones head, from snorkeling in shallow water near the beach just as much as from the descent to ten, twenty, thirty meters deep in the outer reef, there where one suddenly becomes part of the sea fauna itself; pictures of wonderful coral forests, -towers, -webs, -canes and partitions, from gardens made out of stone, from reef walls and caves, from shoals of fish, iridescent in the colours of the rainbow; and stories

in which perhaps gudgeon and prawn take the floor: they live in memorable symbiosis in the same cave, the blind crab digs, the fish keeps watch; or the thin tubular eels mating: the small female winds itself around the stomach of the male for a four to six hour love play; or the anemones which open in the early morning light, or the printer fish which aggressively defends its territory.

When Eric, as a graphic designer and photographer, with commissions from international magasines, discovered Cocoa Island, and gave the atoll its name, took it as his domicile, then also planned it as a South Sea dream for guests; as he freed the low vegetation from entangled bushes and creepers with the energetic help of Maldives natives, in order to plant a vegetation which today doesn't just bloom in mangro-

Patschuli-Kelche lassen ihre Düfte strömen, und plötzlich wird uns vielleicht bewußt, daß die Reise ins Reich der tausend Atolle auf dem Airport nicht zu Ende war, daß sie im Augenblick weitergeht, hinunter ins eigene Ich. Was von ferne stören könnte, dringt in die romantische Abgeschiedenheit von Cocoa Island nicht vor. So faßt auch das Meer das Eiland nicht an. Wie wild und tosend sie auch immer anrollen, die Wogen des Ozeans brechen sich draußen am Riff. Ihre weiße Gischt wird am unterseeischen Abgrund zum Saum der stillen Lagune.

Die prachtvolle Unterwelt der Malediven hat nicht nur Tiefseeprominenz wie Hans Hass und Leni Riefenstahl angezogen. Das Zauberreich der Korallen machen auch Jahr für Jahr Myriaden von Hobbytauchern zu ihrem Eldorado. Störungen und Verletzungen, unbedachte Eingriffe in die Seelengebilde der Riffs waren die Folge, Ruppigkeiten gegen die Natur, die Eric auf seiner Trauminsel zu verhindern weiß. So heil die Umwelt über dem Wasser geblieben ist (es gibt über dem Atoll keine Luftverschmutzung, in den Bädern der Bungalows putzt man sich die Zähne mit Regenwasser aus der Glaskaraffe), so unberührt lassen Cocoas Gäste die Schönheiten unter Wasser. Hans Hass hat es bei seinem Besuch beeindruckt festgestellt.

Dabei gehören Ausblicke in die Tiefe zum unerläßlichen Inselprogramm. Zum Geist Cocoas paßt Behutsamkeit, und so sieht auch Ina, Maledivenexpertin und Leiterin der resorteigenen Tauchschule, ihre Aufgabe nicht nur darin, Neulinge in die Anfangsgründe des Unterwasseraufenthalts einzuführen oder Fortgeschrittene durch die reizvollsten Tiefenlandschaften zu führen, übrigens nur in Gruppen bis zu maximal vier Teilnehmern. Der jungen Wienerin, die Intensivkrankenschwester war, bevor sie die Tauchpädagogik zu ihrem Beruf machte, liegt der aktive Schutz der Meeresnatur gleichermaßen am Herzen.

Wie armselig nehmen sich auch unten herausgebrochene Souvenirs gegen die märchenhaften Bilder und Geschichten aus, die man in sich mit nach oben bringt, vom Schnorcheln im untiefen Wasser vorm Strand ebenso wie von den Abstiegen in zehn, zwanzig, dreißig Meter Tiefe am Außenriff, dort, wo man zur Meeresfauna plötzlich selbst gehört; Bilder von wunderbaren Korallenwäldern, -türmen, -geweben, -stöcken und -fächern, von Gärten aus Stein, von Riffwänden und Höhlen, von Fischschwärmen, die in den Farben des Regenbogens schillern; und Geschichten, in denen vielleicht Grundel und Garnele auftreten: sie bewohnen in denkwürdiger Symbiose dieselbe Höhle, der blinde Krebs gräbt, der Fisch wacht; oder die schlanken Röhrenaale bei der Paarung: das kleinere Weibchen schlingt sich um den Bauch des Männchens zum vier- bis sechsstündigen Liebesspiel; oder die Anemonen, die sich im frühen Morgenlicht öffnen, oder der Drückerfisch, der aggressiv sein Revier verteidigt.

Wie Eric als Grafik-Designer und Fotograf mit Aufträgen internationaler Magazine Cocoa Island entdeckte, der Atoll-Grazie ihren Namen gab, sie zunächst als Wohnsitz für sich, dann auch als Südseetraum für Gäste plante; wie er mit der tatkräftigen Hilfe von Maledivern den niedrigen Bewuchs von verfilztem Buschwerk und Schlingpflanzen befreite, um eine Vegetation anzupflanzen, in der heute nicht nur die Mangroven grünen, sondern auch Oleander und Bougainvillea blühen; wie er mit seiner einheimischen Crew die ersten Bungalows baute, erst aus Korallenstein, dann bald, um das Riff zu schützen, mit Hohlziegeln aus Korallensand und Zement, und schließlich ein Hotelresort schuf, das an exklusiver Originalität

seinesgleichen sucht, hat er selbst in einem kunstvollen Bildband beschrieben. Es ist eine Abenteuerstory, eine moderne Robinsonade, die Liebesgeschichte mit einem Eiland. Die Früchte dieser Liebe genießen Gäste in Bungalows, deren Living Rooms nach maledivischer Sitte die baren Füße ihrer Bewohner mit gefegtem Sand verwöhnen. Die Schlafräume oben haben Böden aus Palmholz, der Dachstuhl ist außen mit Palmstroh gedeckt, innen mit einem Geflecht tapeziert, das einheimische Hände kunstfertig aus frischen grünen Palmstreifen weben. Im Bad duscht man wahlweise mit Wasser aus der inseleigenen Entsalzungsanlage oder mit Meerwasser aus dem Brunnen. Es wird durch Korallenschichten gefiltert, sein Salzgehalt ist weitgehend reduziert, und die Haut spürt schnell seine kosmetischen Qualitäten. TV, Radio und Telefon fehlen (außer natürlich in der Rezeption), ebenso Aircondition. Man ruht nachtluftgekühlt unterm feinen Moskitonetz.

Das Restaurant, ebenfalls unter Palmenreet, braucht bei ganzjährigen Temperaturen zwischen 23° und 30° C keine Wände, Fenster und Türen. Küchenchef Mohammed kocht mit seinen Kollegen Adam und Ahmed, von europäischen Spitzenköchen trainiert, ganz vorzüglich. Im Mittelpunkt stehen die herrlichen Red Snappers, Merlane, Doraden oder Bonitos maledivischer Fanggründe, fein und phantasievoll zubereitet. Dazu fließen Champagner, Cocktails, französische Weine, und für Honeymooner deckt man zum Dinner auch gerne im Abendrot draußen auf der Sandbank.

Näher an der Natur als auf Cocoa Island lassen sich die Malediven nicht erleben, kultivierter zugleich auch nicht. Daß noch kein Gast hier, auch nicht Luciano Benetton oder Boris Becker, daran dachte, seine Türen zu schließen, paßt zum Zauber der Insel ebenso wie Mozarts Klarinettenkonzert in A-Dur. Von Erics schöner Frau Mariette aufgelegt, schwebt es dann und wann unter einem berückenden Sternenhimmel über Bar und Lagune.

ve green, but also oleander and bougainvillea; as he built the first bungalows with his native crew, first from coral and then soon afterwards, to protect the reef, from cavity bricks made from coral sand and cement, and finally achieved a hotel resort, that is unparalleled in exclusive originality, he had written himself into an illustrated book. It's an adventure story, a modern Robinson, the love story with an island.
Guests enjoy the fruit of this love in bungalows whose loving rooms pamper the bare feet of those living in them with brushed sand as is the Maldives custom. The bedrooms above have a floor made from palm wood, the roof truss is covered with palm leaves outside, inside it is decorated with fresh green plaited palm leaves skillfully woven by native hands. In the bathroom you can choose to shower with water from the island's own desalination works or with sea water from the well. It's filtered through layers of coral, its salt content drastically reduced, and your skin quickly feels its cosmetic qualities. TV, radio and telephone are absent (except in the reception of course) as is air conditioning. You relax under fine mosquito nets and are cooled by the night air.
The restaurant, also under a palm thatch, needs no walls, windows or doors with a temperature between 23° and 30°C all year round. Chef Mohammed, with his colleagues Adam and Ahmed, trained by European top chefs, cook superbly. Their main dishes being the wonderful red snapper, merlin, dorado or bonito from the Maldives fishing grounds, delicately prepared with fantasy. Added to this, champagne, cocktails and French wine flow, and for honeymooners dinner is served outside on the sand bank in the sunset.
Nearer to nature or more sophisticated than Cocoa Island can't be experienced anywhere else on the Maldives. The fact that no guest here, neither Luciano Benetton nor Boris Becker, thought to lock his door, fits in with the magic of the island like Mozarts clarinet concert in A major. Put on by Eric's beautiful wife Mariette, it floats now and then over bar and lagoon under the fascinating starry sky.

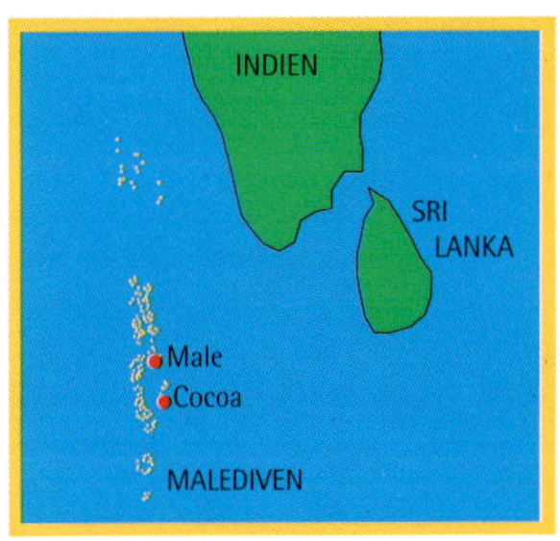

Hideaway im Indischen Ozean

Hotel Royal Palm

Hideaway in the Indian Ocean

Fotos und Text: Jürgen Gutowski

Das Hotel Royal Palm ist eine der schönsten Luxusherbergen im Indischen Ozean. Der weitläufige tropische Garten mit seinen Bougainvilleen, Hibiskus, Frangipanis und Palmen ist ein wahres Paradies exotischer Flora.

The Hotel Royal Palm is one of the most beautiful luxurious refuges at the Indian Ocean. The generous area of the tropical garden with countless bouganvillas, hibiscus, francipanies and palms is a real paradise of exotic flora.

The bus sweats its way at 32° along a metalled road through a tropical dreamland. Swathed in multicoloured silk saris, some Mauritian women and a few children still wearing school uniform chatter to each other in a mixture of French and Creole. Incomprehensible but apparently something jovial as far as I can tell from this ex-colonial vehicle made in England that I, eager to discover Mauritius, selected for my transfer from the airport. Just outside Beau Bassin, heavy rain suddenly splashes through the red blossoms of the flame trees with such force that the window seals are quickly overpowered. After a minute of shivering, the picture postcard weather returns. We stop at one of the numerous washing places where twenty Mauritian women are washing their sparkling clothes in a gushing stream, laughing so enchantingly that you could almost believe they had found their dream job. A red-haired black leans back in the shade of a

Der Bus schwitzt bei 32 Grad über einen asphaltierten Feldweg durch den tropischen Traum. In kunterbunte Seidensaris gehüllte Mauritierinnen und ein paar Kinder in Grundschuluniform schnattern in einer Mischung aus Französisch und Kreol Unverständliches, aber anscheinend Heiteres in unserem spätkolonialen Vehikel made in England, das ich, neugierig auf Mauritius, als Transfermittel gewählt habe. Kurz hinter Beau Bassin klatscht der Regen durch die rot blühenden Flammenbäume, daß die Fensterdichtungen es nicht mehr aushalten. Nach einer Minute des Fröstelns ist das Wetter wieder postkartengerecht. Zwischenstopp an einem der vielen Waschplätze, zwanzig mauritianische Frauen waschen die schillernd bunte Wäsche im rauschenden Bach und lächeln dabei so hingebungsvoll, daß ich fast glaube, hier hätten Menschen ihren Traumjob gefunden. Ein rothaariger Schwarzer lehnt im Schatten einer Wellblechhütte und grinst: François, der Planierraupenfahrer, bewacht seine hellbraune Schönheit, die nach Feierabend im nahe gelegenen Luxushotel „Shandrani" Sega tanzt. Es ist heiß hier, und Deutschland versinkt wahrscheinlich gerade in nasser Kälte! Mauritius ist eine einzige „Klima-

corrugated-iron hut and grins: François, the bulldozer driver, is watching the fair beauty who in the evening dances the Sega in the nearby "Shandrani" luxury hotel. It is hot here and Germany is probably subsiding into yet another spate of cold, wet weather. Mauritius is one giant air-conditioning system, as luck would have it equipped with a wide range of hot and cold baths. What a good thing the island is plagued neither by malaria mosquitos nor by poisonous snakes. Along the road, numerous 1950s Leyland diesels rattle past in the shade of rubber and fetish trees – on the left, of course, Mauritius having been a British colony until 1968. And then: Sugar as far as the eye can see and legions of workers unmindful of the blazing sun rhythmically hacking down the precious canes which are the chief source of Mauritius' modest prosperity. At the centre of the luscious green plantation, menacing blackened towers loom up behind heaps of rubble – the mortal remains of abandoned sugar mills. The towers have been left in place for fear of evil spirits who would punish anyone who dared fell a tower. I get off the scheduled bus in Curepipe, more or less in the middle of the island and not far from the capital, Port Louis. It is late afternoon. A textiles factory on the first floor of an extremely noisy tavern is issuing forth a mass of brown, black, white and yellow beauties – all dressed in light, multicoloured silks. Red dragons on rainbow-coloured kimonos alternate with white and pale-green lace. The girls giggle at my camera while the married women, each of whom bears a red or green spot between the eyes, do not register my presence at all. The barber behind the corrugated sheeting next door dries his hands and appears at the doorway together with his half-shaven customer and

Anlage", glücklicherweise mit reichlich Wechselbädern ausgestattet. Gut, daß es weder Malaria-Moskitos noch giftige Schlangen auf der Insel gibt.

Auf der Landstraße knattern dieselgetriebene Leylands aus den 50er Jahren im Schatten von Gummi- und Leberwurstbäumen dahin: auf der linken Straßenseite, denn Mauritius war bis 1968 englische Kolonie.

Dann: Zucker und kein Ende. Legionen von Zuckerrohrarbeitern schlagen unter der senkrechten Sonnenglut im Gleichschritt den Stoff, aus dem der bescheidene mauritische Wohlstand ist. Mittendrin in der grün überbordenen Plantage: schwarz drohende Türme hinter verlassenen Steinhaufen, Reste aufgegebener Zuckermühlen. Die Schornsteine ließ man stehen, aus Angst vor den Unglücksgeistern, die jeden bestrafen, der einen Turm fällt.

Zuerst wurde Mauritius geschaffen, danach der Himmel. Und der Himmel war nur eine Kopie von Mauritius.
Mark Twain

Mauritius was created first and than the heavens. And the heavens were a copy of Mauritius.

Ein Hindu-Tempel im Landesinneren.

A temple of the hinduism people in the middle of the island.

Der weiße Sandstrand des Hotels Royal Palm in der Grande Baie ist einer der schönsten von Mauritius.

The white sandy beach of the Hotel Royal Palm at the Grande Baie is one of the most beautiful from Mauritius.

Die 300 qm große Royal Suite verfügt über einen eigenen privaten Pool.

The Royal Suite, 300 square meters big, offers an own private pool.

whispers in my ear "Don't shoot the wrong ones!" – Good advice, given that the Muslims, who account for 16 per cent of this cosmopolitan English-French-Creole island, do not appreciate photographs because of their faith. The Prophet once forbade any such depictions. I turn round and find myself facing a large, dark-brown wardrobe of a man: Gul, the taxidriver, who knows very well that I have missed the last bus back to the hotel. We bump along to the Royal Palm Hotel in Grand Baie in the north-west of Mauritius in his 1960s Morris, decorated with Allah stickers to cover up the countless rust spots. I approach the main entrance through a small garden to the sound of whirring rotors from the hotel's own helicopter pad. Another

In Curepipe, ziemlich in der Mitte der Insel kurz vor der Hauptstadt Port Louis gelegen, steige ich aus dem Linienbus. Es ist später Nachmittag. Aus einer Textilfabrik im ersten Stock über einer rasend lauten Taverne sprudeln braune, schwarze, weiße und gelbe Schönheiten, allesamt in leichte knallbunte Seide gekleidet. Rote Drachen auf regenbogenfarbenen Kimonos wechseln mit weißen und hellgrünen Spitzenkleidern. Die Mädchen kichern wegen meiner Kamera, für die Frauen mit dem roten oder grünen Ehe-Punkt zwischen den Augen bin ich Luft. Der Friseur hinter Wellblechplatten trocknet sich nebenan die Hände und tritt mit seinem halbrasierten Kunden vor die Tür und raunt mir warnend ins Ohr: „Don't shoot the wrong ones!" – Ein guter Tip, denn die Muslime, die immerhin 16 Prozent dieser kosmopolitischen englisch-französisch-kreolischen Insel ausmachen, schätzen fotografische Ablichtungen ihres Glaubens wegen gar nicht; der Prophet hat einst verboten, sich ein Abbild zu machen.

Als ich mich umdrehe, steht ein dunkelbrauner Kleiderschrank vor mir: Gul, der Taxifahrer, weiß genau, daß ich den letzten Bus zum Hotel verpaßt habe. Mit seinem Morris-Oldie aus den 60ern, geschmückt mit Allah-Aufklebern über zahllosen Roststellen, schaukeln wir zum Royal Palm Hotel nach Grand Baie im Nordwesten von Mauritius. Durch eine kleine Gartenauffahrt erreiche ich den Haupteingang, vom nahe gelegenen hoteleigenen Hubschrauberlandeplatz hört man das klackernde Surren der Rotoren, ein anderer Gast hat den Hubschraubertransfer der langwierigeren Taxifahrt vorgezogen. Über eine zuckerrohrüberdachte Brücke betrete ich die luftige Open-air-Lobby des Royal Palm Hotels, ausgestattet mit seltenen Antiquitäten und stilvollem Mobiliar. Kein langwieriges Check-in, jeder (!) kennt meinen Namen und kann ihn sogar fehlerfrei aussprechen, alles ist vorbereitet, auch der kühle tropische Cocktail, nur noch eine Unterschrift, und dann bin ich „Resident" des exklusivsten Hotels im Indischen Ozean.

Der erste Blick, wie meist auch in der Liebe, ist ein süßes Verhängnis: Ich verfalle dem Haus auf der Stelle, auf der ich stehe. Ich schaue von der Lobby aus über einen wuchernden Palmengarten, dahinter über einen blauglitzernden gerundeten Pool, ich sehe eine kleine Brücke, hinter der sich dann der offene türkisblaue Indische Ozean öffnet.

Das wärmste Meer der Welt spült nur einen Steinwurf entfernt ans weiße Gestade, das es 160 Kilometer lang auf dieser Insel reichlich gibt. Während ich schaue und die Harmonie des Augenblicks genieße, überlege ich, wie ich diesen Moment an irgendeinem fernen Tag in geschriebene Worte gießen soll, ohne in triviale Prospektplatitüden abzugleiten. Cecile, der gute Hausgeist, gewöhnt an leicht benommene Journalisten und Fotografen, führt mich zum „Aussichtsdeck" des Royal Palm neben der handgeschnitzten Bar, wo sogar kubanische Zigarren und europäische Kreiselspiele auf der Theke stehen. Die Grand Baie, nach der auch der nahe kleine Ort benannt ist, leuchtet in allen verfügbaren Blau- und Türkistönen. Das schützende Riff bändigt schon kilometerweit draußen die Wellen, die hier nur noch in sachter Dünung den puderzuckerfeinen tropischen Strand streicheln. Bis zum Bauch stehen Angler im Wasser und warten geduldig, daß das Abendessen anbeißt. Der Katamaran legt an, und der Barmann schüttelt meinen ersten „Sundowner".

So friedlich wie die Atmosphäre sind auch die Menschen von Mauritius. Noch nie hat ein Krieg die Insel geschüttelt, die wenigen Soldaten schneiden Büsche an den Straßen und pflegen den Botanischen Garten. Der Ruf des Muezzins – „Allah u Akbar!" (Gott ist groß!) – klingt am späten Nachmittag aus einer entfernten Moschee herüber. Hier ist Allah groß genug für alle Nationen und Religionen, keiner schlägt dem jeweils Andersgläubigen den Schädel ein. Im Gegenteil: Hier gibt es ein Dutzend verschiedener Religionen und Nationen, aber Weihnachten oder den Geburtstag des Hindu-Gottes Rama feiert man wie selbstverständlich gemein-

guest apparently opted for helicopter transfer instead of the long and tedious car journey. A bridge roofed over with sugar cane leads into the open-air lobby of the Royal Palm Hotel with its rare antiques and stylish furnishings. No bothersome check-in procedures. Everyone (!) not only knows my name but can even pronounce it impeccably too. Everything is ready for me, including a cool, tropical cocktail, and all that is required of me is my signature. Henceforth, I am a resident of the most exclusive hotel in the Indian Ocean. And it's love at first sight. I gaze out of the lobby at the lush palm garden and behind it the circular, sparkling-blue pool. I can see a small bridge and beyond it the open turquoise expanse of the Indian Ocean. The world's warmest ocean is lapping at one of this island's 160 km of white sandy beaches less than a stone's throw away. While savouring this view, I wonder how I will ever be able to convey my feelings in words, without degenerating into trivial brochurese. Cecile, my hostess, who is obviously accustomed to bemused journalists and photographers, takes me to the Royal Palm's observation deck behind the hand-carved bar strewn with both Havanna cigars and European gyroscopes. The Grand Baie, which also gives its name to the nearby village, shimmers in every possible shade of blue and green. A protective reef tames the waves a few kilometres out to sea so that by the time they reach this icing-sugar-like tropical beach, the breakers have become ripples. Anglers stand up to their waists in the water and wait patiently for dinner to bite. A catamaran has just moored and the bartender is shaking my first "Sundowner". The people of Mauritius are as peaceful as the atmosphe-

Die Zimmer und Suiten des Hotels wurden mit erlesenem Interieur eingerichtet.

The rooms and suites of the hotel have been furnished with excellent interior.

Charmanter Gastgeber im Royal Palm: Direktor Jean-Pierre Chaumard.

Charming host at the Royal Palm: General Manager Jean-Pierre Chaumard.

re. The island has never been troubled by war and the few soldiers there are keep the undergrowth in check along the roads and maintain the botanical gardens. The call of the muezzin – "Allah u Akbar!" (God is Great!) – is to be heard from a distant mosque. Here, Allah is great enough for all nations and religions – no-one beats up another just because he or she is of a different confession. Quite the contrary: There are at least a dozen different religions and ethnic groups here, but it goes without saying that everyone joins in the celebrations of Christmas and Rama's birthday. And tourists too can feel just as safe in remote sugar-cane plantations as in the Royal Palm's tropical park. I stroll through the flourishing Garden of Eden with its bougainvillas, hibiscus and yellow frangipanis while red sparrows and pleasantly crowing beos flit among the nodding palm leaves. In the middle of this idyll, as shady as it is bathed in sunlight, I encounter an unusual personality: "The atmosphere here with us is very special! You'll soon find out", says Director Jean-Pierre Chaumard over a glass of French mineral water and, of course, a salad of fresh palm hearts. The atmosphere reminds me of the best Relais & Châteaux hotels. It is easy-going but by no means lacking in style. There is even a dress code, even if it recommends a very Caribbean style of "casual elegance": "No T-shirts and bermudas at dinner please." No wonder Boris Becker is among those who have enjoyed the two gourmet restaurants "La Goelette" and "Le Surcouf" – both of which surpass all criticism. Director Chaumard, his shirt-sleeves revealing his tanned arms, breathed life into the Royal Palm just ten years ago. A native of France, he collected hundreds of

sam. Und auch der Urlauber kann sich auf dem verlassensten Zuckerrohrfeldweg genauso sicher fühlen wie im tropischen Park des Royal Palm. Ich schlendere durch einen blühenden Garten Eden mit Bougainvilleen, Hibiskus und gelbleuchtenden Frangipanis, während kleine rote Spatzen und sympathisch krächzende Beo-Pärchen durch sich wiegende Palmenblätter flitzen. Mitten in dieser gleichermaßen schattenspendenden wie lichtdurchfluteten Idylle treffe ich eine außergewöhnliche Persönlichkeit. „Die Atmosphäre hier bei uns ist sehr speziell! Sie werden es merken", sagt mir der allgegenwärtige Direktor Jean-Pierre Chaumard bei französischem Mineralwasser und, natürlich, frischem Palmherzensalat. Die Atmosphäre erinnert mich an die schönsten Relais & Châteaux-Häuser, sie ist „easy-going", aber ganz und gar nicht stillos. Es gibt sogar eine Kleiderordnung, auch wenn sie nur eine sehr karibische Art von „ungezwungener Eleganz" vorschlägt: „Am Abend bitte keine T-Shirts und Bermudas." Kein Wunder, daß sich in den beiden Gourmet-Restaurants „La Goelette" und „Le Surcouf", erhaben über jede Kritik, auch Boris Becker

wohl gefühlt hat. Direktor Chaumard, hemdsärmlig und braungebrannt, hat das Royal Palm vor zehn Jahren aus der Taufe gehoben. Hunderttausende schwarze Lavabrocken ließ der gebürtige Franzose von den Zuckerrohrfeldern sammeln und zu einem der anmutigsten Refugien der Welt verarbeiten. „Das Haus ist mein Kind", sagt Direktor Chaumard, der mit einer 23 Jahre jüngeren Inderin verheiratet ist und gerade ein vietnamesisches Baby adoptiert hat, das den geheimnisvollen Namen „Träne des Mondes" trägt. Das Royal Palm trägt denn auch die Züge seines Kreators: Großzügig angelegte und eingerichtete Zimmer und Suiten, 55 bis 112 Quadratmeter groß, ausgestattet mit eleganten Korbmöbeln, Farb-TV mit Video, Radio, Minibar, drahtlosem Telefon und Klimaanlage, sorgen für jeglichen Komfort. Ein großes Bad mit zwei Waschbecken, getrennter Dusche, Badewanne und separatem WC und Haartrockner, all das überrascht selbst weitgereiste Gäste. Jeden Morgen hängt zudem ein andersfarbiger Kimono in meinem Zimmer, der Roomservice funktioniert rund um die Uhr wie mitten in Manhattan, und am Strand steht allzeit das schneidig gebügelte Personal in weißem Dreß und Tropenhelm und hält flauschige Handtücher und kühle Drinks bereit. Die Suiten verfügen außerdem über einen privaten Zugang zum Strand und zum Garten, und der edelste Teil des Hotels, die Royal Suite, die sich reichverziert mit indischen Antiquitäten über zwei Etagen erstreckt, hat einen privaten Pool im persönlichen Vorgarten, den man auch blickdicht mit einer hölzernen Pforte schließen kann. Das liebevoll arrangierte Interieur der Royal Suite, darunter auch wertvolle indische Miniaturmusikanten aus bemaltem Ebenholz auf der Freitreppe ins Obergeschoß, verführt dazu, keinen Fuß vor die Tür zu setzen, was natürlich angesichts der in Mauritius zu entdeckenden Faszinationen äußerst schade wäre. Eine Familie mit mehreren Kindern findet reichlich Platz auf nicht weniger als 300 Quadratmeter Wohnraum, und wem das Meerwasser zu salzig ist, kann im temperierten Jacuzzi im Obergeschoß planschen oder auf dem schattigen, rattanmöblierten Balkon zur Ruhe kommen und in den Büchern jenes Schriftstellers blättern, der schon vor 100 Jahren die Insel Mauritius besucht hat: Von Mark Twain, so lese ich auf dem Etikett einer Flasche des besten mauritischen Rums (Green Island), stammt der Satz: „Zuerst wurde Mauritius geschaffen, danach der Himmel. Und der Himmel war nur die Kopie von Mauritius."

thousands of blocks of black lava from the surrounding sugar plantations and put these together to create one of the world's most uplifting refuges. "This building is my child", says Director Chaumard who is married to a 23 years younger Indian lady and has just adopted a Vietnamese baby bearing the mysterious name "Tear of the Moon". The Royal Palm bears its creator's imprint: Generously dimensioned and furnished rooms and suites from 55 to 112 square meters in size and equipped with elegant wicker furniture, colour TV with video, radio, minibar, cordless telephone and air-conditioning ensure that no comfort is lacking. A large bathroom with two wash basins, separate shower, bathtub and separate WC and hairdryer – all this will surprise even the most experienced travellers. Every day, I find a different colour of kimono hanging in my room and the room service functions round the clock much as it would in Manhattan. Even on the beach, immaculately dressed personnel in starched white uniforms and pith helmets are always on hand to provide soft towels and cool drinks. The suites each have their own private access to the beach and garden and the noblest part of the hotel, the Royal Suite, whose two storeys are richly decorated with Indian antiques, has a private pool in a private garden with a spy-proof wooden gate. The lovingly arranged interior of the Royal Suite, which features – among many other things – some valuable miniature musicians from India made of painted ebony and positioned on the free-standing stairs leading up to the first floor, might even tempt residents never to set foot outside the hotel. Given the fascinating sights Mauritius has to offer, however, what a great shame that would be! A family with children would find plenty of room here with no less than 300 square meters at their disposal and for those for whom the sea is too salty, there is a warm jacuzzi on the first floor. There is also a shady, wicker-furnished balcony on which to relax and leaf through the works of one writer who visited Mauritius as long as a century ago. According to the label on my bottle of best Mauritian Rum (Green Island), it was Mark Twain who once said that "Mauritius was created first and then the heavens. And the heavens were a copy of Mauritius."

Hellblaue Jakarandabäume stehen in voller Blüte, und hin und wieder mischt sich ein knallroter Flamboyant selbstbewußt ein. Der Himmel ist so, wie er nur in Südafrika sein kann: weit, stahlblau und klar. Es ist Frühling im Land am Kap, und die gute Hoffnung trage ich hinaus ins östliche Transvaal, jetzt bekannt als „Mpumalanga", das Land der aufgehenden Sonne. Hier befindet sich in Kiepersol, in der Nähe des Krüger National Parks, eine der schönsten Lodgen des Landes.

Light blue jacaranda trees are in full bloom and from time to time a bright red flamboyant tree confidently intervencs. The sky is just as it can only be in South Africa; wide, steel blue and clear. In the Cape, spring abounds with life and energy, and I carry the "good hope" with me into the Eastern Transvaal, now known as "Mpumalanga" (the place of the rising sun), where one of the most beautiful Lodges in the country is waiting for me in Kiepersol, near the Krüger National Park.

Text und Fotos: Jürgen Gutowski

Out of Africa

DIE BLUE MOUNTAIN LODGE
IN MPUMALANGA IST EIN
EXKLUSIVES, NATURNAHES REFUGIUM

THE BLUE MOUNTAIN LODGE
IN MPUMALANGA IS AN EXCLUSIVE,
LUXURY RETREAT

Die Blue Mountain Lodge ist ein naturnahes afrikanisches Refugium, das zu der Vereinigung „Small Luxruy Hotels of the World" gehört.

The Blue Mountain Lodge is a „near to nature" African Refuge which is part of the organization „Small Luxury Hotels of the world".

The car radios entertains me during my journey to Mpumalanga in at least three different languages, one of them being Afrikaans. This fascinating and colourful cross-culture is enhanced by the magnificent passing scenery outside – row upon row of avocado and fruit orchards reach to the foothills of the majestic blue Drakensburg Mountain Range. With the heady scent of fruit in the air, the warm wind fans the pollenation of the rich farming landscape. Children dance at the roadside, bananas in their hands, shrieking when you grin at them as you drive by, hoping that they can exchange two rand (60 Pfennings) for a bunch of bananas. I stop and buy some mandarins at the roadside stall – a wooden sales shack bursting with colourful and ripe fruit. They taste so unbelievably good, that they somehow remind me of Christmas. I buy a whole crate of 100. Within a minute I am surrounded by a swarm of young jewellery and souvenir sellers, but I promise myself not to export any heavy stone elephants to Germany this time! I keep my promise and exchange weight for size with a carved wooden heron tall enough to look up to, which now takes up the entire length of the inside of the car. The wide open country road has narrowed down to a quieter road which winds it's way through high fir and eucalyptus forests and the scent of fruit in the

Das Autoradio unterhält mich auf der Fahrt nach Mpumalanga in mindestens drei verschiedenen Sprachen, darunter auch Africaans: Diese faszinierende multikulturelle Vielfalt verstärkt noch die großartige Landschaft, die an mir vorbeizieht: Reihe an Reihe reichen die blühenden Avocadobäume und Obstplantagen bis zu den Ausläufern der majestätischen Blue Drakensburg Mountains. Ein Hauch von Obst liegt in der Luft. Durch das offene Seitenfenster fächelt der warme Wind den Blütenstaub dieser fruchtigen Landwirtschaft herein. Kinder tanzen an der Straße, Bananen in den Händen, lachen und kreischen und hoffen, du würdest ihnen für 2 Rand (60 Pfennige) ein Bananenbündel abkaufen! An einem „Stall", einer vollgepackten hölzernen Verkaufsbude, kaufe ich mir einige Mandarinen. Weil sie so unglaublich gut schmecken, irgendwie an Weihnachten erinnern, nehme ich eine ganze Kiste mit 100 Stück. Innerhalb einer Minute bin ich plötzlich umringt von einem Schwarm jugendlicher Schmuck- und Souvenirverkäufer. Geschworen hatte ich mir, diesmal keine amboßschweren Natursteinelefanten nach Deutschland zu exportieren. Ich bleibe mir treu, indem ich einen adäquaten Holzreiher, zu dem man ehrfurchtsvoll aufschauen kann, auf Beifahrersitz und Rückbank drapiere.

Aus der Landstraße ist ein Sträßchen geworden, das sich durch hohe Tannen- und Eukalyptuswälder schlängelt. Kaum noch Ortschaften, hier und da eine Lodge, Schilder, die vor nächtlichen Flußpferden warnen, Wegweiser nach Mosambik und zum nahen Krüger-National-Park. Dann das Tor zum Grundstück der Blue Mountain Lodge. Es muß geregnet haben, denn die Landstraße ist hier zur nassen rötlichen Sandstraße geworden. Nein, dies ist nicht

die mondän glitzernde Zufahrt zu einem Super-Glossy-Starlet-Inn, sondern die schleuderige Einfahrt in ein naturnahes afrikanisches Refugium, das diesen Namen uneingeschränkt verdient. Auf holperigem Weg geht's durch 200 Hektar Buschwald und Forstplantagen, hier gedeihen 3 500 Avocadobäume, fast 600 Lychees und 300 Kaffeebäume, nebenan reifen köstliche Makadamianüsse. Ich parke den lehmverschmierten roten Miet-Golf nach ein paar Minuten wie selbstverständlich unterm riesigen Eukalyptusbaum, und umgehend wird mir mein Gepäck in mein Zimmer gebracht. Sagte ich Zimmer? Das wäre ein wenig untertrieben. Doch davon später mehr. Ich gehe die breite Freitreppe vom kieselbedeckten Parkplatz hinunter zum Haupthaus der Lodge. An einer verwitterten ockergelben Wand sprießt leuchtend rotblühend die Bougainvillea, Erinnerungen an das wunderbare Bel Air in Los Angeles werden wach. Ich betrete die Halle und erlebe ein holzvertäfeltes Déjà-vu. Manchmal denkst du ja, du warst schon mal an diesem Ort, vor Urzeiten, alles ist irgendwie vertraut, doch es kann nicht sein. Manchmal – zu selten – ist die erste Ankunft wie eine Heimkehr. Mit dem Begrüßungsglas in der Hand staune ich den Raum an. Eine exquisite Heimeligkeit erfüllt das Foyer, das zweifellos von jemandem eingerichtet wurde, der beflügelt ist von einer großen Liebe zum vollendeten Detail. Ich staune über eine wertvolle Sammlung antiker Fotokameras aus garantiert prädigitalen Zeiten. Überm Kamin besticht der Stich eines geflügelten Löwen. Zarte Marmorgrazien, anmutig wie das junge Leben, senken verschämt die wimpernzarten Lider, auf handgeschnitzten Brettspielen tanzt die Nachmittagssonne, und kunstvoll handgezeichnete Liebesromane beweisen, daß auch unsere Urgroßmütter einmal in Schönheit zerflossen sind. Die prachtvollen Sträuße weißer und roter Rosen, die Eleganz edler Lilien und die strahlende Üppigkeit leuchtend roter Gladiolen unterstreichen, was in diesem Haus Tradition hat: Hier wird Tribut an eine fast vergessen geglaubte Kunst historisch-klassischer Gastfreundschaft gezollt. Hier kannst du aufatmen und den Schlips wieder in den Koffer tun. Mein Blick wandert vom fächelnden Deckenventilator hinaus auf die überdachte Veranda mit dem Holzfußboden. Eine Handvoll Gäste, zumeist erfahrene Reisende, auch einige Abenteurer und Safarigäste, die allesamt keinen Bedarf an TV oder Video oder sonstigem Hotel-Entertainment haben, trinkt Kaffee und Cognac, einen südafrikanischen Sauvignon Blanc oder einheimisches Mineralwasser. Die Sonne ist über

air is replaced by the strong scent of pine. There are hardly any villages or towns – here and there I see a sign for a Lodge, or the Kruger National Park, or a warning about wandering nocturnal Hippopotami. There is a sense of peace and tranquillity and then I see the pillared entrance to the "Blue Mountain Lodge" estate. The wet, reddish sand road is evidence that it has been raining. No, this is not a glittering entrance to a Super-Glossy-Starlet-Inn, but a slippery entrance to a beautiful and natural African country retreat which absolutely deserves it's reputation. The bumpy road leads me through 200 hectares of indigenous bush and forest plantations; 3500 avocado trees, 600 lychee and 300 coffee trees thrive in the rich red soil; beside them, delicious pecanut nuts ripen. Within a few minutes I park the red, mud smeared rented Golf and at once I am warmly welcomed by the staff and my luggage is whisked away to my room. Did I say room? That was somewhat an understatement. More about that later. I walk down the wide steps from the car park, the crusty surface of which is created by tons of compressed macadamian nutshells (different and ingenious), to the main farmstead of the lodge. Radiant, red blooming

Eine exquisite Heimeligkeit erfüllt das mit viel Liebe eingerichtete Foyer.

It achieves an exquisite homeliness with a foyer furnished with a lot of love of detail.

bougainvillea sprout from a weathered ochre-washed wall, awakening memories of the wonderful Bel Air in Los Angeles. I enter the reception and experience a déjà-vu. Sometimes you think, yes, you have been in that place before, a long time ago; everything is somehow familiar, but it can't be true. Sometimes – too seldom – the first arrival is like a homecoming. I gaze in amazement at the place with my welcoming drink in my hand. An exquisite homeliness fills the foyer, that was undoubtedly designed by someone who is inspired by a great love of complete detail. I am amazed by the valuable collection of antique cameras which are guarenteed to come from predigital times. In the drawing room above the fireplace is set a majestic winged lion of stone, the original of which hails from the tradition of Saint Mark of Venice. Gentle elegant busts of graceful young women, coyley cast down their soft gaze in the warm afternoon sun glinting through the sash windows onto the mahogany antiques on which artistically illustrated poetry books on love rest. The magnificent red and white roses, the elegance of noble lilies and the radiant opulence of the bright red gladioli underline the meaning of tradi-

ihren nördlichen Zenit gewandert und bescheint ein endloses blaugrünes Bergpanorama. Klar: Blue Mountain Lodge. Eine Affenfamilie springt in respektvollem Abstand waghalsig von Baum zu Baum, der kleinste muß noch von der Affenmama getragen werden, gemeinsam beäugt man dann neugierig die artverwandten Urlauber, die zumeist aus affenfreien Gebieten hierher gekommen sind, um das Ultimum an Ruhe und Entspannung zu erfahren.

Am Tisch sitzen Kobus und Valma Botha, die beide ursprünglich in der Welt der Film- und Fernsehwerbung zu Hause sind. Sie sind die Schöpfer der Blue Mountain Lodge, außerdem exportieren sie jedes Jahr 50 000 Kisten Avocados nach Europa. Die beiden ergänzen sich perfekt mit ihren unterschiedlichen Fähigkeiten und Charakteren. Kobus ist ein ruheloses Bündel Energie mit immer neuen Ideen, Träumen und Plänen. Entspannung für sich selbst findet er selten, aber das Wohlbefinden seiner Gäste ist oberstes Gebot. „Entspannung", sagt Kobus, „findet man nur, wenn alles immer möglich ist!" Deshalb kann man hier auch bis Mittag frühstücken oder ein Candle-light-Dinner unter freiem Himmel um Mitternacht ordern. Vor einem Jahr sagte sich nachmittags ein Hochzeitspärchen aus Johannesburg zum Abendessen an, konnte aber nicht vor Mitternacht im Hotel sein. Außerdem bestand der Bräutigam auf 500 roten Rosen als Überraschung für seine Frau. „Hat ein bißchen Arbeit gemacht!", aber alle Wünsche wurden prompt erfüllt. Valma organisierte romantische Musik und Kobus bediente die extravaganten Gäste bis zum frühen Morgen höchst selbst. Ganz und gar nicht extravagant ist ein regelmäßiger und in der Blue Mountain Lodge überaus gern gesehener Gast, der auch in Johannesburg lebt: Präsident Nelson Mandela erholt sich von Zeit zu Zeit hier vom Regierungsstreß. „Nelson Mandela gehört fast schon zur Familie: Ist er dann wieder in Johannesburg eingetroffen, sagt er telefonisch Bescheid, daß er gut zu Hause angekommen ist! Wie früher Mutter oder Vater." Kobus lacht, aber man sieht ihm an, wie sehr er Mandela verehrt. – Später an der Bar zeigt er mir die auffallend schönen Trinkgefäße, sie sind von Hand gemacht in der Kooperative „Ngwenya" im benachbarten Swaziland. Das aktive Unternehmen hat viele Beschäftigungsmöglichkeiten und Arbeitsplätze für die einheimische Bevölkerung geschaffen und exportiert die außergewöhnliche Glasware mittlerweile in die ganze Welt.

Als ich schließlich unter dem Kreuz des Südens in meine „Victorian Suite" gehe, höre ich nur das ferne Quaken der Frösche unten beim See, die Stille verursacht fast eine körperliche Gelassenheit. Auf den Wegen zu den Cottages flackern ein paar Orientierung spendende Öllampen, aus dem Fenster meines Holzhauses dringt ein warmer heller Lichtschein. Das Himmelbett meiner „Out-of-Africa-Suite" ist natürlich schon gemacht und geöffnet, und ein sorgfältig zubereitetes Stück Makadamianuß-Schokolade liegt auf meinem Kopfkissen. In Winternächten, die hier oben manchmal empfindlich kalt werden können, flackert in allen 13 Zimmern der Blue Mountain Lodge der wärmende Kamin. Die Suite hat abgerundete

Wände. Über dem riesigen Bett rotiert behäbig der obligatorische „Fan", das hohe Spitzdach wird gestützt durch fachwerkähnliche Sparren und Balken, die dem Raum zusätzlichen Charakter verleihen. Das Bettzeug besteht aus handgestickter ägyptischer Baumwollwäsche, die Bademäntel sind die besten, die ich je erlebt habe (nie zuvor habe ich freiwillig im Bademantel geschlafen!), die Minibar ist hervorragend sortiert (inklusive Champagner), und zwar bei sehr moderaten Preisen, und mitten im beheizbaren Badezimmer findet sich eine freistehende Badewanne, die die Illusion von „Out of Africa" perfekt macht.

Bei soviel Atmosphäre verzichtet man gern auf Radio oder Fernseher. Jede Suite hat zudem eine private Veranda, die ohnehin das bessere „Fernsehprogramm" bietet mit wunderbaren Aussichten auf die Avocadoplantagen und sanfte Hügel. Keine Suite gleicht der anderen, jede wurde phantasiereich mit eleganten Möbeln individuell gestaltet, was sich auch in der Namengebung widerspiegelt: Wie die „Out of Africa" das weltberühmte Filmereignis nachvollziehbar macht, vermittelt zum Beispiel die „Augustus-Suite" vollendete römisch-kaiserliche Illusionen. Das Schmuckstück der Blue Mountain Lodge ist ein Häuschen namens „Ballentines-Appartement", bestehend aus einer kleinen Eingangshalle, Wohnzimmer und Schlafzimmer in grandioser Architektur mit anspruchsvollen Kunstwerken an den Wänden. Auch hier hat die kreative Hand von Valma Botha unnachahmliche Prototypen der Einrichtungskunst geschaffen. Ein kleiner Privatpool

tion in this house. Here tribute is paid to an almost forgotten belief in artistically historical and gracious hospitality. Here you can relax and put your tie back in your suitcase. My eyes wander from the whirring fans to the deep-set pillared verandah to a handful of guests, mostly experienced travelers, some adventurer and safari guests who have no need of TV, video or other hotel entertainment. They are sipping coffee and cognac, a South African Sauvignon Blanc or the local refreshing mineral water. The sun is over the northerly zenith and long shadows are cast over the expansive blue-green panoramic landscape. Adding to the charm are a family of monkeys jumping energetically from tree to tree, maintaining a respectful distance yet peaking curiously at the guests who are here to experience the ultimate in calm and relaxation. Kobus and Valma Botha who both came from the film and television advertising world, are the creators of Blue Mountain Lodge. They complement each other with their different talents and personalities. In addition to exporting 50 000 cartons of avocados to Europe every year, Kobus is the architect of new ideas, plans and dreams which he carries out with a deep controlled sense of energy. He

Das Schlafzimmer in der Victorian-Suite vermittelt ebenso Romantik wie die freistehenden Badewannen. Das dunkelrote Ballantines-Apartment präsentiert sich mit klassischer Eleganz.

The bedroom in the Victorian-Suite conveys as much romance as the free-standing bath. The dark red Ballantines Suite present itself with stylish elegance.

Wundervolle Locations für das Fine Dining: der idyllische Garten und das stilvolle Restaurant.

Wonderfull locations for fine dining: the idyllic garden and the stylish restaurant.

neben der Veranda und ein kolossales Himmelbett aus „Regency-Mahagoni", das einen freien Blick über weite Wälder erlaubt, geben dieser edlen „Hütte" den Kick, für den viele ein ums andere Mal um die ganze Welt fliegen. Einen kleinen Spaziergang entfernt, mit Blick über den fjordähnlichen See, entsteht zur Zeit das wohl revolutionärste Hotelkonzept Südafrikas: Die „Blue Mountain Manor Houses": 15 ultimative Mini-Hotels, jedes mit eigenem Küchenchef sowie privatem Mâitre, spielen Verstecken inmitten von 40 Hektar einheimischen Buschwaldes in sanft rollender Hügellandschaft. Der Spa, der hier ebenfalls errichtet wird, verspricht eine kompette Runderneuerung von Körper, Seele und Geist und wird wohl nicht nur in Südafrika von sich reden machen. Die romantischen Manor Houses, die auf inflationssicherer Dollar-Basis vermietet werden, stellen außerdem eine

seldom finds relaxation for himself, but the well-being of his guests is his first priority. "Relaxation" says Kobus, "can only be found when everything is always possible!" That is why you can have breakfast here until noon, or you can sit down to a candle lit dinner under the stars at midnight. About a year ago, with only a few hours notice to the Lodge, a young man intent upon gaining his lady's hand in marriage, booked for a night at the Lodge; his requests – a private candle lit dinner for two at midnight and 500 red roses as a surprise for his love. "That created quite a bit of work and organisation" but all the wishes were promptly fulfilled. Valma arranged a multitude of roses and prepared romantic music, whilst Kobus personally served the extravagant guests until the early hours of the morning. Another very welcome guest has been President Nelson Mandela, with whom the Botha's had the privelege of providing him with a time of quiet relaxation and tranquillity away from the stresses of government duty. The most touching moment was when the President called when he arrived back in Johannesburg to say that he had arrived home safely. It is obvious that he is greatly revered by the Bothas.

Whilst Kobus relates the story, he shows me the strikingly beautiful drinking glasses which are hand crafted by a company called "Ngwenya" in the neighbouring state of Swaziland. Creating job opportunities and empowerment for the local people, the highly active factory is exporting this unique glassware all over the world. As I finally walk to my "Victorian" Suite under the four distinctive stars of the Southern Cross, I can hear the distant croaking of frogs at the lakeside. The peacefulness penetrates my whole being. A few oil lanterns flicker on the paths and show me the way to the cottages and a warm and inviting light emanates from the window of my room. The white and brass bedstead is already turned down, and a carefully wrapped macadamian nut chocolate is placed on my pillow. On winter nights, which are cold in the region, fires are lit in all of the rooms of the hotel. The unusual hexagonal design of the cottages creates a sense of intimacy and the obligatory fan sedately rotates above the bed from the rafters and beams which lend added character to the atmosphere. The linen is made from pure Egyptian cotton and each room has it's own hand-embroidered motif. The dressing gowns are the best I have ever experienced (never before have I voluntarily slept in a dressing grown!); the mini bar is very well stocked and moderately priced including French champagne, and in the middle of the carpeted

bathroom stands a romanctic ball and claw slipper bath, which makes the "Out of Africa" illusion just perfect. With such an ambience, you gladly do without the intrusion of radio or television. In addition, each suite has a private verandah from which you can enjoy the wonderful views of the avocado plantations and the gentle rise and fall of the hills. No suite is the same as another - each is individually styled with elegant fabrics and furniture and the emphasis is truly on a sense of fantasy. This fantasy reflects the name given to each room; like the "Out of Africa" room reminiscent of the world reknown film, or the "Augustus" room which immediately sets a tone of Roman masculinity. The gem of the Lodge is the presidential suite called the "Ballentine Suite" which welcomes you into a small entrance hall adorned with an aristocratic French bust, a spacious and elegant sitting room complete with Regency couch, and a bedroom which is the ultimate in romance with a colossal four poster mahogany bedstead from which you have an uninterrupted view over forestry. Romantic artwork above the fireplace subtley sets the tone. The creative hand of Valma Botha has also achieved inimitable prototypes of furnishing design here. It would take pages to describe Valma's lovingly compounded details in the various suites of the hotel which give these noble "abodes" the kick for which many fly from all around the world.

The most revolutionary hotel-concept in South Africa at the present time is available on the property overlooking the fjord-like lake. The "Blue Mountain Manor House Portfolio" is the ultimate collector's item consisting of 15 luxury houses each with a private chef and private housekeeper. These luxuriously furnished and fitted "mini-hotels" enjoy complete privacy and play hide and seek amidst 40 acres of indigenous hush in the gently rolling countryside. The proposed health "Spa" to be built on the property, promises a complete all-round revival of body, soul and spirit which will be talking point in South Africa. The romantic Manor Houses, which are leased and serviced by the hotel on the basis of the inflation secure dollar, also constitute a solid investment for those who collect exquisite houses. They can be bought for approx $ 290,000 upwards according to size (one to four bedroomed units). You are sure to have guessed that I still want to tell you something about the food at "BML". You are right; what chef Walter Butti from Switzerland prepares can confidently be described as a sensual inferno on every tongue. A "hunters" breakfast including Oats with a whiskey sauce is not everyone's cup of tea, but you can also breakfast in the Italian, German, English or American way. A la Carte and daily! And what is not on the menu is available anyway. Of course it is not necessary to mention the freshness of the ingredients in a house of this calibre, but it is important to know that a weekly pilgrimage to Johannesburg (four hours drive) combined with items grown on the farm, ensure an exciting and diverse daily menu (personally signed by his master's hand). Enjoy "steamed" pears served hot with a Roquefort cream sauce and fresh Madagascar pepper corns, and it is possilbe that you won't want soup as a starter anymore. The fish certainly have a good life in the undisturbed lake and the quail, guinea-fowl and venison are a definite attraction for a group of repeat feasters. In addition to the culinary expertise, competitors 2,000 kilometres away in the Cape Town area have become somewhat uneasy. The Botha's have widened their horizons and have imposed their exacting standards on a famous Cape Winelands landmark - the Lanzerac Hotel, which they have, by invitation of the owner, taken over the management of the hotel, refurbished and upgraded it to five star status. Watch this space! They have taste.

solide Anlageform für den Sammler exquisiter Gästehäuschen dar: je nach Größe der Mini-Hotels (Einheiten mit einem bis vier Betten), sind sie schon ab 290 000 US-Dollar zu haben.

Sie ahnen sicher schon, daß ich Ihnen noch etwas über das Essen in der „BML" erzählen möchte. Richtig: Was Chef Walter Butti aus der Schweiz anrichtet, kann man getrost als sinnliches Inferno auf jeder Zunge beschreiben. Nicht jedermanns Sache ist zwar sein Hunters-Frühstück mit Porridge und Whisky-Soße, aber man kann ja auch italienisch, deutsch, englisch oder amerikanisch frühstücken. Das Gemüse, der Kaffee und noch viel mehr kommen aus der eigenen Landwirtschaft. Auch wenn's nicht auf der Karte steht (persönlich täglich von des Meisters Hand unterschrieben!), fragen Sie den Chef nach „gedämpften Birnen, heiß serviert mit einer Roquefort Sahnesoße und frischen Madagaskar Pfefferkörnern". Es könnte sein, daß Sie hinfort keine Suppe mehr als Vorspeise akzeptieren! Der Fisch hatte ganz sicher ein glückliches Leben im benachbarten unbelasteten See, und die Wachteln, Perlhühner und das Wildfleisch sind derartige Attraktionen für eine Schar von Wiederholungsschmausern, daß die 2 000 Kilometer entfernte Konkurrenz im Raum Kapstadt inzwischen schon ganz nervös geworden ist.

Valma und Kobus Botha haben ihr Betätigungsfeld erweitert und werden ihre außergewöhnlichen Standards jetzt auch in der berühmten Weinlandschaft am Kap anbieten. Sie haben dort zusätzlich die Leitung des Lanzerac-Hotels übernommen, das renoviert und auf Fünf-Sterne-Niveau gebracht wurde. Man sollte dieses Objekt im Auge behalten, denn die beiden haben wirklich Geschmack und verstehen ihr Handwerk.

Die Besitzer der Blue Mountain Lodge: Valma und Kobus Botha.

Valma and Kobus Botha, the friendly owners of the Blue Montain Lodge.

Die exzellente Küche der Blue Mountain Lodge steht unter der Leitung des Schweizers Walter Butti.

The excellent cuisine of the Blue Mountain Lodge is under the management of the Swiss Walter Butti.

Die Blue Mountain Lodge befindet sich in Mpumalanga, dem ehemaligen Ost-Transvaal.

The Blue Mountain Lodge is located in Mpumalanga, the former Eastern Transvaal.

Auf den Spuren der Big Five in Südafrika

On the trail of the Big Five in South Africa

MalaMala

Fotos: Jürgen & Martina Gutowski · Text: Jürgen Gutowski

Afrikas berühmtestes und größtes Wild-Reservat in privatem Besitz wurde benannt nach der seltenen Rappenantilope, in der Sprache der Einheimischen „MalaMala". Auf mehr als 20 000 Hektar, so groß wie mancher deutscher Landkreis, stehen jedem einzelnen Gast umgerechnet 200 Hektar zur Tierbeobachtung zur Verfügung. Die unbestritten größte Tiervielfalt Afrikas gibt sich hier bereits seit 30 Jahren, geschützt und gehegt von erstklassig ausgebildeten Rangern und Trackern, ein friedliches, atemberaubendes Stelldichein. Kaum ein Gast verläßt den Busch von MalaMala, ohne die berühmten „Big Five" aus nächster Nähe gesehen zu haben: Elefant, Löwe, Leopard, Büffel und Nashorn.

Africa's largest and most famous game reserve in private hands is named after a rare antelope, "MalaMala" in the local dialect. In an area of nearly 50,000 acres, as large as a German rural district, the land to guest ratio is over 500 acres per person, in which to observe big game. It is indisputable that the widest variety of game in Africa is here on this reserve. Maintained and protected for thirty years by first class professional rangers and trackers, it provides a peaceful and breathtaking meeting point. Few guests leave the MalaMala bush without having seen the famous Big Five up close: elephant, lion, leopard, buffalo and rhino.

Eine Herde graziler Impalas, eine Antilopenart, kreuzt den Weg der Gametrackers.

A herd of graceful impalas, a type of antelope, crosses the path of the Gametracker.

Blutrot hängt die Abendsonne in den wirr aufragenden Ästen des Buschfeldes. Schwarze Adler kreisen mit ausgebreiteten Schwingen majestätisch am lodernden Himmel, leise legt sich die afrikanische Nacht über die einsame Wildnis. Von ferne hebt vielstimmig das Konzert der Nacht an, hungrige Hyänen heulen, verspielte Babboon-Affen lachen von felsigen Hügeln, die Trompete eines afrikanischen Elefanten verabschiedet den sonnenwarmen Wintertag. Auf dem Kühler unseres Range Rovers dampft heißer Tee, aus der Kühlbox zaubert Justin, unser Ranger, kühlen Weißwein und südafrikanisches Bier für uns hervor. Wir zelebrieren den „Sundowner", traditionell fester Bestandteil auf jedem Game Drive. John, einheimischer „Tracker", der Mann mit den Adleraugen, hat köstliche gegrillte Hühnchen beigesteuert und freut sich breit grinsend, daß es uns schmeckt. Mit der Taschenlampe leuchtet er auf den staubigen Weg. Spuren! Sie gleichen dem Buchstaben W, große und kleine Ws. „Eine Löwenfamilie ist ganz in der Nähe!" erklärt Justin, ein begnadeter Experte in Sachen Natur, Flora und Fauna, und wirft den offenen vierradgetriebenen Geländewagen an. Wir trinken noch einen Schluck Bier, und schon haben wir die Fährte aufgenommen. Kalt ist es geworden, wir hüllen uns in die bereitliegenden Decken und nehmen die Kameras zur Hand. Justin fährt und John steht auf seinem Ausguck hinten, wie ein lebendiger Leuchtturm strahlt er mit dem Scheinwerfer von links nach rechts und von rechts nach links ins nächtliche Unterholz. Da!

The setting sun hangs blood-red in the tangled boughs of the bush. Black eagles circle majestically with outspread wings in the blazing sky. Quietly the African night spreads across this unique wilderness. In the distance the many sounds of night's concert strike up, hungry hyenas howl, playful baboons laugh from their rocky heights, an African elephant trumpets the end of the warm and sunny winter's day.
Hot tea stands steaming on the bonnet of our Range Rover and Justin, our Ranger, conjures up cool, white wine and South African beer from the ice box. We celebrate the "sundowner", a fixed tradition on every Game Drive. John, a native tracker, the man with the eagle eyes, provides delicious grilled chicken and smiles broadly, delighted we are enjoying the taste. He shines his torch on to the dusty path. Tracks! large and small ones resembling the letter "w". "A lion family is close by!" explains Justin, a gifted expert in anything to do with nature, flora and fauna, and starts up the engine of the open four-wheel drive cross-country vehicle. We take another swig of beer and start following the tracks.
It is getting cold. We wrap ourselves in the rugs provided and reach for our cameras. Justin does the driving while John stands look-out at the back. Like a living lighthouse he shines his beam from left to right and from right to left into the night undergrowth. There! Eyes are reflecting the beam. Owls, wide

Der Anblick einer Büffelherde fasziniert selbst den Ranger immer wieder aufs neue.

A herd of buffalo is always a fascinating sight for the Ranger.

Augen reflektieren das Scheinwerferlicht: Hellwache Eulen beäugen uns von oben herab, grazile Impalas bleiben einen Moment lang wie angewurzelt stehen und flüchten dann genauso wie die nervösen Perlhühner in die Dunkelheit. Die Löwenspuren haben den Sandweg verlassen, und Justin manövriert das schlingernde Offroad-Fahrzeug nun vorsichtig durch meterhohes Gras. Wir umfahren mannshohe Termitenhügel und ducken uns unter den Zweigen dorniger Sträucher, dann legt der Ranger den Zeigefinger auf die Lippen, bedeutet uns, heftige Bewegungen zu vermeiden, er drosselt das Tempo und fährt im ersten Gang auf eine dichte Buschgruppe zu, dreht den Wagen so zum offenen Feld, daß er notfalls jederzeit davoneilen kann, und John zeigt mit dem Scheinwerfer hinüber: Eine komplette Löwenfamilie liegt nur wenige Meter vor uns im Gras und hat offensichtlich gerade zu Abend gegessen. Die knuffigen Löwenjungen, höchstens drei, vier Monate alt, blinzeln mit

awake, eye us from above and graceful impalas halt for a moment, rooted to the spot then flee into the darkness, as do the nervous guinea fowl.

The lion tracks have now left the sandy road and Justin manoeuvres the lurching off-road vehicle carefully through the metre-high grass. We skirt around termite mounds as high as a man, ducking beneath thorny branches, then the Ranger putting his forefinger to his lips signals us to avoid any sudden movement. He reduces speed, and driving in first gear towards a thicket he turns the vehicle around to face open land so that he can make a quick getaway if the need should arise. John directs his beam to a certain spot and there is a complete lion family only a few metres away from us in the grass, having obviously just eaten their evening meal.

The nuzzling lion cubs, only three or four months old at most, blink at us wide-eyed while the mother lion starts steering slowly towards our car. We hold our breathe while this beast of prey circles us slowly. Then, visibly having lost interest she turns and returns to her family. Relieved we breathe again in the knowledge that we have been accepted. The lion cubs frolic around, nipping one another's fuzzy ears with their milk teeth, and we silently gaze in wonder at the night's peaceful scene at our feet. Never before have we been so close to the nature in the wild.

Eine Löwin mit ihrer Beute, einem ausgewachsenen Büffel.

A lioness with her prey, a fully-grown buffalo.

Die geschmackvoll eingerichteten Zimmer im Main Camp.

The tastfully furnished rooms at Main Camp.

Barry Dudley, Camp Manager von Kirkman's Kamp, vor dem Cottage, einem Minirefugium für acht Wild Watcher's.

Barry Dudley, Camp Manager of Kirkman's Kamp, in front of the cottage, a mini-refuge for eight wild watchers.

großen Augen zu uns herüber, während Mama Löwin langsam Kurs auf unsern Wagen nimmt. Wir halten den Atem an, während das Raubtier uns in aller Ruhe umkreist und dann sichtlich desinteressiert zu seiner Familie zurückkehrt. Erleichtert atmen wir wieder und wissen: Wir sind akzeptiert. Die Löwenkinder tollen herum, zwicken sich mit ihren Milchzähnen in die wuscheligen Ohren, und wir staunen schweigend über die friedvolle nächtliche Szenerie zu unseren Füßen. So nah waren wir der Natur noch nie. Während wir uns nach einer Weile behutsam entfernen, sagt Justin den anderen Rangern per Funk Bescheid, wo die Löwen zu finden sind. Fast lautlos geschieht dies, Kopfhörer ersetzen scheppernde Lautsprecher. Unten am Sand River, der sich auf 35 Kilometer Länge durch das riesige MalaMala-Gebiet schlängelt, trinkt eine Büffelherde, im klaren Mondlicht zählen wir über 100 gehörnte Häupter. Wir durchfahren den Fluß und sind Minuten später daheim im Main Camp von MalaMala.

Höchstens 50 Gäste beherbergen die braun getünchten Rundhütten, die im Schatten mächtiger Bäume oberhalb des Sand Rivers mit weitem Blick in den afrikanischen Busch idealer nicht hätten plaziert werden können. Über sorgfältig geharkte Wege schlendern wir zu unserem Rundling, das Reetdach ist frisch gedeckt, eine Petroleumlampe erleuchtet den Eingang.

Die Einrichtung und Möblierung der Zimmer sowie des ganzen Camps sind selbstverständlich afrikanische Ensembles vergangener Jagdtage. Doch kein Tier, dessen Fell oder Gehörn an der Wand zu bewundern ist, wurde Opfer blinder Trophäenwut: Erlegt werden hier nur schwerkranke Tiere, um ihr Leid zu verkürzen. Die Suiten von MalaMala bestehen aus zwei Räumen und sind von schlichter und funktio-

While we carefully withdraw from the scene, Justin and the other Ranger radios where the lions are located. This is done very quietly, earphones replacing loudspeakers. Down below, on the Sand River which meanders for thirty-five kilometres through the massive MalaMala reserve, a buffalo herd is drinking. In the clear moonlight we are able to count over one hundred horned heads. We drive across the river and a few minutes later are back at MalaMala Main Camp.

A maximum of 50 guests can be accommodated in the round, brown-washed houses which stand in the shade of mighty trees above the Sand River, all with a grand view of the African bush. They could not be more ideally placed. We make our way along meticulously raked paths to our little roundhouse whose reed roof has been newly thatched.

A petroleum lamp illuminates the entrance.

The interiors and furnishings of the rooms, indeed of the whole Camp, are of course an African collection of objects from a past hunting era. Yet no animal whose skins, horns or antlers are displayed on the walls, were the objects of blind, indiscriminate big game-hunting. The only animals to be shot here are the incurably sick, in order to save them further suffering.

The suites at MalaMala are made up of two rooms equipped with

practical simplicity and elegance. All rooms have air-conditioning which the individual guest can regulate, fans are revolving everywhere and the doors are mosquito-proof. A fresh supply of mineral water is placed in the fridge daily, and on request, room service can transform the fridge into a fully stocked mini-bar. The beds are large and very comfortable indeed, and next door there are the "His & Hers" bathrooms, i.e. two bathrooms with shower and bath designed to facilitate morning preparations for the Game Drive. Heated towel racks warm the enormous, fluffy bath towels.

Before the drum summons us to dinner outside in the "Boma", a space encircled with bamboo, we look at the "Monkey Library", where coffee-table books with glorious colour illustrations and every conceivable literary work on wild life is kept. Home-made videos can be viewed here as well as Richard Goss' world famous cinema classic. "The Beauty and the Beast" which was filmed on the MalaMala reserve. One storey higher, we go along the big wooden terrace on to an observation platform from where at breakfast time one can see cheetah, elephant, rhino, giraffe and of course the ubiquitous nimble impala springing about.

The rustic, fully air-conditioned bar close by is pure hunting lodge. Historic safari photos and scenes of animals drinking, no coincidence surely, frame the massive wooden bar at which in the evening talk of the Game Drive mingles with the international jargon of conservation. At the centre of the Boma is a camp fire. The chef announces the five course menu, and while we wait for trout in champagne sauce and filet of impala with smoked oysters, African songs sung by obviously happy women employed at MalaMala, fill the smoky open air arbour. A dessert of Cape brandy pudding or pears with cinnamon cream, is followed by a fine after-dinner digestive from the drinks trolley, then Justin accompanies us quite early back to our little house because we are to be woken at 6 a.m. next morning for the next Game Drive.

It is nearly dark, yet John's eagle eyes have already spotted a white rhino. The colossal vegetarian, lips hanging down, looks at us pitifully, then shows us his posterior! A female elephant protests loudly at our interest in her son. How is she to understand that we do not want to take him away but only to photograph him? Between the elephants, grisly warthogs snuffle around, grunting. At a reasonable distance two giraffes, elegantly swinging their limbs like mannequins, move into the clearing which within minutes becomes the morning catwalk of the savannah. The two are

neller Eleganz. Alle Zimmer sind individuell klimatisierbar, überall drehen sich Ventilatoren, alle Fenster und Türen sind moskitodicht, im Kühlschrank findet sich täglich frisches Mineralwasser, und auf Wunsch verwandelt der Zimmerservice den Fridge in eine voll bestückte Minibar. Die Betten sind groß und äußerst bequem, und nebenan finden sich „His & Hers Bathrooms", also zwei Bäder mit Dusche und Badewanne, die die frühmorgendliche Vorbereitung auf den Game Drive erleichtern. Beheizte Handtuchhalter wärmen die riesigen, flauschigen Badetücher.

Bevor die Trommel zum Dinner in der offenen „Boma" ruft, eine von Bambusrohren umfriedete runde Manege, schauen wir in der „Monkey Bibliothek" vorbei, hier finden sich farbenprächtige Bildbände und jede erdenkliche Literatur zum Thema Wildlife. Selbstgedrehte Videos kann man hier ebenso anschauen wie Richard Goss' weltberühmten Kinoklassiker

Der Yellowbilled Hornbill wird wegen seiner Schnabelform auch „fliegende Banane" genannt.

The yellowbilled hornbill is also called the "flying banana" because of the shape of its beak.

Oben: Tracker John, der Mann mit den Adleraugen. Ranger Justin und Ranger Patrick vor dem achtzig Jahre alten Bougainvillea-Baum vor Kirkman's Kamp.

Above: Tracker John, the man with the eagle eyes. Ranger Justin and Ranger Patrick beside the 80 year old bougainvillaea tree in front of Kirman's Kamp.

females according to Justin looking through the binoculars, distinguishable by their inward-turning horns.

Half an hour, we arrive at the MalaMala outpost, Kirkman's Kamp, a wonderful colonial hunting lodge with accommodation for 20 guests, and because of its location on a height, affords a wide, panoramic view across the infinite veldt. Memory has been encapsulated here: antique shotguns and wagon wheels, aging photographs of hunting scenes and animal trophies, aging maps of the Transvaal, wide verandahs and wooden ceilings. "I had a farm in Africa" ... the words went through my mind. Everything in this house on the mountain

„The Beauty and the Beast", der im MalaMala-Gebiet gedreht wurde. Eine Etage darüber gehen wir über die große hölzerne Terrasse, eine Aussichtsplattform, von der man schon beim Frühstück Geparden und Elefanten, Nashörner, Giraffen und natürlich die allgegenwärtigen, hurtig springenden Impalas beobachten kann. Die rustikale, vollklimatisierte Bar nebenan ist die reinste Jagdklause: Historische Safaribilder und Szenen trinkender Tiere, sicher kein Zufall, rahmen die wuchtige Holztheke ein, an der sich abends die Erlebnisberichte von den Game Drives mit internationalem Jägerlatein mischen.

Mitten in der Boma brennt das Lagerfeuer, der Koch verkündet die fünfgängige Menüfolge, und während wir auf die Forelle in Champagnersauce und auf Impalafilet mit geräucherten Austern warten, erfüllt afrikanischer Gesang, von sichtlich vergnügten MalaMala-Mitarbeiterinnen dargebracht, die rauchige Open-air-Laube. Nach dem Dessert aus Cape-Brandy-Pudding oder Birnen mit einer Zimtcreme gibt es feinste Digestifs vom Wagen, und recht frühzeitig geleitet Justin uns zu unserem Häuschen, denn schon um 6 Uhr wird er uns morgen früh für den nächsten Game Drive wecken.

Es ist noch fast dunkel, doch Johns Adleraugen haben ein weißes Nashorn ausgemacht. Der kolossale Vegetarier schaut uns mit herunterhängenden Lippen ein wenig mitleidig an und zeigt uns dann den Allerwertesten. Eine Elefantendame protestiert lautstark gegen unser Interesse an ihrem Filius, wie soll sie auch begreifen, daß wir ihn nicht entführen, sondern nur ablichten wollen. Zwischen den Elefanten fegen knorpelige Warthogs, Warzenschweine, aufgeregt grunzend herum, in gebührendem Abstand schreiten zwei Giraffen mit gelungenem Hüftschwung elegant und modelgleich über die Lichtung, die binnen Sekunden zum morgendlichen Laufsteg der Savanne avanciert. Es sind zwei Damen, erkennbar an den nach innen strebenden Hörnern, erläutert Justin beim Blick durchs Fernglas. Nach einer halben Stunde erreichen wir den MalaMala-Ableger „Kirkman's Kamp", eine wunderschöne koloniale Jagdhütte, die 20 Gästen Raum bietet und aufgrund der exponierten Hügellage einen weiten Panorama blick über das unendliche „Buschveld" ermöglicht. Hier ist alles Erinnerung: Antike Flinten und Wagenräder, betagte fotografische Jagdszenen und Tiertrophäen, alte Landkarten des afrikanischen Transvaal, großzügige Veranden und hölzerne Decken. „Ich hatte eine Farm in Afrika …" geht mir durch den Sinn: Alles in diesem Haus auf dem Berg atmet den Geist von „Out of Africa". Nur fünf Minuten entfernt finden wir neben einem 80 Jahre alten Bougainvillea-Baum „Kirkman's Cottage", ein weiteres idyllisches Buschrefugium, das acht Gästen Platz bietet. Beide Häuschen verfügen über einladende, freundliche Zimmer im Kolonialstil, sie haben eine Bar und Panoramaterrassen. Wir stehen und schauen, MalaMala bis zum Horizont. Gute Aussichten für tierische Ansichten.

breathed the spirit of "Out of Africa". And only five minutes away we discover Kirkman's Cottage beside an 80-year old bougainvillaea tree, yet another idyllic bush refuge which has room for eight guests. Both little houses have inviting, friendly rooms in the colonial style. They have a bar and terraces with panoramic views. We stand gazing out at MalaMala stretching to the horizon. Good prospects indeed for observing game.

Salita sorgt für den Room Service auf ihre eigene Art. Lina ruft mit dem Kudugehörn zum Lunch.

Salita provides room service in her own special way. Lina summons the guests to lunch with the kuduhorn.

Das Top-Golf-Resort
an der „Garden-Route“
in George

The top golf resort
on the Garden Route
in George

Fancourt

Hotel

It's Tee-Time in South Africa

Fotos und Text: Jürgen Gutowski

Die schönsten Greens Südafrikas für Greenprofis und Greenhorns.

The most beautiful greens of South Africa for green professionals and even for greenhorns.

Jeff Clause sticks his "tee" in the ground and places his golf ball on it. The ball's diameter must not exceed 42.67 mm, its weight must be no more than 45.93 grams. "Just always think of the gallows!" says Jeff, the Fancourt's professional, as I keep bending my head too low before striking the ball. The only way to cure this common posture fault seems to come straight from the golf school's chamber of horrors. If I think of a noose closing around my neck, I'll keep my head up. "Yes, that's good. You can move your shoulders freely and swing right through." Jeff checks the position of the striking surface, and then I imagine that I'm sitting down on a bar stool, I shrink down a little and send

Jeff Clause steckt den „Tee", einen oben verbreiterten Stift, in den Boden und legt den Ball darauf; der Durchmesser des Golfgeschosses darf höchstens 42,67 Millimeter betragen, sein Gewicht 45,93 Gramm nicht überschreiten. „Denk immer an den Galgen!" sagt Jeff, der Fancourt-Golfprofi, als ich den Kopf vor dem Abschlag wieder mal zu tief neige. Um diesen verbreiteten Haltungsfehler zu korrigieren helfen anscheinend nur Mittel, die aus dem Gruselkabinett der Golfschule geholt werden. Denk ich an die Schlinge, die sich zuzieht, lasse ich den Kopf oben. „Ja, so ist es gut. So können sich die Schultern frei bewegen, und du kannst voll durchschwingen." Jeff kontrolliert noch die Stellung des Schlägerblattes, dann stelle ich mir vor, ich nähme Platz auf einem Barhocker, ich sinke etwas in mir zusammen und schlage dann meinen „Shot" in die Richtung des 20. Loches. Distanz: 170 Meter, Par: 3. Ich schaffe das abschüssige Loch, idyllisch an einem Wasserlauf gelegen, allerdings nicht mit drei Schlägen, sondern brauche 12. Bis zur begehrten „Platzreifeprüfung" ist es noch ein weiter Weg!

*Das Herz des Hotels:
das historische Manor
House, errichtet 1847
von Henry Fancourt White.*

The hotels heart; the historical Manor House, built in 1847 by Henry Fancourt White.

my shot in the direction of the 20th hole, a distance of 170 metres, par 3. However, it doesn't take me three strokes to finish the precipitous hole, idyllically situated by a water-course. It takes me 12. I still have a long way to go before I can claim any sort of competence. This 27-hole golf course (soon to be extended to 36 holes) was designed and landscaped by Gary Player, the uncrowned king of golfers. When the champion visited the site for the first time, it was still lush grazing land for the Fancourt's dairy cattle. He told the owner of the land, "This place is far too good for cows – it's made for golfers!" The site was soon altered beyond recognition, and is now the undisputed golfing paradise of South Africa. The renowned Compleat Golfer Magazine, known for testing courses ruthlessly and anonymously, found that: "Fancourt is the best-kept golf course in South Africa." Standing on the raised first "tee", my eyes sweep over immaculately mown fairways and meticulously raked bunkers. According to professional golfer Larry Gould, who chooses to live in South Africa because of its wonderful golf courses, "The greens are world-class as well!" It is no wonder that the Fancourt greens have been the scene of a number of national and international golf championships, including the famous Bell's Cup, won last year by South Africa's Ernie Els.

Das Gefühl der Vergangenheit mit den Annehmlichkeiten der Gegenwart.

A feel of the past with the convenience of the present.

Dieser 27-Loch-Golf-Course (in Kürze erweitert auf 36 Löcher) wurde von Gary Player, dem ungekrönten König der Golfspieler, entworfen und gestaltet. Als der Champion zum erstenmal durch das saftige Weideland des Fancourt-Anwesens stapfte, damals noch eine Milchfarm, sagte er zum Besitzer des Grundstücks: „Dieser Platz ist für Golfer gemacht, er ist viel zu gut für Kühe!" Bald darauf erkannte man das Gelände kaum wieder; heute ist es das unangefochtene Golfparadies Südafrikas. Das renommierte Compleat Golfer Magazine, das neue Plätze gnadenlos und anonym testet, stellte fest: „Fancourt ist der bestgepflegte Golfplatz Südafrikas!" Steht man an der erhöhten Abschlagstelle des ersten „Tees", schweift der Blick über makellos gemähte Spielbahnen und tadellos geharkte „Bunker", mit Sand aufgefüllte Vertiefungen im Boden, die den Schwierigkeitsgrad des Platzes erhöhen. Der Golfprofi Larry Gould, Wahlsüdafrikaner wegen der Top-Plätze im Land am Kap, meint denn auch: „Die *Greens*, die kurzgeschnittenen und besonders präparierten Rasenflächen um die Löcher, sind Weltklasse!" Kein Wunder, daß die Fancourt-Greens Schauplatz mehrerer nationaler und internationaler Golfmeisterschaften waren, darunter auch der berühmte „Bell's Cup", den im vergangenen Jahr Südafrikas Ernie Els nach Hause trug.

Mit meinem Elektro-Golf-Cart fahre ich wie auf einer Berg- und Talbahn durch die grüne 350 Hektar weite Fancourt-Landschaft. Allenthalben begegnen mir eifrig scherende „Rasenkosmetiker", deren oberstes Ziel es ist, die höchsten Standards in der Pflege des Geländes zu setzen, ständig auf der Suche nach neuen Wegen, die Bespielbarkeit und Ästhetik weiter zu

Das koloniale „Montagu" ist eines der besten Restaurants Südafrikas.

The colonial-styled "Montagu" is rated as one of the best restaurants of South Africa.

With my electric golf cart I drive through the 350 hectare terrain of the Fancourt. It is like a mountain railway. Everywhere I meet "turf beauticians", ardently mowing the greens. Their goal is to set the highest standards in keeping the course, always searching for new ways to perfect the appearance and playability of the course. To the left is an alleyway with two dozen brand-new private lodges, most of which have already been sold to golfers from all over the world, to the right is a pond with water lilies in bloom and, in between, a path leads over a little bridge to the spectacular clubhouse with its elegant white façade and wooden ornamentation, perfectly positioned before the even more spectacular backdrop of the Outeniqua (Land of Honey) Mountains. An apt name for this fertile, sun-bathed landscape, where the mountains stand face to face with the Indian Ocean. I park my golf-cart in front of the clubhouse, where 200 caddies are waiting for customers this weekend, and stroll through the vestibule, known as the "Hall of Fame", as the walls are decorated with portraits of the twelve most famous top golfers in the world. An old golfing

perfektionieren. Links eine Allee mit zwei Dutzend nagelneuen Privatlodges, die zum größten Teil schon an Golfer aus der ganzen Welt verkauft sind, rechts ein Teich mit blühenden Wasserrosen, dazwischen führt der Weg über eine kleine Brücke zum spektakulären Clubhaus mit seiner eleganten weißen Fassade und hölzernen Verzierungen, perfekt positioniert vor der noch spektakuläreren Kulisse der Outeniqua-Berge, zu deutsch „Land des Honigs". Eine treffende Beschreibung dieser fruchtbaren und sonnenverwöhnten Landschaft, wo sich Berge und Indischer Ozean Aug' in Aug' schauen. Vor dem Haus, wo an diesem Wochenende 200 Caddies auf Kundschaft warten, parke ich meinen „Golf" und schlendere durch den Flur des Clubhauses, scherzhaft „Hall of Fame" (Halle des Ruhms) genannt, weil an den Wänden die Konterfeis der zwölf berühmtesten Golf-Cracks der Welt zu bestaunen sind.

Eine alte Golfregel besagt: „Erst relaxen, dann spielen!" Kein Problem durch den neuen Gesundheits- und Schönheitssalon des Fancourt. Alle Wünsche des gesundheitsbewußten Gastes werden in fünf perfekt eingerichteten Behandlungsräumen erfüllt. Es werden spezielle Massagetherapien inklusive Sportmassage und unzählige Schönheitsbehandlungen angeboten. Besondere Empfehlung: Die Gesichtsmassage von Senior-Therapist Debbie Marshall ist göttlich! Im Untergeschoß befinden sich zwei Saunas, zwei Dampfbäder, ein gekühltes Tauchbecken und vier Räume für (Aroma-)Bäder und Wasserbehandlungen. Nebenan das „Römische

Oben: Im „Montagu" wird auch schon einmal Krokodilfilet serviert. Unten: das „Coachman's".

At the top: The restaurant "Montagu" sometimes serves Crocodile fillet. Below: the "Coachman's".

Im Herzen des Anwesens lädt der Swimmingpool zum Relaxen ein.

At the property's heart, a large swimming pool invites for relaxation.

maxim is "First relax, then play!" No problem, with the new Fancourt health and beauty pavilion! Every wish is fulfilled for the health-conscious guest in the five impeccably-equipped treatment rooms. Special massage treatments, including sports massage and countless beauty treatments, are available. A special recommendation – the face massage by senior therapist Debbie Marshall is heavenly! In the basement are two saunas, two steam baths, a chilled plunge pool and four rooms for (aroma) baths and thallaso treatments. Next door is the "Roman Bath" with Jacuzzi and a fitness room with the most up-to-date electronically-controlled equipment. An experienced trainer is always present. The heart of the Fancourt complex is the historic Manor House, a listed monument, built in the last century by Sir Henry Fancourt and recently restored at a cost of millions by the current owners, Sabine Plattner. An atmosphere of tradition and luxury pervades the time-honoured rooms with their dark wooden floors and light suites. There is antique furniture in the 30 guest rooms and suites, as well as in the Manor House's garden lounge with its open fireplace – the values of yesteryear in a stylish liaison with the amenities of every modern luxury imaginable. No less luxurious are the 60 garden suites at the edge of the golf course. One-room studios and suites with one or two bedrooms are available. Practical, with fully-equipped kitchenettes with fridge, deep-freeze, coffee-maker, microwave oven and everything needed to delight the true housewife or househusband! Atmospheric, with fully operational open fires. Romantic, with bedrooms with little nooks and crannies. Clean, with top-quality bathrooms with superior tiling in discreetly elegant colours. Luxurious, with 24-hour room service. Reasonably priced, with a bottle of Nederburg Champagne for around DM 15, a Cola for DM 1.50, a beer for DM 2, "Dutch Pea Soup" for DM 6 and lamb cutlets for DM 18. The Montagu, one of the most renowned à la carte restaurants in South Africa, is a

Bad" samt Jacuzzi wie auch der Kraftraum mit elektronisch gesteuerten Geräten der neuesten Generation. Ein erfahrener Trainer ist ständig anwesend.

Das Herz des Fancourt-Hotels bildet das historische, denkmalgeschützte „Manor House", im vorigen Jahrhundert gebaut von Sir Henry Fancourt und jüngst mit Millionenaufwand durch die Besitzerin Sabine Plattner wiederhergerichtet. Eine Atmosphäre von Tradition und Luxus durchweht die altehrwürdigen Räume mit ihren dunklen Holzböden und lichten Suiten. Antikes Mobiliar findet sich sowohl in den 30 Gästezimmern und Suiten als auch in der kaminbeheizten Gardenlounge des Manor-Hauses: Die Werte der Vergangenheit gehen eine stilvolle Liaison mit den Annehmlichkeiten jedes nur denkbaren modernen Luxus ein.

Das beheizte „Römische Bad": ideal zum Relaxen vor und nach dem Golfen.

The heated "Roman Bath": an ideal location for relaxation before and after the game.

Nicht minder luxuriös sieht es in den 60 Gartensuiten am Rande des Golfplatzes aus. Zur Verfügung stehen Einraumstudios und Suiten mit einem oder zwei Schlafzimmern. Praktisch: eine voll eingerichtete Kitchenette mit Kühlschrank, Tiefkühltruhe, Kaffeemaschine, Mikrowelle und allem, was eingefleischte Hausfrauen und -männer enthusiastisch werden läßt. Atmosphärisch: voll funktionsfähige offene Kamine. Romantisch: Schlafzimmer mit kleinen Erkern und Winkeln. Sauber: Top-Badezimmer mit edlen Kacheln in dezent-eleganten Farben. Bequem: 24-Stunden-Roomservice. Preisgünstig: Eine Flasche Nederburg-Sekt kostet rund 15 Mark, eine Cola 1,50 Mark, ein Bier zwei Mark. Die „Holländische Erbsensuppe" schlägt mit sechs Mark, die Lammkoteletts mit 18,– Mark zu Buche. Teurer, gemessen an europäischen Verhältnissen allerdings immer noch äußerst preisgünstig, wird's in einem der renommiertesten À-la-carte-Restaurants Südafrikas: das „Montagu", ein traulich-behagliches Gourmet-Sanktuar, das südafrikanische und internationale Gerichte im Angebot hat und unter den vier Fancourt-Restaurants klar die verdiente Qualitätskrone trägt. Bis zu 40 Gäste können sich hier bei klassischer Musik und flackerndem Kaminfeuer von einer perfekten Küchen-Crew und einem außergewöhnlich freundlichen und zuvorkommenden Bedienungspersonal top-kulinarisch verwöhnen lassen! Unbedingt empfehlenswert: geräuchertes Krokodilfilet in exotischer Curry-Orangen-Sauce mit roten und grünen Paprikaschoten, serviert mit wildem Reis (Krokodil schmeckt ähnlich wie zarte Putenoberkeule und sollte nach Meinung des Autors auch kombiniert mit Apfelrotkohl und einer dunklen Sauce Aufnahme in die Speisekarte finden). Was die Getränke angeht, erzählt Restaurantmanager Martin Reimann hinter vorgehaltener Hand, soll unter den Golfern „Tee" ausnahmsweise kein Thema sein.

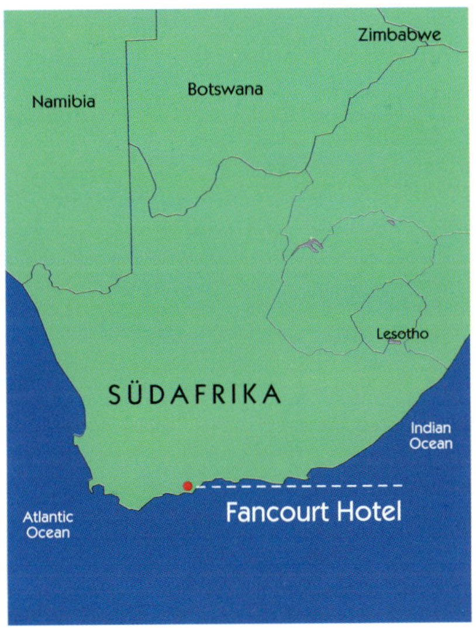

more expensive option, though still extremely reasonable by European standards. Offering South African and international dishes, it is a comfortable and welcoming gourmet sanctuary, certainly the jewel in the crown among the four Fancourt restaurants. Up to forty guests can treat themselves to gourmet delights here, attended by a perfect kitchen team and extremely friendly, obliging waiting staff, in an ambience of classical music and a flickering open fire. You must try the smoked crocodile fillet in exotic orange curry sauce with red and green peppers, served with wild rice (crocodile tastes similar to tender turkey leg and should, in my opinion, also be listed on the menu with apple and red cabbage and a dark gravy). As for the drinks, restaurant manager Martin Reimann reveals in confidence, tea is – just for once – not on the golfer's agenda.

Ein Blütenreich im Golf von Thailand

Koh Samui, das Traum-Eiland im südchinesischen Meer, ist die drittgrößte Insel Thailands. Ihre phantastischen Palmenstrände stellen jede Postkartenidylle in den Schatten. Am vielleicht schönsten Meeressaum, dem Mae Nam Beach an der Nordküste, entführt ein luxuriöses Refugium seine Gäste in einen tropischen Garten Eden.

Santiburi

Dusit Resort

A blooming paradise in the Gulf of Thailand

Koh Samui, the dream island in the South China Sea, is the third largest island in Thailand. Its fantastic palm beaches puts every postcard idyll in the shade. On what is perhaps the most beautiful shoreline of the Mae Nam Beach on the north coast, a luxurious refuge attracts its guests into a tropical Garden of Eden.

Text: Günter Ned
Fotos: Ydo Sol

Herzlicher Gastgeber im Inselparadies: Denis M. G. Gruhier.

Sincere host in the island paradise: Denis M. G. Gruhier.

The beach stretches to the mouth of the small river. The white strip of fine sand slopes gently into the sea. Warm waves gently approach the shore and play around the bathers with emerald green water, thanks to Ko Pha Ngan the next picturesque island within sight of the shore and 15 kms away by boat, which serves to break up the rough waves of the Gulf of Thailand.

Countless coconut palms border the bay of Mae Nam near the water's edge. These offer a roof of waving greenery which shades the white sun-beds from high above. Behind the surrounding palms there is a dreamy tropical garden with ferns as high as a house, a dazzling sea of blooms, blue paved paths and wooden bridges spanning hidden lotus ponds, where lilies lie on the streams which meander through the succulent greenery.

The roofs of the single-storied villas, built in the style of historic Thai architecture, peep through the

Der Strand geht bis zur Mündung des kleinen Flusses. Sanft neigt sich das weiße Band aus feinem Sand ins Meer. Warme Wellen kommen freundlich an und spielen mit smaragdgrünem Wasser um die Badenden, denn Ko Pha Ngan, die nächste nördliche Insel, malerisch in Sichtweite gelegen, bricht 15 Kilometer entfernt die rauhen Wogen des Golfs von Thailand.

Zahllose Kokospalmen säumen nah am Wasser die Bucht von Mae Nam. So spendet ein Dach aus grünen Wedeln hoch über den weißen Liegestühlen Schatten. Hinter dem Palmensaum beginnt ein traumhafter tropischer Garten mit haushohen Farnen und einem leuchtenden Blütenmeer, mit blaugefliesten Wegen und Holzbrücken über versteckten Lotusteichen, mit Lilien auf dem Flüßchen, dessen Mäander sich durchs saftige Grün schlängeln.

Die Dächer der ebenerdigen Villen sind im Stil historischer Thai-Architektur geformt, lugen mit hellroten Ziegeln, mit weißen Firsten und Giebeln durch die Palmen, schieben sich bis zum Strand vor. Ein junger Thai nähert sich im weißen Jacket mit einem weiß gedeckten Tisch auf Rädern, und bevor er über die Schwelle tritt und auf die niedrige Tafel im Wohnraum

Perfekter Service im Land des Lächelns.

Perfect service in the land of laughter.

Vielfalt blüht auch im Kulinarischen: Man speist feine europäische Küche ebenso exzellent zubereitet wie die würzigen Köstlichkeiten der Royal Thai Cuisine.

Variety also blossoms in the culinary field. One eats fine European cooking as excellently prepared as the spicy delicacies of the Royal Thai cooking.

palms with their bright red tiles, white ridges and gables and jostle forward to the beach. A young Thai approaches wearing a white jacket with a laden white table on wheels, and before coming over the threshold to put the exotic aromatic meal on the low table in the lounge, he slips his shoes off his feet. At the pool, the largest on the island – similar to a palm bordered lake – a young woman in a well-fitting sarong with the ever present obliging smile of the Asiatic people, bows her way among the reposing guests. The cocktails on her tray shimmer in every colour. After sunset the pool is magically lit and on some evenings it appears as if "Santiburi" has visitors from the Klongs of Thonburi. The area of Bangkok was once famous for its floating market until the motor boats, full of tourists bent on taking photographs, flooded the canals and drove the market people away. The floating market of Santiburi won't be destroyed by engines. Similar to the floating cooking-shops from the capital, wooden boats glide along the pool side, while the guests sit around the edge of the rippling oval with the meals sizzling on the buffet below the canopy of waving palm behind them, as if it wasn't night time, but early in the morning at the market of Mae Nam, and while being cosseted and served from both water and land, people of various nationalities can enjoy specialities from all regions of Thailand. One floor higher, above the colourful bustle with its sword fights, Thai boxing and traditional dancing, a very different flair prevails. Here in the Sala Thai, which is probably the best restaurant in southern Thailand, a man and a woman in traditional costume attract attention with the exotic sound of traditional Thai music played on the coconut violin and the Kim, a side instrument which is similar to a chopping board. In addition to this, female beauties in elegant sarongs distribute real royal treats: royal Thai cooking. Their dishes are Thai delicatessen which are prepared to a stan-

exotisch duftende Speisen setzt, streift er die Schuhe von den Füßen. Am Pool, dem größten der Insel – er gleicht einem palmengesäumten See – neigt sich eine junge Frau im anliegenden Sarong mit dem unendlich liebenswürdigen Lächeln der Asiatin zwischen die Ruhenden. Die Cocktails auf ihrem Tablett schillern in allen Farben.

Nach Sonnenuntergang ist der Pool zauberhaft illuminiert, und an manchen Abenden scheint „Santiburi" Besuch aus den Klongs von Thonburi zu haben. Der Stadtteil Bangkoks war einst berühmt für seine schwimmenden Märkte, bis die Motorboote, voll mit fotographierenden Touristen, die Kanäle überschwemmten und die Händler vertrieben.

Der schwimmende Markt von Santiburi wird durch keine Motoren gestört. Ähnlich den schwimmenden Garküchen der Hauptstadt gleiten Holzboote am Ufer des Pools entlang, die Gäste sitzen rund um das plätschernde Oval, hinter ihnen brutzeln Speisen auf palmwedel-

Entspannung im Griff: original Thai-Massage.

Relaxation in hand: original Thai massage.

Gourmandise unter Palmen, auf der Terrasse des Restaurants „Sala Thai“ wie in der eigenen Villa.

Gourmandise under the palms on the terrace of the Sala Thai restaurant, as in your own villa.

dard of fine creativity; and one eats at Sala Thai, the original dishes that one would experience at the King's table in the palace in Bangkok. The second restaurant called Vimarnmek, in English: "the place in the clouds", attracts gourmets almost into the heavens. It is clear that Santiburi offers its guests paradise.

Koh Samui, the third largest island in the kingdom, ranks as a dream island to the western globetrotters who have discovered it. At the beginning of the 80's, it was the secret tip in the South China Sea, and naturally today tourism blossoms here. Nevertheless, the Dusit Resort has the appropriate name."Santiburi" means "Friendly Town", and if all the ingredients for a tropical paradise were composed into a picture, they would be perfectly brought to life here. Even if it isn't completely original. The tropical Garden of Eden, approx. 10 hectares of it which stretch from the main building to the shore, with its two guest wings, is man made and is tended by 16 permanently employed gardeners working on it hour after hour. The river however snakes towards the sea as naturally as ever. The main building presents itself with the Taksin Lobby Lounge which is furnished in the elegant Thai style; with the reception area, the

überdachten Buffets, als wäre es nicht Nacht, sondern früher Morgen auf dem Markt von Mae Nam, und vom Wasser und vom Land bedient und verwöhnt, genießen Menschen aus vielen Nationen typische Spezialitäten aus den Regionen Thailands.

Ein Stockwerk höher, über dem bunten Treiben mit Schwertkämpfern, Thai-Boxern und traditionellen Tänzen, herrscht ein anderes Flair. Hier, im Sala Thai, dem vielleicht besten Restaurants Südthailands, entlocken ein Mann und eine Frau, traditionell gekleidet, der Kokosnußvioline und der Kim, einem hackbrettähnlichen Seiteninstrument, exotische Klänge klassischer Thai-Musik. Dazu reichen weibliche Schönheiten in eleganten Sarongs wahrhaft königliche Genüsse: die Royal Thai Cuisine. Ihre Gerichte sind thailändische Delikatessen, die auf dem Niveau feinster kreativer Küche zubereitet werden; und original so wie im Sala Thai speist man an der Tafel des Königs im Palast in Bangkok. Vollends in den Himmel entführt Feinschmecker das zweite Restaurant mit dem Namen Vimarnmek, zu deutsch: Ein Platz in den Wolken. Es wird deutlich: Das Santiburi bittet seine Gäste ins Paradies.

Koh Samui, die drittgrößte Insel des Königreiches, galt den westlichen Globetrottern, die sie entdeckten, als Traum-Eiland. Anfang der 80er Jahre war es bereits der Geheimtip im südchinesischen Meer, und heute blüht natürlich auch hier der Tourismus. Dennoch trägt das Dusit Resort seinen Namen zurecht. „Santiburi“ heißt „Friedliche Stadt“, und wer alle Ingredienzien eines tropischen Paradieses zu einem Bild komponiert, findet es hier perfekt zum Leben erweckt. Wenn auch nicht völlig

poolside bar, a boutique and the restaurants Sala Thai and Vinmarnmek. One meets for breakfast and lunch in "the place in the clouds". In the evenings, one is served at stylishly laid tables with east - west cuisine ranging from prawn ravioli in lobster butter to grilled barracuda steaks with a papaya chilli sauce. The side wings were built for the 16 equatorial suites, two storeyed, modernly furnished maisonette flats. Those, and the 59 villas scattered throughout the garden offer charming interiors for the individual sojourn. In the living room one sits in the national style on low sofas and cushions around the low table, the king sized bed is sunk into the raised platform of polished parquet. Large bathrooms further illustrate the whole ambiance of exclusive taste, with costly materials from marble tiles to rare wood and all the luxuries that western pretentiousness can dream of. At the private barbecue on the terrace you sit comfortably in teak chairs. The architecture that encompasses this east meets west ensembles was inspired by the famous building Phra Nakhon Khiri in the province of Phetchaburi. "That was the summer palace of King Rama IV", Denis Gruhier, the General Manager of Santiburi, told us. "Many of the building details can be seen in our villas, like the two tiered roof, the triangular portals and the flower motives in the stucco work". It wasn't by chance that Rama IV, in the middle of the 19th century, was one of the first of Thailand's rulers to open the country to the west, a fact which can also clearly be seen in the style of buildings, which integrated the influence of the artistic European neoclassic style.

Depending on position, the view from the villas opens onto the garden, the river, or, as from both presidential suites, directly onto the sea. "Our beach is the most beautiful and the quietest on the island. It's 300 meters long, motor boats are prohibited, in the evening you can have a

ursprünglich. Denn der tropische, fast 10 ha große Garten Eden, der sich vom Haupthaus mit seinem beiden Gästeflügeln bis zum Strand erstreckt, ist von Menschenhand geschaffen und wird von 16 festangestellten Gärtnern und Gärtnerinnen Stunde für Stunde gehegt und gepflegt. Der Fluß aber schlängelte sich schon immer natürlich zum Meer.

Das Hauptgebäude präsentiert sich mit der Taksin Lobby Lounge, einer im eleganten Thai-Stil eingerichteten Halle; mit der Rezeption, der Poolside Bar, einer Boutique und den Restaurants Sala Thai und Vinmarnmek. Im Platz in den Wolken trifft man sich zu Frühstück und Lunch. Abends läßt man sich an stilvoll gedeckten Tischen feine Ost-West-Küche servieren, von Krabbenravioli in Hummerbutter bis zum gegrillten Barracudasteak mit Papaya-Chili-Sauce.

Die Seitenflügel wurden für die 16 Equatorial Suiten gebaut, zweistöckige, modern eingerichtete Maisonette-Wohnungen, und die 59 im Garten verstreuten Villen bieten für individuelle Aufenthalte reizvolle Interieurs. Im Wohnraum sitzt man nach Landesart auf niedrigen Sofas und Kissen um den flachen Tisch, das King-Size-Bett ist ins polierte erhöhte Parkett eingepaßt. Große Bäder zeigen wie das ganze Ambiente exklusiven Geschmack, kostbare Materialien vom Marmor über die Fliesen bis zum Edelholz, und allen Luxus, den westliche Ansprüche erträumen. Beim privaten Barbecue auf der Terrasse sitzt man behaglich in Teaksesseln.

Die Architektur, die diese East-meets-West-Ensembles einfaßt, ist von einem berühmten Bauwerk inspiriert, dem Phra Nakhon Khiri in der Provinz Phetchaburi. „Das war der Sommerpalast von König Rama IV.“, erzählt uns Denis Gruhier, General Manager von Santiburi, „und viele bauliche Details finden Sie an unseren Villen wieder, das doppelt gestufte Dach, den dreieckigen Portikus, die Blütenmotive in den Stuckarbeiten.“ Nicht zufällig war Rama IV. in der Mitte des 19. Jahrhunderts einer der ersten thailändischen Herrscher, die das Land dem Westen öffneten, ablesbar auch am Baustil, der kunstvoll europäische neoklassizistische Einflüße integriert.

Je nach Lage geht der Blick von den Villen in den Garten, auf den Fluß oder, wie von den beiden Präsidentensuiten, direkt aufs Meer. „Unser Strand ist der schönste und ruhigste der

Pilgerstätte und Ausflugsziel: Big Buddha und der Markt von Mae Nam.

Pilgrim town and excursion destination: Big Buddha and the market at Mae Nam

barbecue or Suki Yaki at the beach bar under 50 year old palms, and during the day you can be alone or take part in some fantastic sports. Do you know Sa-ard Panyawan, by the way?" Denis, who speaks good German, and along with his staff sets great value on caring personally for his guests, introduced us to a famous young man. He is the guests activities manager and teacher for wind surfing, who wasn't only twice the Thailand champion, but also represented his country at the Olympic Games.

Sa-ard informed us about the many and varying sporting possibilities from tennis to diving and he was our companion on the trip to the market at Mae Nam, a Sunday excursion offered to the guests. Here, at 6 o'clock in the morning, we experience an authentic drama with women who are buying and selling, men who are drinking tea; with coconut graters, pop corn vendors and a luxurious still life made from fruit and well cooked food, vegetables, seeds and sweets. Two hours later the scene is over. At this time

Insel. 300 m lang, Motorboote sind verboten, am Abend gibt es Barbecue oder Suki Yaki an der Beach Bar unter 50 Jahre alten Palmen, und am Tag können Sie für sich sein oder herrlich Sport treiben. Kennen Sie übrigens Sa-ard Panyawan?" Denis, der gut deutsch spricht und mit seinen Mitarbeitern großen Wert auf persönliche Betreuung legt, stellt uns einen berühmten jungen Mann vor. Er ist Guest Activities Manager, Lehrer für Windsurfing und war in dieser Disziplin nicht nur zweimal thailändischer Meister, sondern Vertreter seines Landes bei zwei olympischen Spielen. Sa-ard weist uns auf die vielfältigen Sportmöglichkeiten hin vom Tennis bis zum Tauchen, und er ist unser Begleiter beim

„Unser Strand ist der schönste und ruhigste der Insel", stellt stolz Sa-ard Panyawan fest. Der Guest Activities Manager vertrat Thailand schon bei zwei Olympiaden.

"Our beach is the most beautiful and the quietest on the island", notices Sa-ard Panyawan proudly. The Guest Activities Manager reprensented his country twice at the Olympic Games.

Auflug zum nahen Markt von Mae Nam, einem Sonntagsangebot für die Gäste. Hier erleben wir um 6 Uhr morgens ein authentisches Schauspiel mit Frauen, die verkaufen und kaufen, und teetrinkenden Männern; mit Kokosrasplern, Popcornhändlern und einem üppigen Stilleben aus Früchten und gegarten Speisen, Gemüsen, Sämereien und Süßigkeiten.

Zwei Stunden später ist die Szene vorbei. Um die Zeit nimmt man das Blumenmeer von Santiburi mit dem Geruchssinn fast sowenig wahr wie die Blütenmuster auf dem fünffarbigen Bencharong-Porzellan, das derzeit in der Lobby ausgestellt ist.

Die leuchtenden Kelche haben ihre Eigenheiten. Manche öffnen sich ein- oder zweimal am Tag, andere schließen sich nie, und eine besonders schöne Art blüht rot und heißt Squirrel Tails, denn ihre Dolden sehen aus wie Eichhörnchenschwänze. Den tropischen Abend aber feiern sie alle mit einer berauschenden Sinfonie von Düften.

one's sense of smell finds the sea of flowers of Santiburi almost as unbelievable as the flower pattern on the five coloured Bencharong porcelain which is on display in the lobby at the moment.

The shining calyx each have their own peculiarities. Some open once or twice a day. Others never close, and another special type blooms red and is called Squirrel Tails, because its umbels look like squirrels' tails. The tropical evening is celebrated by them all with an intoxicating symphony of fragrances.

Einübung in einen
gesunden Lebensstil

*In training for
a healthy life-style*

CHIVA-SOM

International
Health Resort
in Hua Hin
Thailand

Fotos
und Text:
Jürgen
Gutowski

THAILAND

Im buddhistischen Tempel von Hua Hin sind Gäste jederzeit willkommen.

In the Buddhist Temple of Hua Hin visitors are welcome at all times.

Lotusblüten gelten als heilig und blühen in der Nähe jeden Tempels.

The lotus flower, synonymous with Buddhism, is found near every temple.

Tempelfiguren symbolisieren die vielen Leben, die ein Mensch auf dem Weg zur Erlösung durchläuft.

The temple-statues symbolize the number of lifes, an individual is rushing through on its way given to salvation.

Their eyes are closed, they breathe deeply and their open hands glide as if in slow motion in a harmonious downwards movement towards the ground. Their knees open a little – breathe out. Like miniature air-moving machines, their palms rise to chest level – breathe in. Meditation in motion. It is early morning, and a handful of Europeans and Japanese are feeling the flow of their breath under the gaze of the great Buddha on the nearby sacred mountain, "Takiab Hill". Tai Chi in an open pavilion before on the shores of the Gulf of Thailand. The eight-kilometre long beach of white sand is bathed in the morning sunlight, two "power walkers" from Norway are "walking themselves" into improved circulation and overtake two Buddhist monks clad in saffron robes, who accept a gift of breakfast from Thai passers-by in stoic peace and honourable serenity. A new day is beginning at the Chiva-Som Health Resort. New guests are driven to their rooms in one of the silent electric carts. Before moving into their accommodation, all guests are first given an obligatory medical "consultation": blood pressure, pulse,

Die Augen geschlossen, tief eingeatmet, die offenen Hände bewegen sich wie in Zeitlupe in einer harmonischen Abwärtsbewegung dem Boden zu. Die Knie öffnen sich ein wenig – ausatmen. Wie kleine Luftbagger heben sich die Handflächen vor die Brust – einatmen. Meditation in Bewegung. Eine Handvoll Europäer und Japaner erleben den Fluß ihres Atems an diesem frühen Morgen unter den Augen des großen Buddhas auf dem nahen heiligen Berg „Takiab Hill". Thai Chi im offenen Pavillon vor dem offenen Horizont des Golfs von Thailand. Die Morgensonne flutet den acht Kilometer langen geschwungenen weißen Strand, zwei „Power-Walker" aus Norwegen „ergehen" sich einen gestärkten Kreislauf und überholen zwei leuchtend gelb gekleidete Buddhistenmönche, die sich in stoischer Ruhe und aufrechter Gelassenheit von thailändischen Passanten ihr Frühstück schenken lassen. Ein neuer Tag im Chiva-Som-Health-Resort beginnt.

Mit einem der lautlosen Elektrowägelchen werden neue Gäste zu ihrem Zimmer gefahren. Vor dem Bezug der Unterkunft wird jeder einer obligatorischen ärztlichen „Konsultation" unterzogen: Blutdruck, Puls, Gewicht und Vorerkrankungen werden überprüft. Danach bei einem Glas frischem Mineralwasser die persönliche Beratung: Welche Anwendungen und Behandlungen möchte ich? Welche sollte ich und welche lieber nicht? „Alles kann, nichts muß sein!" Astrid Lisa Dobloug, die herzliche

Entspannen und Leben lernen in einem reichen Garten Eden.

Relaxing and becoming alive in a rich Garden of Eden.

THAILAND

Marmor und Edelhölzer dominieren alle Unterkünfte des Chiva-Som.

Marble and precious wood are in evidence throughout Chiva-Som.

Astrid Lisa Dobloug, international anerkannte Gesundheitsexpertin, betreut jeden Gast individuell.

Astrid Lisa Dobloug, international recognized spa expert, looks after every guest individually.

weight and previous medical history. Then, with a glass of fresh mineral water, a personal consultation – which applications and treatments would I like, which should I have and which should I not? "Everything is possible, but nothing is compulsory!" says Astrid Lisa Dobloug, the cordial lady with the kindest eyes under the sun of Hua Hin. With her knowledge of people alone, she can tell who needs de-stressing Thai massage or who should start a fundamental change of diet. Astrid, manager and all-pervasive soul of the Chiva-Som Spa, contributes her decades of experience in the field of "healthy holidays" to the work of Chiva-Som. This Norwegian lady was Ronald and Nancy Reagan's fitness advisor in the White House, has run three top American spas and developed world-wide health projects from scratch. The name "Chiva-Som" means "Haven of Life" explains Astrid. Realising the greatest possible inner and outer harmony of her guests is a demanding goal. The decisive factor is to introduce guests to a healthy lifestyle. At Chiva-Som, the staff strive constantly to meet this goal using a wide range of different therapies and the highest

Dame mit den gütigsten Augen unter der Sonne von Hua Hin, erkennt allein schon mit ihrer Menschenkenntnis, wer ein Fall z. B. für die entstressende Thai-Massage ist oder wer eine grundlegende Ernährungsumstellung einleiten sollte. Astrid, Leiterin des Chiva-Som-Spas und gleichzeitig die alles durchdringende Seele im Betrieb dieses Gesundheitshauses, bringt ihre jahrzehntelange Erfahrung im Bereich „Gesunder Urlaub" in die Arbeit von Chiva-Som ein. Die Norwegerin war Fitneßberaterin von Nancy und Ronald Reagan im Weißen Haus, hat drei amerikanische Top-Spas geleitet und weltweit Gesundheitsprojekte aus der Taufe gehoben. „Der Name *Chiva-Som* heißt übersetzt *Hafen des Lebens*", erklärt Astrid. Ein hoher Anspruch, die größtmögliche innere und äußere Harmonie des Gastes zu verwirklichen. Trumpf ist die Einübung in einen gesunden Lebensstil. Im Chiva-Som versucht man konsequent, diesem Anspruch durch eine Vielzahl therapeutischer Möglichkeiten und ein Höchstmaß an medizinischem Know-how gerecht zu werden: Schon das Essen („Spa Cuisine"), jeden Tag unter Anleitung des australischen Spitzen-Chefs Andrew Jacka kalorienreduziert und dennoch hervorragend im Geschmack angerichtet, leistet seinen Beitrag zum Wohlbefinden. Erfreulich: Auch die landestypische thailändische Küche mit ihrem Reichtum an Kräutern und exotischen Gewürzen findet sich im Angebot. Nur frische und beste Ingredienzen, reich an Vitaminen, Mineralstoffen und Ballaststoffen, arm jedoch an

Salz und Fett, werden zu Gerichten allererster Güte verarbeitet. So findet der Gast im heimeligen Restaurant denn auch weder verführerisches Salz noch Butter auf den Tischen (bekommt beides gleichwohl, wie auch ein abendliches Glas Wein, auf Nachfrage – einen Aschenbecher jedoch nirgends).

Das Angebot an therapeutischen, kosmetischen und streßreduzierenden Maßnahmen ist ohne jegliche Übertreibung als gigantisch zu bezeichnen! Eine komplette Auflistung würde den Rahmen einer Reportage schlicht sprengen, deshalb nur einige Beispiele: Unter den „Treatment-Möglichkeiten" besonders hervorzuheben ist die Thai-Massage, die wahlweise unter freiem Himmel oder in den klimatisierten Spa-Räumen genossen werden kann. Im Gegensatz zur Schwedischen Massage (ebenfalls im Angebot des Chiva-Som), die den Körper eher streichelt, handelt es sich bei der Thai-Massage um die Kunst, einerseits Reflexpunkte des Körpers und den Knochenbau zu belasten und zu dehnen, müde Muskeln zum Leben zu erwecken und gleichzeitig ein Gefühl von totaler Entspannung und „aufrechtem" Sein zu vermitteln. Die Masseurinnen des Chiva-Som sind Meisterinnen ihres Faches, denn sie haben ihre Ausbildung überwiegend in den Tempeln ihrer Heimat erhalten. Die Massage ist in Thailand ein wichtiger Teil der buddhistischen Philosophie. Und so setzen sich die Massagemöglichkeiten unter Wasser wie über Wasser fort: im aromatisierten Tub oder im wassersprudelnden „Niagara"-

level of medical expertise - even the food ("Spa Cuisine"), prepared daily under the direction of top Australian chef Andrew Jacka, low in calories yet still delicious, contributes to the overall sense of well-being. It is pleasing to note that typical Thai cuisine, with its abundance of herbs and exotic spices, is also on the menu. Only the best ingredients, fresh, rich in vitamins, minerals and fibre but low in salt and fat, are used to prepare dishes of supreme quality. In the welcoming restaurant, neither salt nor butter are provided on the table to tempt the guest (although both are available on request, as is a glass of wine in the evening - but no cigarettes allowed!). It is no exaggeration to say that the range of therapeutic, cosmetic and stress-reducing measures available is enormous. There are far too many to list in this short report, so here are just a few examples.

A very highly-recommended treatment is Thai massage, which can be enjoyed either in the open air or in the air-conditioned treatment rooms. In contrast to Swedish massage (also offered at Chiva-Som), where the body is stroked, Thai massage is the art of stressing and stret-

Entspannung und Revitalisierung total: Thai-Massage, Power-Whirl-Pool und Floatation-Tank.

Total Relaxation and revitalisation: Thai massage, power-whirl-pool, floatation tank.

Essen und Lebenskraft: eine Einheit im Chiva-Som.

Dining and vitality are a unity at Chiva-Som.

Ein appetitlicher Teller mit frischem vitaminreichen Obst erwartet jeden Tag die Gäste auf ihrem Zimmer.

An appetizing plate of fresh fruits rich in vitamins could be expected from the guests daily in their rooms.

ching the skeleton and the body's reflex points, revitalising tired muscles and, at the same time, imparting a feeling of total relaxation and "upright" being. The Chiva-Som masseurs are specialists in their art, as the vast majority of the ladies received their training in the temples of their homeland. In Thailand, massage is an important part of Buddhist philosophy. Massages can be taken both in or out of the water, in an aromatic bath or the foaming Niagara pool, which does justice to its name. The overall philosophy is to indulge the guest, rather than just learning or teaching about health. Algae wraps gently detoxify the body, activate blood circulation and bring disturbed metabolisms back to normal. There are effective cosmetic facial treatments, both for men and women, such as the one-hour "Thalgodermyl" treatment for long-term reduction of acne and skin impurities. The facial massage with lemon and herbal oils allows guests to regain their youthful freshness, and pure collagen treatment chases away shadows under the eyes while gently smoothing wrinkles. The word "relax" is all-pervasive. After muscle training in the high-tech gym or water aerobics with ankle and hand weights, you

Becken, das seinem schäumenden Namen alle Ehre macht. Die Philosophie bei allen Anwendungen: Nicht nur Gesundheit lernen oder lehren, sondern auch verwöhnen. Algenumschläge entgiften den Körper auf sanfte Weise, aktivieren den Blutkreislauf und bringen den gestörten Stoffwechsel wieder ins Lot. Kosmetisch effektive Gesichtsbehandlungen gibt es für Frauen und Männer, z. B. die einstündige „Thalgodermyl"-Behandlung, die nachhaltig Akne und Hautunreinheiten reduziert. Die Gesichtsmassage mit Kräuter- und Zitronenölen läßt die Hotelgäste in „alter Frische" erstrahlen, und die Behandlung mit reinem Collagen verjagt die Schatten unter den Augen ebenso wie sie Augenfältchen sanft glättet.

Das Wort „Relax" ist allgegenwärtig; nach Muskeltraining im High-Tech-Gym oder Wasseraerobic mit Fuß- und Handgewichten gleitet man in die Inkarnation der totalen Ent-

THAILAND

spannung: Im „Floatation Tank", einer Raumkapsel mit gedimmtem Licht nicht unähnlich, schwebt jede aufgescheuchte Seele auf 98prozentigem Salzwasser, untermalt mit klassischer oder Meditationsmusik, in die Ruhe des diesseitigen Nirwanas.

Zwischenresultat: Das Health-Resort Chiva-Som ist kein Hotel mit ein paar Gesundheitsecken im Nebenangebot, das auf der derzeit grassierenden Wellneßwelle mitschwimmt, sondern ein von international renommierten Medizinern, Psychologen, Therapeuten und Hotelfachleuten klar durchstrukturiertes Gesundheitszentrum der internationalen Spitzenklasse. Erkannt hat man hier außerdem, daß man Wohlbefinden, Gesundheit und Selbstwertfindung auch durch Kurse in Yoga, Meditation, Lebensplanung und Imageschulung und nicht zuletzt durch alternativen Kochunterricht fördern kann.

Das Ambiente der Zimmer, Suiten und Pavillons, die Qualität und die Verarbeitung der gesamten Resort-Anlage – fast überflüssig, darauf hinzuweisen – stellen sich dem erfahrenen Fünf-Sterne-Reisenden, gerade im Vergleich mit den zahlreich in Thailand vorhandenen Luxushotels, klar als Weltklasse dar. Die Pavillons sind, inspiriert durch die historische Thai-Architektur, von einheimischen Zimmerleuten kunstvoll (buchstäblich) „auf die Spitze" getrieben worden. Das Interieur läßt in seiner dezenten Kostbarkeit und Ausgefeiltheit bis ins letzte Detail keinerlei Wünsche offen. Die natürliche Freundlichkeit und der behende Service eines hochmotivierten Mitarbeiter-Teams lassen über kleine sprachliche Verständigungsschwierigkeiten großzügig hinweg schauen. Wer einmal den tropischen chinesischen Park des Chiva-Som mit seinen Wasserfällen, Seen und Brücken durchschritten hat oder die mosaikgekachelten Marmorwände im Spa betrachtet und berührt hat, weiß: Hier sind die kompromißlosen Architekten jenes Geschmacks am Werke gewesen, die Oskar Wilde als den „einfachsten" von allen bezeichnet hat: „Immer nur das Beste!"

can glide effortlessly into the incarnation of relaxation itself – the floatation tank, similar to a space capsule with dimmed lighting, in which the troubled soul can float in 98 percent salt water with classical or meditative music in the background. The peace of an Earthly Nirvana. The first result is that the Chiva-Som health resort is no hotel with a few fitness facilities on the side, jumping on the increasingly popular "wellness" bandwagon, but rather a world-class and well-structured health centre staffed by highly reputable doctors, psychologists, therapists and hoteliers. Chiva-Som has also recognised that well-being, health and the development of selfesteem can also be promoted by courses in yoga, meditation, life planning, image training and, not least, lessons in alternative cooking. It is almost unnecessary to add that the experienced five-star traveller will find that the ambience of the rooms, suites and pavilions, the quality and appointments of the entire resort complex, is clearly world-class, even in comparison with the many luxury hotels in Thailand. The pavilions have been brought to an artistic pinnacle (literally) by local carpenters, inspired by traditional Thai architecture. The interior, with its subtle luxury, refined to the smallest detail, leaves no wish unfulfilled. The natural friendliness and rapid service provided by the highly-motivated staff more than compensates for any minor language problems. Anyone who has wandered through the tropical Chinese park of Chiva Som with its waterfalls, lakes and bridges, or seen and touched the mosaic-tiled marble walls in the spa knows that uncompromising architects have been at work here, architects with the taste once described by Oscar Wilde as the "simplest" of all – "Only the best will do!"

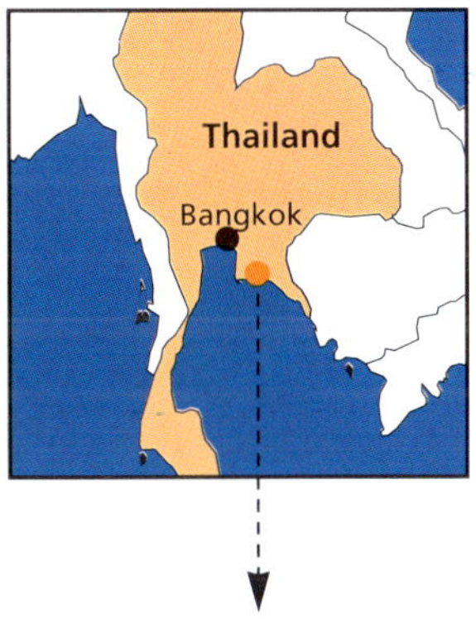

CHIVA-SOM
in Hua Hin

Auch das Chiva-Som steht unter dem Schutz von Geisterhäuschen und Tempel.

Even the Chiva-Som is protected by little spirit houses and the temple.

Tempel der Behaglichkeit

The temple **THE OBEROI BALI** *of comfort*

Text: Jürgen Gutowski · Fotos: Jürgen und Martina Gutowski

Die Legian Beach – einer der schönsten Strände Balis.

The Legian Beach – one of the most beautiful beaches on Bali.

Das Hotel Oberoi wurde im Stil eines balinesischen Dorfes erbaut.

The Hotel Oberoi was built in the style of a Balinesian village.

Ultimativen Komfort bieten die „Royal Villas“ mit eigenem Pool.

The „Royal Villas“ with their own pool, offer ultimate comfort.

207

BALI

Am Besaki, dem Muttertempel der Balinesen, werden den Göttern Opfergaben gereicht.

At Besaki, the mother temple of the Balinese, sacrifices are offered to the gods.

Balinesische Frauen: liebevolle Mütter und anmutige Tänzerinnen.

Balinese women: loving mothers and graceful dancers.

Colourful figures during a procession on the way to the temple of the rice god Dewi Sri.

Farbenfrohe Figuren während einer Prozession auf dem Weg zum Tempel der Reisgöttin Dewi Sri.

The clatter of the scarecrows hangs over the approaching rice fields, rattling wind wheels turn in the hot midday air. Farmers, up to their knees in water, drive their oxen through the wet reflecting fields. From somewhere, the south wind wafts the monotonous cling-clang of a Gamelan player. In the sky a dozen coloured kites that were put together by proud little Balinese from simple sheets of plastic, are swaying in the breeze. Between two huts, fat and feathers are flying: the cock fight, the favourite pastime of Balinese men is in full swing, as is also the strong "Tuak" a dizzy making palm wine, and one bets some Rupiah on the favourite cockerel. In the distance, the holy mountain "Genung Agung" sleeps, the seat of the god Shiva, the centre of the universe and the whole system of world harmony. An old woman lies out banana leaves, flowers and a handful of rice in front of the house and lights an incense stick: the demons from the other side should avoid this house today. High, towering temple gates, some just starting to be built, others mossed with centuries old patina, stand imposingly at the edge of the streets or in the thick jungle. They are adorned with fearsome grotesque faces and partly

Das Klappern der Vogelscheuchen liegt über den nahen Reisfeldern, ratternde Windräder drehen sich in der heißen Mittagsluft. Bis zu den Knien im Wasser treiben Bauern ihre Ochsen durch die naß spiegelnden Felder. Von irgendwo weht der Südwind das monotone Kling-Klang eines Gamelanspielers herüber. Am Himmel wiegen sich ein Dutzend bunte Flugdrachen, von stolzen kleinen Balinesen aus einfachen Kunststoffplanen gebastelt. Zwischen zwei Hütten fliegen die Fetzen und die Federn: Der Hahnenkampf, die Lieblingsbeschäftigung balinesischer Männer, ist in vollem Gange. Nebenbei spricht man kräftig dem „Tuak" zu, einem benebelnden Palmwein, und man setzt manche Rupiah auf den favorisierten Gockel. In der Ferne ruht der heilige Berg „Gunung Agung", der Sitz von Gott Shiva, das Zentrum des Universums und der Mittelpunkt des gesamten Systems der Weltharmonie. Eine alte Frau legt Bananenblätter, Blumen und eine Handvoll Reis vors Haus und entzündet ein Räucherstäbchen: Die Dämonen aus der Gegenwelt mögen dies Haus heute meiden. Hoch aufragende Tempeltore, manche gerade im Rohbau, andere bemoost mit jahrhundertealter Patina, stehen imposant am Straßenrand oder im dichten Urwald. Verziert sind sie mit furchterregenden Fratzen, teilweise verhüllt mit symbolisch schwarz-weiß karierten Decken: Hier sind die guten und die bösen Geister miteinander im Einklang. Eine Allee aus haushohen, geschwungenen Bambusrohren, geschmückt mit Blüten und Fähnchen, kündigt eins der jährlich 1 000 dörflichen Tempelfeste an. Mittendrin: eine

Der Hahnenkampf, Lieblingsbeschäftigung der balinesischen Männer.

The cock fight, the favourite pastime of Balinese men.

Originelle Souvenirs: Mobiles mit handbemalten Holzfischen.

Original souvenirs: mobiles with hand-painted wooden fish.

Saftig-grüne Reisfelder prägen das Landschaftsbild Balis.

Lush-green rice fields characterize the countryside picture of Bali.

covered with a symbolic black and white checked cloth: here the good and evil spirits are together in harmony. An alley of house-high swaying bamboo canes decorated with flowers and little flags announces the yearly 1,000 village temple festival. In the middle: a rainbow coloured procession with many coloured umbrellas, women carrying baskets of fruit and flowers on their heads, artistic braid and needlework, worked together during weeks of community toil – one is on the way to the temple of the rice goddess Dewi Sri. Tower formed works of art made out of rice cakes, exotic fruits, flowers, roast ducks and chickens are the sacrifice offers, with which the third harvest for this year will be prayed for. We are driving through the centre of the largest temple area in the world: 20,000 shrines are officially registered: four per square kilometer. If you count the obligatory family temples as well you get to hundreds of thousands of holy shrines. Then an abrupt contrast: we pass Kuta. Alarming truth of mass tourism. Flashlight and disco noise, Kentucky Fried Chicken and rampaging drunkenness on a sobering beach. In front of the resounding slot machine arcade a tender joss stick glimmers in silent protest.

kunterbunte Prozession mit vielfarbigen Schirmen, Frauen tragen körbeweise Blumen und Früchte auf dem Kopf, kunstvolle Flecht- und Steckwerke, in wochenlanger Gemeinschaftsarbeit zusammengeknieffelt – man ist auf dem Weg zum Tempel der Reisgöttin Dewi Sri. Turmartige Kunstwerke aus Reiskuchen, exotischen Früchten, Blumen, gebratenen Enten und Hühnern sind die Opfergaben, mit denen die dritte Ernte für dieses Jahr erbeten werden soll. Wir fahren mitten durch die größte Tempelanlage der Welt: 20 000 Schreine sind offiziell registriert: vier pro Quadratkilometer. Zählt man die obligatorischen Familientempel hinzu, kommt man auf Hunderttausende von Heiligtümern. Dann ein schroffer Gegensatz: Wir passieren Kuta. Erschreckende Wirklichkeit des Massentourismus. Flashlight & Diskohammer, Kentucky Fried Chicken und randalierende Trunkenheit am ernüchternden Strand. Vor der dröhnenden Automatenspielhalle glimmt ein zartes Räucherstäbchen in stillem Protest. Aufatmen hinter der letzten Ampel dieses rasenden Infernos. Wieder saugen alle Sinne nur Lieblichkeit, als wäre nichts gewesen. Wieder Reisfelder und Kokosplantagen, winkende Kinder am Straßenrand, unzählige Töpfereien und Schnitzerwerkstätten mit handgearbeiteten Masken, landestypischen Instrumenten und überdimensionalen Mobiles und klingenden Windspielen vor der Tür. Noch ein kleines gewundenes Sträßchen, und wir sehen den nächsten Tempel: Das erste Gebäude, das jeder Gast im Oberoi passiert, ist der Hoteltempel; lauschig erhebt er sich aus dem lotosbestandenen Weiher. Im Schatten tropi-

A temple-like entrance: the door to the luxurious Oberoi villas.

Tempelartiger Eingang: das Tor zu den luxuriösen Oberoi-Villen.

Breathe out after the last traffic light of this roaring inferno. Once again all the senses only suck in sweetness, as if nothing had happened. Once again rice fields and coconut plantations, waving children at the sides of the street, innumerable potteries and carving workshops with hand made masks, instruments typical to the country and over dimensional mobiles and tinkling wind games in front of the door. Another small, curved street and we see the next temple: the first building that every guest in Oberoi passes is the hotel temple which rises idyllically out of the pond planted with lotus flowers. In the shade of the tropical trees that smile that says more than 1,000 clever words, greets us. The arrival is already a sensual experience. A musical trio, with flowers behind their ears, tinkle calming music on bamboo instruments, a garland of scented jasmine is laid over your shoulders and a fresh fruit cocktail strokes your parched tongue. A reception, in the customary sense, doesn't exist, there are only a few formalities at the private table nearby in the airy natural stone hall. Immediately noticeable: the staff, from porter to waiter, are all dressed in the Balieses traditional temple costume, are especially polite, disarmingly friendly and possess a seldom experienced obligingness. To be able to anticipate in advance what the guest desires, is a great art which is offered to every guest and at any time. From the open staircase, where Richard von Weizsäcker, Gianni Versace and Mick Jagger have already stood we have an open view of the foaming surf of the Indian Ocean, which throws itself on the wide Legian beach only a few

Der große Pool wird von schattigen Frangipani-Bäumen umgeben.

The large pool is surrounded by shady frangipani blossoms.

scher Bäume begrüßt uns jenes Lächeln, das mehr sagt als 1000 artige Sprüche. Schon die Ankunft ist ein sinnliches Erlebnis. Ein Musikantentrio mit Blüten hinterm Ohr klimpert Beruhigendes auf Bambusklangkörpern, ein Kranz aus duftendem Jasmin legt sich um die Schultern, ein frischer Fruchtcocktail streichelt die ausgedörrte Zunge. Eine Rezeption im üblichen Sinne sucht man vergebens, am beinah privaten Tisch in der luftigen Natursteinhalle gibt's nur wenige Formalitäten. Sofort fällt auf: Das Personal, vom Portier bis zum Kellner gekleidet in balinesische Tempeltrachten, ist von ausgesuchter Höflichkeit, von entwaffnender Freundlichkeit und selten erlebter Zuvorkommenheit. Vorweg zu ahnen, was der Wunsch des Gastes sei, ist eine hohe Kunst. Hier wird sie jedem Gast zu jeder Zeit geboten.

Von der Freitreppe, auf der auch schon Richard von Weizsäcker, Gianni Versace und Mick Jagger standen, haben wir freie Sicht auf die schäumende Brandung des Indischen Ozeans, der sich nur wenige Meter von hier an die breite Legian Beach wirft. Ein paar mutige Surfer zischen über die Wellenkämme, die Oberoi-Rettungsschwimmer wachen über sie und jeden, der sich um diese Jahreszeit ins wilde Meer wagt. Der Blick streift weiter über einen blau flimmernden Pool mit olympischen Maßen, von schattigen Frangipani-Bäumen umgeben. Dazwischen die bunten Sonnenschirme, in der balinesischen Mythologie die Hoheitszeichen einer wohlwollenden Gottheit. Daneben das Amphitheater mit seinem tempelähnlichen Eingang. Abends geht hier ein balinesisches Stück Kultur über die Bühne: Einheimische Legong-Tänze von höchster femininer Grazie zu den Klängen der Gamelanorchester, Theaterstücke und Ballettaufführungen, die von guten und bösen Geistern und der Wiederherstellung der universellen Harmonie handeln. Damit auch

Zahlreiche Teiche mit Lotusblumen und Seerosen laden im Garten zum Verweilen ein.

Numerous ponds with lotus flowers and water lilies invite you to linger in the garden.

meters away. A few brave surfers hiss over the tops of the waves with the Oberoi's life-guards watching them and anyone who dares to go into the wild sea at this time of year. The view continues over a shimmering, blue, Olympic size pool, surrounded by shading frangipani blossoms. Between are the colourful sun umbrellas which in Balinese mythology are the national emblem of a benevolent god. Beside them is the amphitheatre with its temple like entrance. In the evenings a Balinese culture play is performed here.

Native Legong dancers of the utmost feminine grace dance to the music of the Gamelan orchestra, theatre plays and ballet performances that deal with the good and evil spirits and the restoration of universal harmony. Written explanations to the sequence of events on the programme are given so that the western guest doesn't remain unknowledgable at the sight of this height of cultural exotica.

Written directions for the mysterious garden, which stretches over an area of 15 acres, is also very useful in the first few days as you can get lost in this enchanting park very easily at the beginning. On the way to the room, which is appropriately called "Lanai" (garden), one passes hibiscus and oleander bushes, the "tigerklau" blooms fire red, heliconias as long as your arm, shine red and yellow in the bushes, lilies and bouganvilleas proliferate over the natural stone walls of the private villas, within which twisted "screw palms", with pineapple like, ripe fruits, interchange with 30 meter high king palms. Waterlilies unfold in stone surrounded ponds, figure representations from Balinese mythology rise up in the safety of concealed inner courtyards, venerable statues, decorated with a flower in their hand or behind their ear, indicate the way to the cottage. Small, nervous geckos hunt mosquitoes "in every lucky house the gecko goes in and out" (following a Mauritanic wisdom), and exotic birds build their nests in the trees, many even with two rooms: suites for fickle men! Accommodation for humans is offered in the villas of the hotel: complete with the name of a flower and surrounded by high walls of coral stones, thatched with thick straw and crowned with metal riders, roof crowns in "the hair of the roof", leave the person entering, deeply amazed at the inner wealth: one enters the inner courtyard of one's holiday domicile through a door similar to a temple entrance, with an area of 200-600 sqm. Any question of not having enough room is resolved. To the left, the private pool (up to 10x6 meters) and a raised roofed pavilion with a view over the wall, to the right, the entrance to the "holy of holies": the living and sleeping area with an

der westliche Gast angesichts dieses Höchstmaßes an kultureller Exotik nicht ahnungslos bleibt, werden schriftliche Erläuterungen zum Programmablauf gereicht.

Eine schriftliche Gebrauchsanweisung für den geheimnisvollen Garten, der sich über eine Fläche von 15 Hektar erstreckt, tut am ersten Tag ebenfalls gute Dienste, denn in diesem verwunschenen Park verläuft man sich anfangs leicht. Auf dem Weg zum Zimmer, treffend „Lanai" (Garten) genannt, passiert man Hibiskus und Oleandersträucher, feuerrot blüht die Tigerklaue, armlange Heliconias leuchten rot und gelb im Gebüsch, Lilien und Bougainvilleas wuchern über die Natursteinmauern der privaten Villen, in sich gedrehte Schraubenpalmen mit ananasähnlichen reifen Früchten wechseln sich ab mit 30 Meter hohen Königspalmen. Seerosen entfalten sich in steinumfaßten Teichen, figürliche Darstellungen der balinesischen Mythologie erheben sich in der Geborgenheit verschwiegener Innenhöfe, ehrwürdige Statuen, mit einem Blümchen in der Hand oder hinterm Ohr heiter verziert, weisen den Weg zum Cottage. Hibbelige winzige Geckos jagen Moskitos, „in jedem glücklichen Haus geht der Gecko ein und aus" (in Anlehnung an eine mauritianische Weisheit), und in den Bäumen bauen exotische Vogelpaare ihre Nester, viele sogar mit zwei Räumen: Suiten auch für Flattermänner! Unterkunft für menschliche Gäste bieten z. B. die Villen des Hotels: Sämtlich mit einem Blumennamen bedacht und umgeben von

Figuren der balinesischen Mythologie grüßen die Gäste in den verschwiegenen Innenhöfen.

Figures from Balinese mythology greet the guests in the concealed courtyards.

BALI

Im Frangipani-Café genießt man internationale Köstlichkeiten und landestypische Spezialitäten.

At the Frangipani Café one can enjoy international delicacies and typical specialities from the country.

overwhelming hand carved teak bed and valuable, likewise hand carved objects and furniture. Impressive: the harmony of shape and colour. On the table there is a large dish with partly exotic fruits together with illustrated explanations. Remarkable: it is refilled with fresh fruit daily. All the comforts of an ultimate 5 star hotel are present in the villa as in the somewhat more modest Lanais: air conditioning, self dialing telephone, hair drier, safe, satellite TV + video, stereo unit with CD player and even a short wave receiver for the "radio active" world traveller. In the mini bar there is, apart from the excellent Balinese beer, everything that makes the heart of the pleasure seeker beat faster, and for those who can't do without their computer or the fast becoming much loved fax, will find all the necessary connections in the room, and the machine can simply be ordered by telephone. Punctually with the morning call, the cleaned shoes are in front of the door and hot coffee is on the table, "with compliments" naturally, and in the evening, delicious, spicy, cocktail nibbles are on the turned down bed. In the bathroom, there is a sunken bath and even a small garden together with a mini statue. Noble designer toilettries are also available as are a fluffy toweling bathrobe and towels. The private terrace or the pavilion lovers- arbour are ideal

hohen Mauern aus Korallensteinen, gedeckt mit dichtem Stroh und gekrönt mit metallenen Reitern, Dachkronen im „Haar des Daches", lassen den Eintretenden auch die inneren Werte dieser Refugien baß erstaunen: Wie durch einen Tempeleingang betritt man den Innenhof seines Urlaubsdomizils, bei einer Grundfläche von 200 bis 600 Quadratmetern ist hier wahrlich jede Raumfrage gelöst, zur linken der private Pool (bis zu 10 x 6 Meter) und ein erhöhter überdachter Pavillon mit Blick über die Mauer, zur rechten der Eingang ins „Allerheiligste": der Wohn- und Schlafbereich mit einem grandiosen handgeschnitzten Teakholzbett und wertvollen, ebenfalls handgearbeiteten Kunstgegenständen und Möbeln. Bestechend: die Harmonie von Formen und Farben. Auf dem Tisch steht eine große Schale mit teilweise exotischen Früchten samt bebilderten Erläuterungen. Bemerkenswert: Täglich werden frische Früchte nachgelegt. Alle Annehmlichkeiten eines ultimativen 5-Sterne-Hotels sind in den Villen wie in den etwas bescheideneren Lanais vorhanden: Klimaanlage, Selbstwahltelefon, Haartrockner, Tresor, Satelliten-TV + Video, Musikanlage mit CD und sogar ein Kurzwellenreceiver für den „radioaktiven" Weltenbummler. In der Minibar gibt's außer dem hervorragenden balinesischen Bier alles, was das Genießerherz höher schlagen läßt, und wer auf seinen Computer oder auf das liebgewordene Fax nicht verzichten kann, findet alle notwendigen Anschlüsse im Zimmer und bestellt das Gerät einfach per Telefon. Pünktlich zum morgendlichen Weckanruf stehen die geputzten Schuhe vor der Tür und heißer Kaffee auf dem Tisch, „with compliments" natürlich, und abends liegen köstlich-pikante Cocktailhappen auf dem aufgeschlagenen Bett. Im Bad findet man eine in den Boden eingelassene Ba-

places to dine. The Asiatic as well as the international delicacies of the Chef Franz Thiess taste doubly good under the southern cross, that every gardener or waiter will identify in the star-studded, clear, tropical sky at the guest's request. The Austrian Chef didn't win his laurels in any small inn, but cooked eg in Shangri-La (Bangkok) or in the Imperial (Vienna). The fact that his world famous Oberoi-Rijstafel failed to satisfy a guest at any time has not yet come to pass. It is no surprise that both of Oberois' restaurants are among the international leaders in Fine Dining, not least also the service of Kamal Kaul, the attentive General Manager, who mercilessly takes care that nothing comes into the house that even has a hint of doubt. No wonder that almost every second guest comes more than once. Actually its quite clear: only he who has received blessing can return it. Every year in April, the management and staff gather together for a holy ceremony in the hotel temple to ask for the blessing from the good spirits. The result for almost 20 years: The Oberoi in Bali is truely a temple to good taste and a sanctuary of classic hospitality. Also thanks to the 200 living hotel spirits.

dewanne und sogar einen kleinen Garten nebst Ministatue. Edle Designer-Toilettenartikel stehen ebenso zur Verfügung wie flauschige Baumwollbademäntel und -handtücher. Die private Terrasse oder die Pavillon-Liebeslaube sind ideale Orte auch zum Dinieren. Unter dem Kreuz des Südens, das jeder Gärtner oder Kellner auf Wunsch für den Gast am sternenübersäten tropischen Klarhimmel identifiziert, schmecken die asiatischen wie die internationalen Leckereien von Chefkoch Franz Thiess doppelt gut. Der Österreicher hat seine Lorbeeren in keinen geringeren Herbergen wie z. B. im Shangri-La (Bangkok) oder im Imperial (Wien) erkocht. Daß seine weltbekannte Oberoi-Rijstafel jemals einen Gast nicht überzeugen konnte, ist bisher nicht überliefert. Es überrascht daher nicht, daß die beiden Oberoi-Restaurants zur internationalen Führungsriege in Sachen Fine Dining gehören, was nicht zuletzt auch das Verdienst von Kamal Kaul, dem aufmerksamen Generaldirektor, ist, der gnadenlos dafür sorgt, daß nichts ins Haus kommt, was auch nur einen Hauch von Zweifel trägt. Kein Wunder, daß fast jeder zweite Gast mehr als einmal kommt.

Eigentlich ist es ja ganz klar: Nur wer Segnungen empfangen hat, kann sie auch weitergeben. Jedes Jahr im April versammeln sich deshalb Management und Personal zur heiligen Zeremonie im Hoteltempel, um die Segnungen von den guten Geistern zu erbitten. Das Resultat seit fast 20 Jahren: Das Oberoi auf Bali ist wahrhaftig ein Tempel des guten Geschmacks und ein Heiligtum klassischer Gastfreundschaft. Auch dank der 200 lebendigen Hotelgeister.

Das Bel-Air in Los Angeles

Diesseits von Eden: das schönste Gartenhaus der Welt

This side of Eden: the most beautiful garden house in the world

Fotos und Text: Jürgen Gutowski

Die weitläufige Gartenanlage des Hotels Bel-Air präsentiert sich wie der Garten Eden: blühende Bäume, haushohe Bougainvillea-Kaskaden, gepflegte Beete mit Rosen und Orchideen, zahlreiche Teiche und romantische Brunnen vermitteln die vollkommene Atmosphäre des Paradieses auf Erden.

The extensive garden layout of the Hotel Bel-Air is like the Garden of Eden: blossoming trees, bougainvillea cascades as high as a house, well-cared for beds of roses and orchids, numerous ponds and romantic fountains convey the perfect atmosphere of the paradise on earth.

You drive on the San Diego Freeway in a northerly direction, turn right onto Sunset Boulevard, and you come to Stone Canyon Road in ten minutes. Now left and left again. After a bend, you park the car in the car park, go across a curved natural stone bridge – and you're in the woods. In the middle of Los Angeles. Bel-Air: Even the air is good. Bellissimo! You think, this can't be true, but it is true: What emerges beyond the swan's pond, is the Garden of Eden! Sorry, I don't usually use this word, but in this case nothing else fits. There's another word that I hardly ever use , but this time: Delightful! It's as if I've been transported from this world, my senses are crammed full of childish amazement over so much beauty.

Du fährst auf dem San Diego Freeway nach Norden, biegst rechts ab auf den Sunset Boulevard, kommst nach zehn Minuten zur Stone Canyon Road. Jetzt links und nochmal links. Hinter einer Kurve stellst du deinen Wagen auf den Parkplatz, überquerst eine geschwungene Natursteinbrücke – und stehst im Wald. Mitten in Los Angeles. Bel-Air: Sogar die Luft ist gut. Bellissimo! Du denkst, das kann nicht wahr sein, aber es ist wahr: Was sich da hinterm Schwanenteich auftut, ist der Garten Eden! Sorry, ich benutze dieses Wort eigentlich nicht, aber hier paßt nichts anderes. Ich benutze auch ein anderes Wort sonst nie, jetzt aber doch: entzückend! Ich bin wie weggetreten von dieser Welt, meine Sinne sind vollgepumpt mit kindlichem Staunen über so viel Schönheit. „Who's garden was this?" Der sentimentale Song aus den 70ern geht mir durch den Sinn. Welche begnadete Hand hat dieses Fleckchen Erde so schön gemacht! Nie habe ich auf meinen Reisen etwas so Wunderbares gesehen wie dieses blühende Gärtlein namens Bel-Air. Du spazierst übers Berg- und Talgelände, so groß wie zwölf Fußballfelder. Mal wähnst du dich im tropischen Regenwald, mal in einem spanischen Patio. Das Brünnlein fließt, der Wasserfall murmelt, blühende Bäume grüßen, haushohe Bougainvillea-Kaskaden wuchern alarmrot leuchtend über Dächer und Mauern. „Kennst du das Land, wo die Zitronen blühn?" Hier hängen Tausende in den Bäumen, vom Boden bis zum Dach,

"Whose garden was this?" The sentimental song from the 70s goes through my mind. Which inspired hand made this beautiful spot on earth so lovely! On all my travels I've never seen anything as wonderful as this blossoming little garden called Bel-Air. You walk through hills and valleys, as big as twelve football pitches. At one moment you feel as if you are in the tropical rain forest, and the next, in a Spanish patio. The little brook flows, the waterfall murmurs, blossoming trees greet you, Bougainvillea cascades as high as a house proliferate alarm red over roofs and walls. "Do you know the country where lemons bloom?" Here thousands hang in the trees from floor to ceiling, some as big as a man's fist, but much, much more tender, of course! Indian fig trees with huge leaves bow politely, while you wander through both wild and tended beds of roses and orchids and breathe in the aroma of sweet gardenias. You want to know it exactly and write it down in your diary: Lilac cowslips, mini daffodils, lavender and violets, white hyacinth, pink chameleon bushes, red azaleas, jasmine in full bloom, pear

Auch die Hotelschwäne Daphnis und Chloe fühlen sich in diesem Paradies sichtlich wohl.

The hotel swans Daphnis and Chloe obviously feel at home in this paradise.

Für ein Glas Champagner finden sich viele lauschige Plätzchen, wie zum Beispiel an diesem romantischen Brunnen.

There are lots of idyllic places for a glass of champagne like, for example, at this romantic fountain.

Der Swimmigpool wird umsäumt von opulenter Blütenpracht.

The swimming pool is surrounded by rich blossoms.

and apricot trees, and I don't know what all. You go round the next corner and you're in the chef's herb garden. It is scented with basil, tarragon, sage and rosemary, a lady sits under a bay tree and reads a biography. The garden is a complete "oxygen machine", at least this is what the owner of the hotel calls his blossoming domicile. Director Frank Bowling has ensured the unemployed gardeners from L. A. have found a new job for life, to call this a "job" would be an absolute outrage. Nothing is spared. The relation of rooms/staff is in the sensational ratio of 92/300! The resulting high performance of service has led to Bel-Air being called the best hotel in the world last year by distinguished magazines, among then the renowned "Institutional Investor." Automated day to day events, hand in hand with personnel cutbacks, which is unfortunately unavoidable at this time in many hotels in the world, is not the question here. "We are not trendy, but simply a down to earth and good hotel", says Frank Bowling modestly and adds with a sigh, "keeping this house in order is nevertheless a task like painting the George Washington Bridge!" A Never-Ending-Story even. The Englishman sets great store by humaneness and simplicity. What he says about his staff, you can underline three times. "Not one of our people is a snob. No waiter wrinkless his nose if a guest comes down to dinner without a jacket and tie. The guest is paying for the privilege to break the rules." Bowling is certain the many fine addresses in Europe are too strict when it comes to etiquette. "I was in Venice a short time ago, where I had the feeling that I must even go in the pool wearing a suit." The pool of the Bel-Air, ovally curved, heated all year round and shaded by huge king palms, has naturally also appealed to all the former illustrious guests, which in this area, the film factory

manche so groß wie eine Männerfaust, doch viel, viel zarter, natürlich! Indische Feigenbäume mit kapitalen Blättern verbeugen sich höflich, während du durch gleichzeitig wilde und gepflegte Beete mit Rosen und Orchideen wandelst und den Duft lieblicher Gardenias atmest. Du willst es genau wissen und notierst fürs Tagebuch: lila Schlüsselblume, Mini-Osterglocke, Lavendel und Veilchen, weiße Hyazinthen, rosa Camelienbüsche, rote Azaleen, Jasmin in voller Blüte, Birnen- und Aprikosenbäume, und ich weiß nicht was noch alles. Du gehst um die nächste Ecke und stehst im Gewürzgarten vom Chef. Es duftet nach Basilikum, Estragon, Salbei und Rosmarin, unterm Lorbeerbaum liest eine Dame Biographisches. Der Garten ist die reinste „Sauerstoffmaschine", jedenfalls nennt der Herr des Hauses sein blumiges Domizil so. Direktor Frank Bowling hat dafür gesorgt, daß die arbeitslosen Gärtner von L. A. eine neue Lebensaufgabe gefunden haben, hier von „Job" zu reden, wäre der reinste Frevel. Auch sonst wird nicht gespart. Die Relation Zimmer/Personal beträgt sensationelle 92/300! Die daraus resultierenden Service-Höchstleistungen haben mit dazu geführt, daß das Bel-Air von angesehenen Magazinen, darunter auch der renommierte „Institutional Investor", voriges Jahr zum besten Hotel der Welt ernannt wurde. Automatisierte Abläufe Hand in Hand mit Personalabbau, leider auch in vielen Top-Hotels der Welt mittlerweile nicht zu übersehen, sind hier kein Thema. „Wir sind nicht trendy, sondern einfach ein bodenständiges und gutes Hotel", sagt Frank Bowling bescheiden und fügt seufzend hinzu: „Dies Haus instand zu halten ist

Auch Ronald und Nancy Reagan gehören zu den Stammgästen des Bel-Air.

Ronald and Nancy Reagan are also among the regular guests at Bel-Air.

of Los Angeles, are or were, at home here drinking champagne: Audrey Hepburn, Grace Kelly, Marilyn Monroe, Sophia Loren, Gary Cooper, Gregory Peck, Jack Nicholson… Everybody who has status and a name resided and regenerated in Bel-Air at one time: Also the Ford family, Kennedy, Reagan, Rockefeller as well as regular guests like Howard Hughes, have immortalized themselves in the visitor's book. That famous people especially populate the 40 suites and 52 rooms isn't just chance. The unique atmosphere of the pink Californian villa, is in the style of a Spanish mission, no room is the same as another and has let inspiration run riot. Is this a hotel? Really you don't see one. Here an overgrown window to your villa, there a discreet entrance to the neighbouring house. Is this a typical hotel feeling? Not true! Somehow you feel completely at home, although you have never been here before. When the product is a copy of its creator, then truely harmonizing creators have been at work.

allerdings eine Aufgabe, wie die George-Washington-Brücke zu streichen!" Eine Never ending story eben. Der Engländer setzt auf Menschlichkeit und Natürlichkeit. Und was er über seine Mitarbeiter sagt, kann man nur dreimal unterstreichen: „Keiner unserer Leute ist hochnäsig. Kein Kellner rümpft die Nase, wenn ein Gast ohne Sakko und Krawatte beim Abendessen erscheint. Der Gast bezahlt ja für das Privileg, auch mal die Regeln zu brechen." Bowling ist überzeugt, daß viele feine Adressen in Europa ein bißchen zu starr sind in Fragen der Etikette. „Ich war vor kurzem in Venedig, wo ich das Gefühl hatte, ich müßte selbst am Pool im Anzug erscheinen."

Am Pool des Bel-Air, oval geschwungen, ganzjährig beheizt und beschattet von mächtigen Königspalmen, haben natürlich auch all jene illustren Gäste dem Champagner zugesprochen, die in dieser Gegend der Filmfabrik Los Angeles zu Hause sind oder waren: Audrey Hepburn, Grace Kelly, Marilyn Monroe, Sophia Loren, Gary Cooper, Gregory Peck, Jack Nicholson … Alles, was Rang und Namen hat, residiert und regeneriert eine Zeitlang im Bel-Air! Auch die Familien Ford, Kennedy, Reagan, Rockefeller, dazu Stammgäste wie Howard Hughes haben sich schon im Gästebuch verewigt. Daß ausgerechnet Künstler die 40 Suiten und 52 Zimmer bevölkern, ist natürlich kein Zufall. Die einzigartige Atmosphäre dieser pinkfarbenen kalifornischen Villen im spanischen Missionsstil, kein Zimmer gleicht dem anderen, läßt Inspirationen sprießen. Ist das hier ein Hotel? Eigentlich sieht man keins. Hier ein überwuchertes Fensterchen deiner Villa, dort ein diskreter Eingang zum Nachbarhäuschen. Typisches Hotel-Feeling? Fehlanzeige! Du fühlst dich irgendwie zu Hause, obwohl du noch nie hier warst. Wenn das Produkt ein Abbild seines Schöpfers ist, dann sind hier wahrhaft harmonische Kreatoren am Werk gewesen. Daß sie auch allerlei modernes Gerät wie Air-Con, High-Tech, Minibar, Video usw. eingebaut haben, tut der edlen Atmosphäre keinen Abbruch. Du gehst barfuß über die warmen Terracottafliesen deiner Suite, Palmblätter streichen um deine Arme, du öffnest die Tür zu deinem eigenen verschwiegenen Gärtchen und wirfst alle Klamotten von dir. Wie wär's mit einem nächtlichen Bad im privaten Jacuzzi, dazu vielleicht ein Gläschen kalifornischen Summer Wine, man könnte mal wieder ein richtig gutes Buch lesen oder die neue CD

Jedes Zimmer ist individuell und unglaublich stilvoll und wohnlich eingerichtet.

Every room is individual, and unbelievably stylish and comfortably furnished.

Der Küchenchef des Bel-Air, Garry Clauson, ist auch der populärste Fernsehkoch im CNN-Programm.

The chef of the Bel-Air, Gary Clauson, is also the most popular TV chef in the CNN-programme.

Der neueste Hit des Chefs ist das kalorienarme „Cuisine Legere Menu".

The chef's latest hit is the low calorie "light cuisine menu".

That they have also built – in all manner of modern equipment like air-con, high tech, minibar, video etc. doesn't spoil the noble atmosphere. You can walk barefoot on the terra-cotta tiles of your suite, palm leaves caressing your arms, open the door onto your own secluded garden and throw off your clothes. How do you fancy bathing naked in your own private Jacuzzi, perhaps accompanied by glass of Californian summer wine? You could read really good book again or listen to the new CD from Sting, while the open fire crackles in the background and a restful, blue Californian night covers your soul. You close your eyes in a four-poster bed and dreams take bud in your sleep. This Californian guest house has been bewitching regulars for 50 years. A certain Alfonzo Bell was the broker for imposing plots of land in this area in the 20s, built representative streets and did all his business from here. He also created the main building of the present hotel that was expanded in 1956 around the swan's pond, the pool and several pavilions.

Next door we enter the kingdom of Gary Clauson. One could write a book about the chef, as his life draws a culinary line right across the globe. This man, who was born in England, has already collected 35 first prizes and gold medals at international banqueting competitions and the much sought after "Escoffier Society Gold Medal" was also bestowed on him for the chef of the year in 1995. Added to that, Gary is the most popular "oven artist" in the CNN programme. His speciality is sauces, but my word, what sauces! His latest hit is a "light cuisine menu". When he joined the Bel-Air team in 1992 he critically checked calories, fat, cholesterol and sodium in the meals being offered, then he reduced them and finally developed a "Spa-Cuisine", in which the contents could be worked out on the computer and kept to, and are now the hit for the sportily healthy, and such people who would like to be like that. That means almost everyone in California. On the menu there is e.g. "pepper-sword fish in a light lobster sauce", "salmon tartare" with caviar and marinated gurkins", and for dessert there is for example "crispy

von Sting hören, während im Hintergrund der Kamin knistert und sich eine blaue kalifornische Nacht beruhigend über dein Gemüt legt. Unterm Himmelbett schließt du die Augen, und im Schlaf knospen Blütenträume.

Seit 50 Jahren schon betört dieses kalifornische Gartenhaus seine Gäste und Stammgäste. Ein gewisser Alfonzo Bell hat in den 20er Jahren in dieser Gegend mit imposanten Grundstücken gemakelt, repräsentative Straßen gebaut und all diese Geschäfte von hier aus gemanagt. Er schuf auch die Hauptgebäude des heutigen Hotels, das 1956 um den Schwanenteich, den Pool und einige Pavillons erweitert wurde.

Nebenan betreten wir das Reich von Gary Clauson. Über den Küchenchef könnte man ein Buch schreiben, denn sein Leben zieht eine kulinarische Spur kreuz und quer über den Globus. 35 erste Preise und Goldmedaillen hat der gebürtige Engländer bei internationalen Schmauswettkämpfen bis jetzt schon kassiert, ihm wurde außerdem die begehrte „Escoffier Society Gold Medal" für den Koch des Jahres 1995 verliehen, außerdem ist Gary im CNN-Programm der populärste Herdkünstler. Seine Spezialität sind Saucen, mein lieber Scholli, welche Saucen! Aber sein neuester Hit ist sein „Cuisine Legere Menu". Als er 1992 ins Bel-Air-Team eintrat, hat er zunächst mal Kalorien, Fett, Cholesterin und Natrium im Speiseangebot kritisch überprüft, dann reduziert und schließlich eine Spa-Cuisine entwickelt, deren Inhaltsstoffe computergenau berechnet und eingehalten werden und nun der Hit sind für sportlich Gesunde und solche, die es werden wollen. Und das will in Kalifornien fast

apple cake with apple sorbet" or "strawberries with a white chocolate-mascarpone sorbet". All this, but naturally also ordinary steaks, that are here anything but ordinary, and breakfast classics like "eggs Benedict", one takes in the comfortably temperate restaurant or one enjoys lunch or dinner "al fresco", surrounded by ubiquitous bouganvillas, on the underfloor heated outside terrace. As ever: absolutely high enjoyment is guaranteed, also because everything is always of the freshest and more than not sprouted from their own garden. Where by we are back in the garden again. I can tell you: it is very difficult to take your leave when you are freshly in love! What did the general manager say again: "here you hear the birds singing, you breathe the fragrance of gardenias and innumerable plants, and in the air you sniff the wood fires: Bel-Air! It's an oasis... hotel heaven". That is the way it is.

jeder. Auf dem Menü stehen z. B. „Pfeffer-Schwertfisch in einem leichten Lobster-Sud", „Lachs-Tatar mit Kaviar und marinierten Gurken", zum Nachtisch gibt's beispielsweise „Knusprige Apfeltorte mit Apfelsorbet" oder „Erdbeeren mit einem weißen Schokoladen-Mascarponesorbet". All dieses, aber natürlich auch ordinäre Steaks, die hier natürlich alles andere als ordinär sind, und Frühstücksklassiker wie die opulenten „Eggs Benedict", nimmt man im wohl temperierten Restaurant ein, oder man genießt Lunch oder Dinner „al fresco", umrankt von allgegenwärtigen Bougainvilleas, auf der fußbodenbeheizten Außenterrasse. Wie auch immer: Absoluter Hochgenuß ist garantiert, auch deshalb, weil alles immer vom Frischesten ist und nicht selten dem eigenen Garten entsproß. Womit wir wieder im Garten sind. Ich kann nur sagen: Es fällt schwer, Abschied zu nehmen, wenn man frisch verliebt ist! Wie sagte doch der General Manager: „Hier hörst du die Vögel singen, du atmest den Duft von Gardenias und unzähligen Pflanzen, in der Luft erschnupperst du die holzbetriebenen Kamine: Bel-Air! It's an oasis... hotel heaven." – So ist es.

Doll's house in pastel

Puppenstube in

Cambridge Beaches
Bermuda

Text: Jürgen Gutowski · Fotos: Martina und Jürgen Gutowski

Pastell

Rosa-weiße Traumstrände, oftmals von Felsen eingefaßt, laden auf den Bermudas zu karibischen Badefreuden ein. Darüber: Die „Mangrove Bay Terrace" des Cambridge Beaches.

Pink-white dream beaches, often bordered by cliffs, invite you to enjoy a Caribbean swim on the Bermudas. Above them: The „Mangrove Bay Terrace" of Cambridge Beaches.

Late in the afternoon in Hamilton, the capital of Bermuda. The helmeted "bobby" blows his whistle, a swarm of Mopeds and Vespas turn out of Front Street, driving on the left, as Bermuda is still a British colony. Children wearing school uniforms point towards a huge cruise ship which has just tied up at the pier. Executives, wearing collar and tie and carrying a brief case, leave the offices and banks, their ironed trousers are short, but not too short. The famous Bermuda shorts stop exactly a hand's breadth above the knee. Of course: the legendary shorts are never the same colour as the jacket, and the long socks are turned over once. From the café balconies, mainly located on the first floor above the numerous duty free shops, English ladies and those who would like to be are having five o'clock tea, and the gaudy American Weight-Watcher-candidates are self-confidently polishing off creamy strawberry cake plus advocaat. One pays for snacks and everything in Bermuda with American or Bermuda dollars which are valued at par, Bermuda dollars are embellished with the face of her majesty on a pink background, yes, here even the money is pink. Queen Elizabeth's official birthday is a holiday in Bermuda, this is, after all still a British

Später Nachmittag in Hamilton, Hauptstadt der Bermudas. Der behelmte Bobby läßt die Trillerpfeife ertönen, ein Rudel Mopeds und Vespas biegt auf die Front Street ein, im Linksverkehr, denn Bermuda ist bis heute eine britische Kronkolonie. Kinder in Schuluniformen zeigen mit dem Finger zu einem riesigen Kreuzfahrtdampfer hinauf, der gerade am Pier festgemacht hat. Manager mit Schlips, Kragen und Köfferchen verlassen Geschäfte und Banken, ihre gebügelten Hosen sind kurz, aber nicht zu kurz: Die berühmten Bermuda-Shorts enden genau eine Handbreit über dem Knie. Of course: Nie hat die legendäre kurze Hose dieselbe Farbe wie das Sakko, und die Kniestrümpfe werden einmal umgeschlagen. Auf den Balkonen der Cafés, wegen des Ausblicks meist im ersten Stock über den zahlreichen Duty-Free-Läden plaziert, sitzen dezent karierte englische Ladies und solche, die es werden wollen, beim Fünf-Uhr-Tee, und grelle amerikanische Weight-Watcher-Aspirantinnen verputzen selbstbewußt den schlagsahnigen Erdbeerkuchen plus Eierlikör. Man bezahlt den Snack mit amerikanischen Dollars oder mit den gleichwertigen Bermuda-Bucks, letztere verziert mit dem Konterfei Ihrer Majestät auf rosa Untergrund, ja, hier ist tatsächlich auch die Pinke pink. Q. E. Two's Geburtstag ist nationaler Feiertag, aber wer weiß, wie lange noch, denn seit der letzten Volksabstimmung schwebt die Unabhängigkeit im Raum. Ich gehe zum markierten Mopedparkplatz, setze den obligatorischen Helm auf und fahre mit der auf der Insel zulässigen Höchstgeschwindigkeit von 32 km/h Richtung Westen. Keine nervigen Sportwagen oder donnernden Harleys machen das

mopedmobile Leben schwer, das Dasein vollzieht sich hier im langsamen Gang. Mietwagen sind schon vor Jahren abgeschafft worden, und jeder Haushalt darf höchstens ein Auto anmelden, denn Staus mag man nur bei Urlaubsbuchungen, nicht auf den blitzsauber gefegten Panoramasträßchen. Zeit zum Schauen, und das ist ein lohnend' Unterfangen: Allerliebste Privathäuschen am Straßenrand, Pretties in Pink, Zartgelb, Hellblau und Grasgrün. Die welligen Dächer und die Gartenmauern in blendendem Weiß, die blühenden Vorgärten zwischen gestutzten Hecken und raschelnde Palmen neben englischem Rasen: Alltagsleben im atlantischen Puppenstübchen. Gegenüber die zarteste Versuchung, seit wir von türkisblauem Badewasser wissen. Rosa-weiße Traumstrände, die diesen Namen wirklich verdient haben, mal weit wie der berühmte Elbow Beach, mal klein und verträumt wie zahllose Büchtlein ohne Namen. Alle sind, schmuckstückähnlich, eingefaßt von huckeligem Gestein, daß man sich fast auf den Seychellen wähnt. Zwischendurch Golfplätze mit billardtischgepflegten Greens und obligatorischem Ocean-View, die das deutsche Golf-Journal jubeln ließen. Weltrekord: Acht Golf-Grounds auf gerade mal 57 Quadratkilometern, nach US-russischer Freundschaftsbesiegelung und Abzug der US-Truppen gibt's nun auch Platz für Platz Nr. 9. Die sieben mit Brücken verknüpften Inseln sind nur 35 Kilometer lang und höchstens drei Kilometer breit. Alles ist nah. Auch das legendärste unter Bermudas Spitzenhotels. Es liegt ganz im Westen, wo schon die Namen der Region die menschlichen Glückshormone in Wallung bringen: Die zarten Wellen des „Great Sound" z. B. spülen sachte auf einen der fünf Strände, die das Cambridge Beach Hotel zu bieten hat. Der kleine Ort mit dem weißen Kirchlein und ein paar Kramläden nebenan heißt „Somerset": Erinnerungen an Große Ferien in unbelasteter Luft unter einem weiten Himmel und an regenferne unschuldige Sommertage fallen mir ein. Ich muß jetzt einfach den Helm absetzen, um einzuatmen. Die Luft ist klar, die Abendsonne freut sich strahlend

Crown Colony. In a recent referendum Bermudians voted strongly to retain their ties with Britain. I go to the marked out moped parking place, put on the obligatory helmet, and drive off in a westerly direction at the islands permitted highest speed of 32 km/h. No sports cars or Harleys to get on your nerves and make life on a moped difficult, as life goes on in low gear here. Rented cars were never allowed in Bermuda, and every household is only allowed to register one car at the most. Time to look around, and this is an undertaking that is worthwhile: delightful private houses at the side of the road, pretty in pink, soft yellows, light blue and grass green. The uneven roofs and garden walls in blinding white, the blossoming front gardens between trimmed hedges and rustling palms, beside an English lawn. Routine life in Atlantic dolls houses. Opposite these lovely gardens, the magnificent ocean waters offering the tenderest of temptations, more like clear, turquoise bath water. Pink-white dream beaches, which really are pink, sometimes wide like the famous Elbow Beach, sometimes small and dreamy like

The Hon. Michael J. Winfield, Managing Director des Hotels Cambridge Beaches, im klassischen Bermuda-Look.

The Hon. Michael J. Winfield, Managing Director of the Hotel Cambridge Beaches, in the classic Bermuda-look.

Die Räumlichkeiten des Cambridge Beaches, wie hier die North Rock Suite, sind stilvoll mit britischen und bermudianischen Antiquitäten eingerichtet.

The spaviality of Cambridge Beaches, like the North Rock Suite pictured here, are stylishly furnished with British and Bermudan antiques.

countless little beaches without a name. All are ornamentally similar, bordered by uneven rocks that one almost imagines oneself to be in the Seychelles. In between, golf courses with billiard-table well-tended greens and the obligatory ocean view that the German journals rejoice over. World record: eight golf courses on just 57 sq.km, since the US-Russian friendship pact and the withdrawal of the US troops, there is now room for course Nr. 9. The seven islands, connected by bridges, are only 35 kilometers long, and at the most 3 kilometers wide. Everything is near at hand. Secluded but easy to find, is the most legendary of Bermuda's top hotels. It lies to the west, where the name of the region alone set the human lucky feelings surging: the gentle waves of the "Great Sound" eg wash gently onto the five beaches that the Cambridge Beaches resort offers. The little town next door with the small white church and a few tourist shops is called "Somerset". Memories of long holidays in the carefree air under a wide sky and rainless, innocent summer days come into mind.

über die rosafarbenen Häuschen des hügeligen Anwesens. Unter dem mäkelnden Gequake von unsichtbaren Baumfröschen schiebe ich meine Vespa über die hoteleigene Halbinsel, vorbei am Krocketplatz und dem gepflegten Putting Green, hin zum niedrigen Haupthäuschen mit der umrankten Eingangstür. Innen umfängt mich die hölzern-rustikale Atmosphäre eines englisch anmutenden Landhauses, im Jahr 1740 errichtet, ausgestattet mit britischen und bermudianischen Antiquitäten. Im Winter, der auf Bermuda nie kälter als 15 Grad ist, knistert in der Lounge der Kamin, ganzjährig kredenzt man hier den Nachmittagstee. Durch die großen Fenster hindurch schaue ich auf den spiegelglatt daliegenden „Sound", in weitem Halbrund schwingt sich der weiße Strand der Mangrove Bay hinüber zum Bootshaus, wo ein paar Cambridgegäste die hoteleigenen Windsurfer testen. Eine Handvoll Angelfreunde besteigt eines der Motorboote, eine deutsche Familie fährt mit dem kostenlosen Wassershuttle zum Einkaufen nach Hamilton.

Der nächste Vormittag ist heiß, 35 Grad, der Sommer in Somerset macht seinem Namen alle Ehre. Manchmal fächelt eine leichte Brise wohltuend übers Gesicht, während ich die Halbinsel erkunde: 25 Hektar Idylle in Reinkultur. Verstreut über das weitläufige Gelände schimmern die weißen Dächer der pastellfarbenen Cambridge-Cottages mit ihren 82 Wohneinheiten durch Palmen und Kasuarinenbäume.

Das Rathaus in St. George wurde im klassischen Kolonialstil errichtet.

The town hall in St George was established in the classic colonial style.

I must now take off my helmet to breathe in. The air is clear, the evening sun is shining on the little pink houses on the hilly estate. Under the carping croak of invisible tree frogs, I push my Vespa over the hotel's own peninsula, past the croquet lawn, the tennis courts and the well-tended putting green, to the low main building, its entrance door entwined with ivy. Inside, I am embraced by the rustic wooden atmosphere of a charming, English country house, which was built in 1740 and furnished with British and Bermudan antiques. In winter, which in Bermuda is never colder than 15 degrees, the fire crackles in the fireplace of the lounge, where afternoon tea is proffered throughout the year. Through the large window I can see the mirror calm "Sound", where the white sand of Mangrove Bay swings round in a semi circle to the marina with more water activities available than anywhere else in Bermuda. At this moment a few Cambridge guests are trying out the hotel's windsurfers. A handful of keen fishermen are getting into one of the many motor boats available for guests of Cambridge Beaches, a German family is going to Hamilton in the free water shuttle to go shopping. The next morning is hot, 35 degrees, the summer in Somerset honours its name. Sometimes a light breeze fans agreeably over my face, while I look around the peninsula: 25 acres of idyll in pure culture. Scattered over the extensive area, the white roofs of the pastel coloured Cambridge cottages, with their 82 dwelling units, gleam between the palms and casurina trees. All of the cottage style rooms at Cambridge Beaches are decorated individually and make you feel more like being at home than in a commercial hotel. The bathrooms are marble, with whirl pool tubs and soft robes wait to be worn on the way to the pool or beaches. Almost every verandah,

Fast jede Veranda, möbliert mit Sonnenliegen und Eßecke, ist ein Ausguck über den vielfarbigen Atlantik. In der Ferne teilt ein Kreuzfahrtschiff den Horizont, ganz nah gleitet ein Glasbodenboot über die üppigen Korallengärten. Ein paar Schnorchler schweben in glasklarem Wasser und beobachten die kreisenden Schwärme Tausender winziger Fische. Ein zweiter weiter Strand öffnet sich unter Kokospalmen bis zum Horizont, in das friedliche Bild hineingesprenkelt sind ein paar himmelblaue Sonnenschirme, unter denen ein Champagnerpicknick zelebriert wird, dicht daneben die kleine Strandbar mit internationalen Durstlöschern jeder Art. Ich gehe nur fünf Minuten und entdecke zwei schattige Miniatursträndchen, zu beiden Seiten bewacht von grimmig-rauhen Felsabstürzen. Es ist Hochsaison, aber ich sehe keinen Menschen, nur die Grillen zirpen und ein paar Eidechsen flitzen über den Kieselstrand. War hier jemals jemand vor mir? Wer noch nicht romantisch ist, der wird es hier ganz sicher. Ein Grund dafür, warum so viele frisch vermählte junge und ältere Pärchen das Cambridge wählen. Gerade für die läßt sich Manager Mike Winfield immer wieder etwas Neues einfallen, zum Beispiel das diesjährige „Heart And Soul"-Angebot, das den Honeymoon at Cambridge wahrhaftig zum Aufenthalt im Siebten Himmel werden läßt: Champagner und Früchte, Gourmetverköstigung zum Frühstück und Abendessen, Sunset Sail auf der Luxusjacht des Hotels, Massagen im wohl modernsten und professionellsten Spa des Atlantiks und vieles mehr für Flitterwöchner. „Wir wollen alles tun, daß es wirklich ein himmlischer Beginn für die beiden wird!" sagt Mike Winfield, der das Cambridge Beaches mit großem Elan unter die Top Ten Resort-Hotels weltweit geführt hat und das in Bermuda jede Konkurrenz weit hinter sich gelassen hat. Der

Auf den Bermudas herrscht Ordnung: Gauner und Diebe wurden früher auf dem Dorfplatz von Hamilton öffentlich an den Pranger gestellt.

In the Bermudas, order reigns: In former times crooks and thieves were publicly put in the pillory in Hamilton's village square.

Die Bermudas gelten als eine der schönsten Destinationen für Golfer in der Karibik.

The Bermudas count among one of the best destinations for golfers in the Caribbean.

furnished with sun beds and a dining area, has a view of the multi-coloured Atlantic. In the distance, a cruise ship breaks the horizon, nearby a glass bottomed boat glides over the luxurious coral garden. A few snorkelers are floating on the glass clear water, watching the circling schools of thousands of tiny fish. A second further beach appears under coconut palms that stretch to the horizon, and sprinkled in this lovely picture are a few sky blue sun umbrellas, under which a champagne picnic is being enjoyed, and right beside it the little beach bar

Dank der Gäste: sie kommen immer wieder, davon legt eine Wandtafel neben der Bar eindrucksvoll Zeugnis ab: Hunderte von Gästen sind dort verewigt, die schon zehnmal, zwanzigmal, fünfzigmal im Cambridge abgestiegen sind. Viele kommen, weil sie hier ein Stück konservatives Hotelleben erfahren, das man z. B. in der benachbarten Karibik kaum noch findet: Man geht nicht „mal eben was essen", sondern man begibt sich an einigen, besonders ausgewiesenen Abenden der Woche zum festlichen Dinner ins Tamarisk-Restaurant, formell gekleidet in Anzug oder Kombination, in Kleid oder Kostüm. Das vielfach preisgekrönte Restaurantangebot, auf Bermuda oft kopiert, doch nie erreicht, wird seit zehn Jahren komponiert vom Fünfsterne-Chef Jean-Claude Garzia. Sein Thema ist die klassische französische Küche mit italienischen und lokalen Anleihen. Mitglieder der englischen oder saudiarabischen Königshäuser waren voll des Lobes über „Feingeschnittenen italienischen Schinken mit Feigen, Melonen mit geriebenem Parmesan", und man labte sich damals wie heute an einer „Muschel-Lasagne mit chinesischen Shitakipilzen und einer Fischsuppe mit Saffranfäden". Anschließend noch einen Sundowner in der Residents-Bar, und dann gehe ich durch die stille Nacht dieses Bermuda-Highlihts zu meinem Cottage. Die Nachttischlampe leuchtet, das riesige Bett ist schon gemacht, auf der antiken Kommode liegt die Bermuda-Times, und nachdem ich die Kurzmeldungen, auch „Bermuda-Shorts" genannt, überflogen habe, bestelle ich den Weckanruf für morgen früh. Ganz früh! Denn es gibt noch viel zu schauen in diesem Sommerland von Somerset. Wie ich mich fühle? Wie der König von Cambridge in der Kronkolonie.

with international thirst quenchers of all types. I walk for just five minutes and discover two shady miniature beaches, guarded on both sides by rugged, rough cliff falls. It's high season and the hotel is full, but I can't see any people, only the crickets chirp and a couple of lizards flit across the pebble beach. Was there ever anyone here before me? Even a person who isn't romantic would definitely be so here. A reason why so many newly married young and older couples choose Cambridge Beaches. Managing Director Mike Winfield is always thinking up something new for them, for example, this year's "Heart and Soul" offer, that makes a honeymoon at the Cambridge a true stay in seventh heaven: champagne and fruit, gourmet meals at breakfast and evening meal, a sunset sail in the hotel's luxury yacht, massages in perhaps the most modern and most professional spa in the Atlantic and much more for honeymooners. "We want to do everything in our power to make it a really heavenly experience for couples" said Mike Winfield, who has, with great élan, lead Cambridge Beaches to being among the top ten resort hotels world wide and has left all its competitors in Bermuda far behind. The appreciation of guests: they come back again and again. There is shining testimony to that on an impressive wall board beside the bar where hundreds of guests who have stayed at the Cambridge ten, twenty, fifty times are immortalised. Many come because they want to experience a piece of conservative hotel life which one can hardly find in the neighbouring Caribbean: one doesn't go "just for something to eat" but one betakes of a festive dinner on some special evenings in the week in the Tamarisk restaurant, formally dressed in a suit or combination, in a dress or a jacket and tie or on other evenings, dine under the stars informally on the lovely Mangrove Terrace. The frequently prize-crowned restaurant menue, often copied in Bermuda, but never attained, has been composed by five star chef Jean-Claude Garzia for ten years. His theme is the classic French cuisine with leanings towards the Italian and local. Members of the English or Saudi Arabian dynasties were full of praise about "thinly cut Italian ham with figs, melon with grated parmesan", and one feasted then as now on a "mussel lasagne with Chinese schitaki mushrooms and a fish soup with saffron strands". The staff at Cambridge Beaches are never intrusive, always respecting the privacy of their guests but somehow they seem to anticipate everything we want before we have even recognized we want it. Finally another sundowner in the resident's bar, and then I walk through the still night of these Bermuda highlights to my cottage. The bed side lamp is glowing, the huge bed has already been turned down, the Bermuda Times is on the antique chest of drawers, and after I have skimmed over the brief reports, also called the "Bermuda shorts", I order an early morning call. Very early! As there is still a lot to see in this summer land of Somerset. How do I feel? Like the king of Cambridge in the crown colony. A feeling, I suspect, I share with all my fellow guests at the fabulous Cambridge Beaches.

Mustique

The island is my castle

Villa Tortuga.

Sie ist das exklusivste Stück Karibik, das es gibt: **Mustique,** *eine Privatinsel, die die Reichen und Schönen wie ein Magnet anzieht und die berühmt ist für ihre Villen.*

Its the most exclusive part of the Caribbean that there is: **Mustique,** *a private island, which attracts the rich and beautiful like a magnet and which is famous for its villas.*

Text:
Wolfgang Reich
Fotos:
Wolfgang Reich,
Michael Lindner

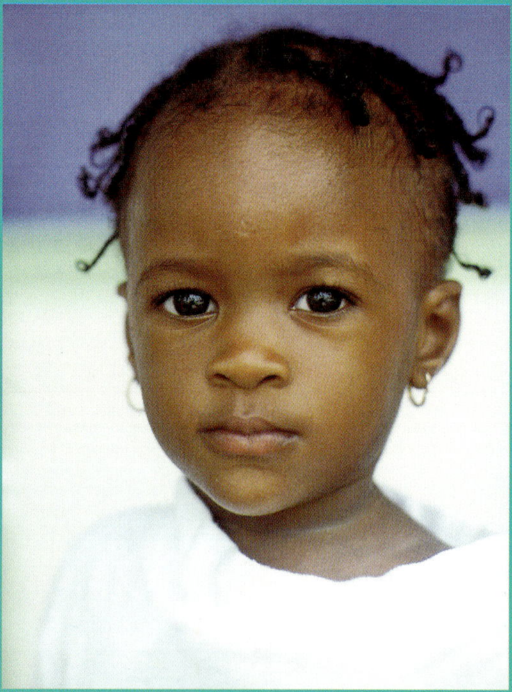

Mustique

The island is my home

Mustique *ist ein zirka fünf mal maximal zweieinhalb Kilometer großes Inselchen mit gerade einmal gut sechs Quadratkilometern Fläche. Sie gehört im Bereich der Kleinen Antillen zu den Grenadines, jener Gruppe von 122 kleinen und kleinster Inseln, an denen der Tourismus bisher weitgehend vorbeigegangen ist und die sich ihre Ursprünglichkeit bewahrt haben.*

Mustique *is an island of about five times two and a half kilometers in size, with a surface of just over six square kilometers. It belongs to the Grenadines in the area of the small Antilles, a group of 122 small and smallest islands which tourism has passed by and therefore they have preserved their originality.*

Villa Shogun.

The reception couldn't have been better. The car had barely arrived at the top of the steep road to the Villa Plantations, which is enthroned at the top of a hill over the sea, when the staff were standing there, a welcoming cocktail at the ready. An ice cold Mai Tai which had been prepared for each of us didn't just taste delicious but simultaneously set the right mood for what was to follow.

After we had said "Cheers" and introduced ourselves, Gilbert lead us to the villa – in a house whose size and position almost took our breath away. The living room was gigantic, stylishly furnished with heavy leather sofas, antique vases and elephants from the far east. From its measurements – about 20 times 12 meters – it would do honour to every hotel lobby, and because it was designed open on all sides, there were always fantastic views of the island.

As often happens when one is suddenly so overwhelmed, this first impression remains unforgettably in the mind, an impression that was not just visual, but this time was also acoustic. From the loudspeakers which were distributed throughout the living room, you could, at that moment, hear the hit song "Soul Provider" by Michael Bolton, a song which remains in your ear and from that moment became the "Mustique-Hymn" for us.

The Villa Plantations is one of over 70 villas for which the Caribbean island of Mustique is world famous, a perhaps five times two and a half kilometer large island with a surface of just about six square kilometers. It belongs to the area of the small Antilles, to the Grenadines, that group of smaller and smallest islands in which, up to now, tourism has passed by and which have protected their origins. About 800, in the high season, perhaps 900 people live on Mustique, – depending on how many villa staff are needed at that time. They are almost all recruited from the neighbouring island of St Vincent, the main island of the Grenadines. Within the Grenadines as well as in the entire Caribbean, Mustique is a very special island: that is to say, a purely private island, a highly exclusive refuge for the rich and beautiful of this world, who are normally in the limelight everywhere, and can't take a step without being watched. Here on Mustique they are not pestered by any fans or journalists, there are no paparazzi here, no photographers who, day after day, spend their time hidden in the most impossible hideouts with their long teleobjective lenses, always on the hunt for compromising

Der Empfang hätte besser nicht sein können. Kaum hatte der Wagen den steilen Weg zur Villa Plantations geschafft, die oben auf einem Hügel über dem Meer thront, da stand das Personal schon mit einem Begrüßungscocktail bereit. Für jeden von uns war ein eisgekühlter Mai Tai vorbereitet worden, der nicht nur köstlich schmeckte, sondern zugleich die richtige Einstimmung war auf das, was folgen sollte. Nachdem wir uns zugeprostet und gegenseitig vorgestellt hatten, führte uns Gilbert in die Villa – in ein Haus, dessen Größe und Lage uns fast den Atem nahm. Der Wohnraum war gigantisch, stilvoll mit schweren Ledersofas, antiken Vasen und Elefanten aus Fernost eingerichtet. Von seinen Abmessungen her – etwa 20 x 12 Meter – würde er jeder Hotellobby Ehre machen, und dadurch, daß er nach allen Seiten hin offen gestaltet worden war, ergaben sich immer wieder phantastische Ausblicke auf die Insel.

Wie so oft, wenn man plötzlich so überwältigt wird, setzt sich dieser erste Eindruck unvergeßlich im Bewußtsein fest, ein Eindruck, der nicht nur visueller, sondern diesmal auch akustischer Art war. Denn aus den Lautsprechern, die im Wohnraum verteilt sind, war gerade der Hit „Soul Provider" von Michael Bolton zu hören, ein Lied, das sich in den Gehörgängen festsetzte und von diesem Augenblick an gleichsam zur „Mustique-Hymne" für uns wurde.

Die Villa Plantations ist eine von gut 70 Villen, für die die Karibikinsel Mustique weltberühmt ist, ein vielleicht fünf mal maximal zweieinhalb Kilometer großes Inselchen mit gerade einmal gut sechs Quadratkilometern

Villa Discovery.

Fläche. Sie gehört im Bereich der Kleinen Antillen zu den Grenadines, jener Gruppe 122 kleinerer und kleinster Inseln, an denen der Tourismus bisher weitgehend vorbeigegangen ist und die sich ihre Ursprünglichkeit damit noch bewahrt haben. Etwa 800, zur Hochsaison vielleicht auch 900 Menschen leben auf Mustique – je nachdem, wieviel Villenpersonal gerade benötigt wird, das fast durchweg von St. Vincent, der Hauptinsel der Grenadines, rekrutiert wird. Sowohl innerhalb der Grenadines als auch in der gesamten Karibik ist Mustique eine ganz besondere Insel: nämlich eine rein private Insel, ein höchst exklusives Refugium für die Reichen und Schönen dieser Welt, die überall sonst in der Welt im Rampenlicht stehen und nirgendwo einen unbeobachteten Schritt machen können. Doch hier auf Mustique werden sie von keinen Fans oder Journalisten belästigt, hier gibt es keine Paparazzi, keine Fotografen, die mit ihren langen Teleobjektiven Tag für Tag in den unmöglichsten Verstecken verbringen, immer auf der Jagd nach dem kompromittierenden Fotos eines Prominenten.

Auf Mustique kann Bianca Jagger im Badeanzug einkaufen gehen, ohne daß sich irgendwer dafür interessiert. In Basil's Bar, dem berühmten Treffpunkt auf Mustique, sitzt Silvia, die schwedische Königin, am Nebentisch, als wir abends ein paar Drinks nehmen. Ganz privat, ganz locker. Weit weg von irgendwelchen pro-

Am Morgen treffen wir Kate Moss, das amerikanische Supermodel: ungeschminkt, in Jeans und einem einfachen T-Shirt.

At morning we meet Kate Moss, the American super model: without make-up, in jeans and an ordinary T-shirt.

photos of a prominent person.

On Mustique, Bianca Jagger can go shopping in a swimming costume, without anyone showing any interest. In Basil's Bar, the famous meeting point on Mustique, Silvia, the Swedish queen, is sitting at the next table as we take a few drinks in the evening. Completely private, completely relaxed. Far away from any recorded obligations. Next morning we meet Kate Moss, the American super model: without make-up, in jeans and an ordinary T-shirt. When shopping or in Basil's Bar there are no autograph hunters, here she is just like Silvia or Bianca or the other prominent people, a person just like any other. Mustique makes it possible.

The story of today's Mustique, with its status as a private island, began in 1958, when Colin Tennant, the fairly eccentric offspring of a Scottish industrial dynasty, who was later knighted, sold the long standing family seat in Trinidad and acquired Mustique for 45,000 English pounds. At that time about 100 people lived in a little village near the Cotton House. Tennant offered them 1,000 English pounds per head to buy them out and they should either leave the island or stay and work there. At the beginning, about 100 hectares of cotton was planted, but Tennant had a vision of converting Mustique into a holiday island for his aristocratic friends from far away England and Scotland. In order to attain this goal, he caught the free roaming cattle and goats and began to plant coconut palms and citrus fruit. In 1960 he gave Princess Margaret a piece of land of about 10 acres as a wedding present, and with this, Mustique gradually developed as an island for the prominent – and away from the original, although very unclear vision of a Robinson – island. Over 100 million US$ have been invested in the infrastructure since then. In 1987 Tennant sold his remaining share to the Mustique Company, left the island and tried his luck in business in St Lucia. There, so it's said, he wasn't so lucky and now has a little beach bar. The best known owners of villas on Mustique apart from Princess Margaret are Lord Lichfield, Raquel Welch and Rolling Stones boss Mick Jagger. US-popstar David Bowie had a villa there for a long time and sold it only a few years ago.

It's not just these well-known villa owners, but also the many prominent people who have their holidays

Villa Plantations.

Villa Sea Star.

Villa Discovery.

Basil's Bar.

Villa Shogun.

on Mustique again and again, who treasure the private, yes almost familiar atmosphere, the freedom that they can enjoy here on this island. It's exactly this private freedom that the Mustique company, who manage the island today, protects like the apple of their eye. Thus the entrance conditions to the island are fairly strictly controlled: groups who want to come to the island must not be larger than 15 people and because of this, cruise ships and large charter – or jet planes have no chance at all to unload their passengers on Mustique. Obtrusive journalist have especially no chance. When Colin Tennant had his say in the matter, he once offhandedly placed a bulldozer on the runway of the small airport, in order to prevent paparazzi from landing on the island, as Prince Andrew was staying here with his girl friend. Remark: The island is my castle. Even multimillionairs evidently watch their money, as from the over 70 villas that there are on the island, about 50 of them are rented out for the owners most of the year by the Mustique Company – and in this way Mustique with its villas is open to everyone who has enough money to rent such a villa: between about 3,000 for a house with two bedrooms for a maximum of four people) and 15,000 US$ (for a villa with seven bedrooms for a maximum of 13 people) is the weekly

tokollarischen Verpflichtungen. Am nächsten Morgen treffen wir Kate Moss, das amerikanische Supermodel: ungeschminkt, in Jeans und einem einfachen T-Shirt. Beim Einkaufen oder in Basil's Bar gibt es keine Autogrammjäger, hier ist sie wie Silvia oder Bianca oder die anderen Promis ein Mensch wie jeder andere auch. Mustique macht's eben möglich.

Die Geschichte des heutigen Mustique mit seinem Status als Privatinsel begann im Jahr 1958, als Colin Tennant, ein ziemlich exzentrischer Sproß einer schottischen Industriellen-Dynastie, die später geadelt wurde, den langjährigen Familienbesitz auf Trinidad verkaufte und für 45 000 englische Pfund Mustique erwarb. Damals lebten etwa 100 Menschen in einem kleinen Dorf nahe dem Cotton House. Tennant bot ihnen an, sie mit rund 1000 englischen Pfund pro Kopf auszuzahlen und die Insel zu verlassen oder dazubleiben und hier zu arbeiten. Anfangs war auf rund 100 Hektar Baumwolle gepflanzt, doch Tennant hatte die Vision, Mustique zu einem Ferienziel für seine aristokratischen Freunde aus dem fernen England und Schottland zu machen. Um dieses Ziel zu erreichen, fing er die frei herumlaufenden Rinder und Ziegen ein und begann, Kokospalmen und Zitrusfrüchte zu pflanzen. 1960 schenkte er Prinzessin Margaret zur Hochzeit ein etwa zehn Morgen großes Grundstück, und damit entwickelte sich Mustique allmählich zu einer Promi-Insel – und weg von der ursprünglichen, wenngleich sehr unscharfen Vision einer Robinson-Insel. Über 100 Millionen US-Dollar wurden seitdem in die Infrastruktur der Insel gesteckt. Tennant verkaufte 1987 seine verbliebenen Anteile an die Mustique Company, verließ die Insel und versuchte sich geschäftlich in St. Lucia. Dort, so ist zu hören, habe er wenig Glück gehabt und betreibe jetzt eine kleine Strandbar. Zu den bekanntesten Villenbesitzern auf Mustique gehören neben Prinzessin Margaret Lord Lichfield, Raquel Welch und Rolling-Stones-Chef Mick Jagger. US-Pop-Star David Bowie besaß lange Zeit eine Villa, die er jedoch vor wenigen Jahren verkaufte.

Villa Tortuga.

Nicht nur diese bekannten Villenbesitzer, sondern auch die vielen Prominenten, die auf Mustique immer wieder Urlaub machen, schätzen die private, ja schon familiäre Atmosphäre, den Freiraum, den sie hier auf dieser Insel genießen. Und genau diesen privaten Freiraum schützt die Mustique Company, die die Insel heute verwaltet, wie ihren eigenen Augapfel. Und so sind denn die Zugangsbedingungen zur Insel ziemlich restriktiv geregelt: Gruppen, die auf die Insel wollen, dürfen nicht größer als 15 Personen sein, damit haben Kreuzfahrtschiffe und große Charter- oder Düsenjets von vornherein keine Chance, ihre Gäste auf Mustique abzuladen. Aufdringliche Journalisten haben eh keine Chance. Als Colin Tennant noch das Sagen hatte, stellte er einmal kurzerhand einen Bulldozer auf die Landebahn des kleinen Flughafens, um so zu verhindern, daß Paparazzi auf der Insel landeten, als hier Prinz Andrew mit einer Freundin weilte. Merke: The island is my castle.

Auch Multimillionäre schauen offensichtlich aufs Geld, denn von den gut 70 Villen, die es auf der Insel gibt, werden etwa 50 den größten Teil des Jahres über von der Mustique Company im Auftrag der Hausbesitzer vermietet - und damit steht Mustique mit seinen Villen auch all denen offen, die über das nötige Kleingeld verfügen, um eine solche Villa zu mieten: zwischen knapp 3 000 (für ein Haus mit zwei Schlafzimmern für maximal vier Personen) und 15 000 US-Dollar (für eine Villa mit sieben Schlafzimmern für maximal 13 Personen) liegt die wöchentliche Miete. Im Preis eingeschlossen ist das Personal, angefangen von der Köchin über Servicepersonal bis hin zum Gärtner. Ein oder zwei Autos, meist Mini-Mokes, stehen ebenfalls zur Verfügung.

Bei Lichte betrachtet ist ein Villen-Urlaub auf Mustique gar nicht einmal besonders teuer. Restaurantbesuche entfallen, da vom Personal in der Villa gekocht wird. Wenn zum Beispiel zwei befreundete Paare eine Villa mit zwei Schlafzimmern mieten, dann kostet der ganze Spaß von Mai bis November zwischen 2 800 und 4 700 US-Dollar pro Woche – macht 700 bis 1 200 Dollar pro Person. In ähnlichen Regionen bewegen sich auch die Wochenpreise pro Person bei Villen mit drei bis sechs Schlafzimmern, vorausgesetzt, man macht dort mit mehreren Freunden gemeinsam Urlaub. Von November bis Mai wird es etwas teurer. Doch so viel muß man auf anderen Karibikinseln auch bezahlen, möchte man dort in einem sehr guten Hotel wohnen. Und mag das Hotel auch noch so luxu-

rental. Included in the price are the staff, from the cook to service personnel to a gardener. One or two cars, mainly Mini-Mokes, are also available.

A villa holiday on Mustique is not especially expensive. Visits to restaurants aren't necessary, as the staff cook in the villa. If, for example, two couples rent a villa with two bedrooms, then the whole thing costs between 2,800 and 4,700 US$ per week between May and November – that's 700 to 1,200 dollars per person. In similar regions the weekly price of a villa with three to six bedrooms is also in this range, provided that you have a joint holiday with several friends. From November to May it's a bit more expensive. You must pay just as much on other Caribbean islands if you want to stay in a very good hotel there. Even if the hotel is just as luxurious and secluded – one is still far from the private exclusive atmosphere that one gets on Mustique. In addition, each villa on Mustique offers – notwithstanding its size – at least such a high living standard as one is used to at home. Architecture and interior decoration, mainly designed and realised by Arne Hasselquist and Oliver Messel are very successful and show that experts were at work here.

Britannia Bay which is more or less the centre of the island. Not just because Basil's Bar is here, where

Gingerbread Houses, Britannia Bay.

Villa Bananabread.

Villa Emerald Hill.

you always have to go in again to hear what's new on the island. In Britannia Bay there are, over and above, two shops where you can buy food and drinks, as well as two small boutiques. Or you can watch the native fishermen on the beach mending their nets and preparing the boat for the next catch. It doesn't disturb their work at all if some prominent people are shopping just a few meters away from them. They know the rules that exist here just like everyone else. And they keep to them.

The Villa Plantations with its six bedrooms is certainly one of the most spectacular villas on Mustique, but on this scale, certainly not the only one. The Villa Frangipani with seven bedroom is of a similar caliber. The view from its light transmissive living room over the 18 meter pool over the bay has no comparison. The swimming pool is flanked by two open arbours which are ideal for open air dinners. A snooker room also belongs to the villa as do four cars and a staff of seven strong, who live in an adjoining house, to pander to the needs of the guests and tend the four acre garden. The Villa Rosa Dei Venti situated on a 13 acre estate is the size of a palace. Antique elements have been cleverly integrated into the architecture of the four bedroomed villa. One of the two pools is guarded by two lion statues, the other lies between two covered walkways which are rhythmically structured by columns. A roofed pavilion which is open on all sides characterises the picture as do some antique fountains. Antique, Mediterranean and Caribbean architecture is a successful symbiosis here.

It's not just the large houses that thrill. Each of the villas on Mustique - starting with the small houses with two bedrooms - has its very own character, its special ambiance. Sometimes its consistently Japanese like the Villa Shogun whose floor is covered with Tatamis, rice-straw mats, sometimes Japanese inspired as in the Villa Stargroves which belongs to Mick Jagger and which you can rent for 8,000 US$ in the low season and for 10,000 US$ in high season. Airy ease with light colours in which some spots of colour are cleverly included is the characteristic of the Villa Obsidan. Round arches set the emphasis in the Villa Oceanus, while White Diamond whose name does it credit, is a dream in white, in which high-class designer furniture and a replica of an Egyptian tablet set into the wall provide contrast. The bedroom in the Villa Discovery is spectacularly noticeable: the fact that it is open to the large bathroom in which the shower and the whirlpool are sunk into the floor, could possibly be found in other houses. But one side of the bedroom is completely open, so you can jump into the pool which is directly beside the bed, and

riös sein und abgeschieden liegen – von der exklusiven Privatatmosphäre Mustiques ist man immer noch weit entfernt. Dabei bietet jede der Villen auf Mustique – unabhängig vor ihrer Größe – mindestens einen so hohen Wohnstandard, wie man ihn von zu Hause kennt. Architektur und Inneneinrichtungen, meistens von Arne Hasselquist und Oliver Messel entworfen und umgesetzt, sind durchweg sehr gut gelungen und verraten die Könner, die hier am Werke waren.

Die Britannia Bay stellt so etwas wie das Zentrum der Insel dar. Nicht nur, daß sich hier Basil's Bar befindet, bei der man immer wieder einmal vorbeischaut, um zu hören, was es auf der Insel Neues gibt. In der Britannia Bay gibt es obendrein noch zwei Geschäfte, in denen man Getränke und Essen einkaufen kann, sowie zwei kleine Boutiquen.

Die Villa Plantations ist mit ihren sechs Schlafzimmern sicherlich eine der spektakulärsten Villen auf Mustique, doch in dieser Größenordnung beileibe nicht die einzige. Von ähnlichem Kaliber ist die Villa Frangipani mit sieben Schlafzimmern. Der Blick aus dem lichtdurchfluteten Wohnraum über den 18-Meter-Pool auf die Bucht sucht seinesgleichen. Flankiert wird der Swimming-pool von zwei offenen Lauben, die ideal sind für Dinners im Freien. Ein Snooker-Raum gehört ebenso zur Villa wie vier Autos und ein sieben Köpfe starkes Personal, das in einem angrenzenden Haus wohnt, für das Wohl der Gäste sorgt und den vier Morgen großen Garten in Ordnung hält.

Die Ausmaße eines Palastes hat die Villa Rosa Dei Venti auf einem Grundstück von 13 Morgen. Geschickt wurden antike Elemente in die Architektur dieser Vier-Schlafzimmer-Villa einbezogen. Einer der beiden Pools wird von zwei Löwenfiguren bewacht, der andere liegt

Villa Seabreeze.

zwischen zwei Wandelgängen, die durch Säulen rhythmisch gegliedert sind. Ein überdachter, nach allen Seiten offener Pavillon prägt das Bild ebenso wie einige Brunnen im antiken Outfit. Antike, mediterrane und karibische Architektur sind hier eine gelungene Symbiose eingegangen. Dabei sind es nicht nur die großen Häuser, die begeistern. Jede der Villen auf Mustique – angefangen von den kleineren Häusern mit zwei Schlafzimmern – hat ihren ganz eigenen Charakter, ihr spezifisches Ambiente. Mal ist es konsequent japanisch wie bei der Villa Shogun, deren Boden mit Tatamis, mit japanischen Reisstrohmatten, ausgelegt ist, mal japanisch inspiriert wie in der Villa Stargroves, die Mick Jagger gehört und die man für 8 000 US-Dollar in der Neben- und für 10 000 US-Dollar in der Hauptsaison mieten kann. Luftige Leichtigkeit mit hellen Farben, in die geschickt einige Farbtupfer gesetzt wurden, ist das Merkmal der Villa Obsidian. Rundbögen setzen in der Villa Oceanus die Akzente, während White Diamond ihrem Namen alle Ehre macht und ein Traum in Weiß ist, in dem edle Designer-Möbel und eine in die Wand eingesetzte Replik einer ägyptischen Tafel für die Kontraste sorgen. Spektakulär fällt das Schlafzimmer der Villa Discovery aus: daß es offen in das große Bad übergeht, in dem die Dusche und ein Whirlpool in den Boden eingelassen sind, mag man noch in anderen Häusern finden. Doch eine Seite des Schlafzimmers ist vollkommen offen, man kann vom Bett aus gleich in den Pool springen, der unmittelbar davor liegt, und der Ausblick aus dem Schlafzimmer auf die Macarony Bay ist schlichtweg phantastisch.

Auf der gesamten Insel kann man sich – anders als sonst in der Karibik – völlig ungefährdet bewegen, das Gefährlichste dürfte der Genuß von (zuviel) Alkohol vor Sonnenuntergang sein. Auch wenn – oder gerade weil – es keine Verkehrspolizei gibt. Um seinen Führerschein braucht deswegen niemand auf diesem Mini-Eiland Angst zu haben – noch dazu, weil man den Mustique-Führerschein käuflich bei der Einreise an der Paßkontrolle erwerben kann. Für schlappe 16 US-Dollar zugleich ein ungewöhnliches Souvenir an eine ungewöhnliche Insel. Auch wenn das heutige Mustique ohne Colin Tennants Visionen und exzentrisches Wesen nicht möglich gewesen wäre, hat es auch nach seinem Abgang seinen ursprünglichen Charakter bewahrt – diese einzigartige exklusive und private, ja familiäre Atmosphäre, um derentwillen es jeder liebt, der einmal hier war.

Es sind nicht nur die großen Häuser, die auf Mustique begeistern. Jede der Villen hat ihre ganz eigenen Charakter.

It's not just the large houses that thrill. Each of the villas on Mustique has its very own character.

the view from the bedroom of Macarony bay is simply fantastic. Throughout the whole island you can – other than the norm in the Caribbean – move around without any danger, the most dangerous is the enjoyment of (too much) alcohol before sunset. Also when – or because – there are no traffic police. Nobody needs to be afraid of losing their license on this mini island – why not – because you can buy the Mustique driving license on arrival at passport control. For a mere 16 US$ it is simultaneously an unusual souvenir from an unusual island. Even when the Mustique of today wouldn't have been possible without Colin Tennant's visions and eccentric nature, it has also kept its original character after his departure - its unique, exclusive and private, yes family atmosphere, for whose sake everyone who was here loves it. Whether star politician or not.

Schlosshotel Bühlerhöhe

Oase der Schönheit und ein Blick wie vom Himmel

An oasis of beauty and heavenly view

Text: Günter Ned · Fotos: Ydo Sol

Mit Naturstein und spiegelnden Wasserflächen, glitzernden Lichterbahnen, Aktskulpturen von klassischer Schönheit und einem faszinierenden Panoramablick über die Höhen des Schwarzwaldes präsentiert sich die Beautyfarm der „Bühlerhöhe" als eine der attraktivsten Pool-, Schönheits- und Fitneßanlagen Europas. Man relaxt, regeneriert oder macht sich schön für den Abend in einem Fluidum voller Reize. Die sinneumschmeichelnde Ambiance hat historische Wurzeln. Das Schloß ist aus Liebe gebaut.

The Bühlerhöhe beauty farm, one of the most attractive pool, beauty and fitness complexes in Europe, offers natural stone and shining waters, glittering rows of lights, nude sculptures of classical beauty and a fascinating panoramic view over the heights of the Black Forest. Guests relax, recuperate or make themselves beautiful for the evening in an atmosphere full of enchantments. This sensual ambience has a historical basis – the castle was built out of love.

Die Bühlerhöhe liegt 800 Meter oberhalb Baden-Badens, umgeben von einem romantischen 18 Hektar großen Schloßpark.

The Bühlerhöhe is located 800 metres above Baden-Baden, surrounded by the romantic, 18 hectare large Schloss-Park.

Bühlerhöhe was planned as a hideaway before the First World War. Hertha Isenbarth, daughter of rich Jewish landowner and army supplier Julius Schottländer, was married as her rank befitted to the banker Pringsheim. When Wilhelm Isenbarth was billeted with the couple during manoeuvres, she fell madly in love with the attractive imperial army officer, and their passion broke all bonds. When the colonel and the banker's wife left their marriages to pledge themselves to each other, it caused a major scandal. Schottländer never got over his daughter's change of allegiance to Christianity, and settled on her only the portion of his estate to which she was legally entitled – still a considerable fortune. Isenbarth was promoted to Major-General and was removed from military service in the most elegant possible way. Untrammelled and withdrawn, Hertha and Wilhelm lived for their love, enjoying the luxury of the grand hotels on the Riviera and in Egypt. They bathed their souls in the sea and gave themselves over to the fascination of the timeless expression of a highly developed culture thousands of years old. The stone architecture of the pyramids, the round, columned halls of the temples, the wall paintings of the royal tombs became the ambience of their togetherness. Their happiness was short-lived – the General died in 1908 in Aswan. His widow adopted as her heritage both her husband's professional world and the artistic, cultural sphere of their time together. Her plans were soon made – to build a castle dedicated to Wilhelm for the benefit of his comrades in arms, an architectural monument and retreat for deserving old soldiers: the "General Isenbarth Officers' Convalescent Home". In 1912, one year before the topping-out ceremony, her attempt to donate the castle, which was to consume her entire fortune, to Kaiser Wilhelm II. at a private reception failed. This also represented her failure to rehabilitate the name of the Major-General who had resigned for love. When the First World War broke out, the building was almost complete, together with an adjacent sanatorium for the doctor who had cared for Isenbarth in Aswan. The castle was never used for its intended purpose. The soldiers had no time – they went off to war. "Convalescence for many, a memorial for one" was the legend that the General's wife had inscribed over the stone gate at the end of the driveway. The metal letters have since become covered in patina, but they still serve as a reminder of the origins of a refuge which now presents itself to the visitor as unconcernedly contemporary, furnished with all the joyful elegance and surrounded by all the idyll of peaceful nature which the lovers once forged into happiness – a place for serenity and new perspectives, for beauty and

Hertha Isenbarth plante die „Bühlerhöhe" schon zur Kaiserzeit als Hideaway. Die Tochter des reichen jüdischen Großgrundbesitzers und Heereslieferanten Julius Schottländer war standesgemäß mit Bankier Pringsheim verheiratet. Da brachte eine Manövereinquartierung die Begegnung mit Wilhelm Isenbarth, und mit dem attraktiven kaiserlichen Militär fiel die Amour fou, die verrückte Liebe, in ihr Leben. Die Leidenschaft sprengte alle Fesseln. Als der Oberst und die Bankiersgattin ihre Ehen quittierten, um einander das Jawort zu geben, war der Skandal perfekt. Schottländer verwand den Übertritt der Tochter zum Christentum nicht und fand sie mit ihrem – immer noch beträchtlichen – Pflichtteil ab.

Isenbarth wurde zum Generalmajor befördert und elegant aus dem Heeresdienst entfernt. Losgelöst und zurückgezogen lebten

Hertha und Wilhelm für ihre Liebe, genossen den Luxus der Grandhotels an der Riviera und in Ägypten. Sie badeten ihre Seelen im Meer und ließen sich von der zeitlosen Ausdruckskraft einer jahrtausendealten Hochkultur faszinieren.

Die Steinarchitektur der Pyramiden, die runden Säulensäle der Tempel, die Wandmalereien der Königsgräber wurden zur Ambiance ihrer Zweisamkeit. Das Glück dauerte wenige Jahre. Der General starb 1908 in Assuan.

Seine Witwe nahm die Berufswelt des Gatten ebenso als Vermächtnis wie die kunst- und kulturbetonte Sphäre ihrer gemeinsamen Zeit. Der Plan war schnell gefaßt. Ein Schloß sollte entstehen, Wilhelm gewidmet und seinen Kameraden zum Wohl, als Denkmal der Baukunst und als Hideaway für verdiente Militärs – das „General-Isenbarth-Offiziers-Genesungsheim".

pleasure, to find oneself or each other. Perhaps on a mild evening on the "DeerTerrace". The sun is still warm. Two glasses of Champagne sparkle on the table, laid with a white cloth. Two life-size animal sculptures flank the semi-circular, protruding stone balustrade – a stag and a doe are sniffing the air. The view is like the view from Heaven. At an elevation of 800 metres, it lies above the level of the carpet of mist, and the peaks of the Black Forest mountains tower like dark dunes above a vaporous sea. The glistening sun sinks behind the horizon, spreading its hue over the cloudy waves, its edge shimmering like hot sand in the desert. From the short flight of steps leading up to the castle, its façade, made of the reddish sandstone of the area, is illuminated by the fading daylight. The rotunda is at the centre while, on both sides, elongated wings extend at an obtuse angle. To the left and the right, along the fine granite walls of the lower storeys, the visitor enters the leafy park. The interior of the rotunda welcomes guests like a serene temple. Delicately fluted classical columns rise from the valuable, inlaid marble floor to support a gallery whose brass railing is decorated with amphora ornamentation. The dome is adorned with an artistic stucco wreath, the last rays of the

Der Geschäftsführende Direktor Horst Jüntgen brachte das Schlosshotel an die Spitze deutscher Luxushotels.

The managing director Horst Jüntgen has established the Schlosshotel at the top of German luxury hotels.

Eine faszinierende Architektur und die Schönheit der Natur bestimmen das Flair der „Bühlerhöhe".

The charm of the "Bühlerhöhe" is being characterized by the fascinating architecture and the beauty of nature.

Der Versuch, das Werk, das ihr gesamtes Vermögen verschlingen sollte, bei einem privaten Empfang Kaiser Wilhelm II. zu schenken, schlug 1912, ein Jahr vor dem Richtfest, fehl und damit die stille Rehabilitierung des Generalmajors, der seiner Liebe wegen den Abschied nahm. Bei Ausbruch des ersten Weltkriegs war der Bau nahezu fertiggestellt, ebenso in umittelbarer Nähe ein Sanatorium für den Arzt, der Isenbarth in Assuan gepflegt hatte. Seiner geplanten Nutzung wurde das Schloß nie zugeführt. Die Militärs hatten keine Zeit, sie zogen in die Schlacht.

„Vielen zur Genesung, einem zum Gedächtnis" ließ die „Generalin" über das steinerne Tor am Ende der Auffahrt schreiben. Die Lettern aus Metall haben Patina angesetzt, aber sie erinnern noch an den Ursprung eines Refugiums, das sich heutigen Gästen unbeschwert gegenwärtig präsentiert, ausgestattet mit all der lebensfreudigen Eleganz, umgeben von der ganzen Idylle friedlicher Natur, die sich auch dem Paar von einst ins Glück woben – ein Ort für Ruhe und neue Perspektiven, für Schönheit und Genuß, ein Ort, um sich oder einander zu finden.

Vielleicht an einem milden Abend auf der Hirschterrasse. Die Sonne wärmt noch. Auf dem weiß gedeckten Tisch perlt in zwei Gläsern Champagner. Zwei lebensgroße Tierskulpturen flankieren die halbrund vorgewölbte Steinbalustrade: Hirsch und Hindin wittern in die blaue Luft. Der Blick ist wie vom Himmel. In 800 Meter Höhe geht er über den weiten Nebel. Die Gipfel der Schwarzwaldhöhen steigen wie dunkle Dünen aus dem duftigen Meer. Am Horizont sinkt der gleißende Ball und färbt die Wellen. Ihr Saum schimmert wie warmer Wüstensand.

Auf dem Weg ins Haus über die wenigen Stufen der Freitreppe leuchtet im späten Licht die Fassade aus dem rötlichen Sandstein der Gegend. Der Rundbau steht zentral, zu beiden Seiten öffnen sich im stumpfen Winkel langgestreckte Flügel, links und rechts steigt man, an den feinen Granitmauern der Untergeschosse entlang, in den dicht belaubten Park. Das Interieur des Rundbaus, die hohe Rotonde, empfängt Gäste wie ein heiterer Tempel. Von den kostbaren Intarsien des Marmorbodens steigen schlank kannelierte, klassische Säulen auf, tragen eine Galerie, deren Messinggeländer sich mit Amphorenornamenten schmückt.

Auf der Hirschterrasse genießt man die warme Nachmittagssonne und traumhafte Sonnenuntergänge.

At the Hirsch-Terrace one could enjoy the warm sun in the afternoon and wonderful sunsets.

sun fall through the white niches with their chessboard tables. The floor above accommodates the Presidential Suite. Animated conversation is ringing from the Van Dyck salon with its old oil paintings, black Belgian marble fireplace, plush carpet on an exquisite parquet floor and the elegant olive-wood panelling, chosen by the founder in an uncompromising passion for quality, as well as from the little library and the Apropos bar. The guests are sipping their aperitifs, the youthful note is evident, and then the young maître invites the couple to take their places for dinner under a firmament of halogen stars. An angelic lady blows brightly-hued blossoms from her chalameau high into the deep blue sky, while her golden hair merges into the fantastical flora – Wolfgang Harms' wall paintings embrace the "Imperial" star restaurant with a breath of surreal sensuality. The gourmet delights of the restaurant are the culmination of a happy day. In the morning, not only the sun had shone in the cloudless sky over the crowns of the Black Forest trees, but also the brightly-polished shoes next to the newspaper in front of the door. In the bathroom, the sunny yellow towels and bathrobes matched the fresh flowers, and there was a

Die Zimmer und Suiten wurden mit elegantem Interieur eingerichtet.

The rooms and suites have been furnished with elegant interior design.

choice for breakfast – in your room or in the Schlossrestaurant. Here, the guest can be served with classical international cuisine, fine local specialities and breakfast à la carte, with the breathtaking panorama as an added extra. The light and airy design of top Hamburg architect Jan Wichers can be admired here, in the rooms and suites and continues throughout the beauty farm. The guest is cared for and revitalised in one of Europe's most attractive beauty and fitness oases. First-class beauticians and beauty therapists, working with a select product portfolio from various companies, give treatment under individually designed arrangements and complement the purification, revitalisation and recovery programmes with Far Eastern relaxation and meditation training from Tai Chi Chuan to Chinese energetic lifting. From the swimming pool and the whirlpool, the view on a clear day is magnificent: through the long, curving glass wall, down into the Rhine Valley and beyond to the Vosges mountains in France. The design makes effective use of natural stone, such as the Brazilian granite in the steam bath. The equipment in the fitness centre sparkles with high-tech. A path through the 18-hectare castle park leads to the tennis courts, and three golf resorts are located nearby. Jan Wichers, the master of contemporary hotel design, was, of course, not the architect to whom the founder of the Bühlerhöhe entrusted the work. Wichers was chosen by Max Grundig, industrialist and art collector, prominently involved in the industrial reconstruction of Germany. His commitment rescued the endangered house in the 1980s. He thus acquired an institution which, in its varied life, had developed from a spa for the nearby sanatorium to a traditional retreat of European renown. Crowned heads and artists, great personalities from the spheres of politics and commerce withdrew from the world here, and Konrad

Die Kuppel ziert ein Kranz aus kunstvollem Stuck, durch die weißen Nischen mit ihren Schachbrett-Tischen fallen letzte Strahlen. Im Stockwerk darüber liegt die Präsidentensuite. Aus dem Salon van Dyck mit seinen alten Ölgemälden und dem Kamin aus schwarzem belgischem Marmor, dem tiefen Teppich auf erlesenem Parkett und der eleganten Olivenholztäfelung, noch von der Generalin in unerbittlicher Qualitätspassion gewählt, klingt angeregtes Gespräch, ebenso aus der kleinen Bibliothek und der Apropos-Bar. Man sitzt beim Aperitif, der jugendliche Akzent im Publikum fällt auf, und dann bittet der junge Maître das Paar, unter halogenbesterntem Himmel Platz zum Diner zu nehmen. Dabei bläst eine engelhafte Frau aus der Schalmei bunte Blüten hoch ins tiefe Blau, während ihr goldenes Haar in phantastischer Flora verschwimmt: Die Wandmalereien von Wolfgang Harms fassen das Sternerestaurant „Imperial" mit einem Hauch von surrealer Sinnlichkeit ein.

Die Gourmetgenüsse krönen vielleicht einen glücklichen Tag. Am Morgen glänzte nicht nur die wolkenlose Luft über den Schwarzwaldwipfeln, sondern auch der Lack auf den blankpolierten Schuhen neben der Zeitung vor der Tür. Im Bad paßten die sonnig gelben Handtücher und Bademäntel zu den frischen Blumen, und fürs Frühstück hatte man die Wahl. Auf dem Zimmer oder im Schlossrestaurant? Dort serviert man neben klassischer internationaler Cuisine und feiner badischer Küche auch das Déjeuner à la carte und als Zugabe einen atemberaubenden Panoramablick. Wie hier und auf den Zimmern und Suiten führt sich auch im Ambiente der Beautyfarm das lichtvolle Design des Hamburger Stararchitekten Jan Wichers vor. Man läßt sich regenerieren und pflegen in einer der attraktivsten Schönheits- und Fitneßoasen Europas. Erstklassige Kosmetikerinnen und Therapeuten arbeiten mit einem ausgesuchten Produktfächer diverser Firmen, behandeln mit individuell genau abgestimmten Arrangements und ergänzen die Reinigungs-, Vitalisierungs- und Aufbauprogramme mit fernöstlichem Entspannungs- und Meditationstraining von Tai Chi Chuan bis zu chinesischem Energetiklifting. Beim Schwimmen, beim Baden im Whirlpool überrascht die Aussicht eines klaren Tages: durch die langgeschwungene Glaswand hinunter ins Rheintal und bis zu den Vogesen. Design schmückt sich effektvoll mit Naturstein, im Dampfbad etwa mit brasilianischem Granit. Der Gerätepark des Fit-

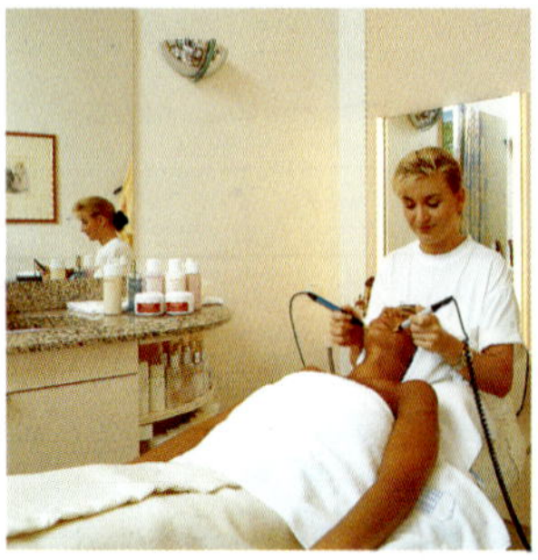

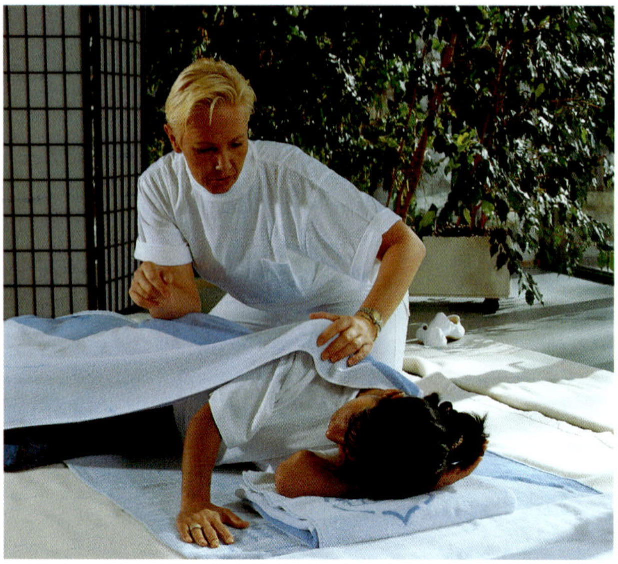

Adenauer, first Chancellor of post-war Germany, made the legendary castle his holiday residence. After Grundig had invested millions in it, the Bühlerhöhe Schlosshotel was re-opened as an international luxury domicile, where the traditional and the modern happily co-exist, on 25 June, 1988. The high-tech conference centre, with its six daylight rooms, provides attractive conference facilities and is architecturally so well integrated into the hotel that the private guest remains unaffected by the business of the meetings. Three salons provide an exclusive ambience for banquets, while the Adenauer room provides refined semicircular architecture, the interior refinements of Jan Wichers and that famous view from the Bühlerhöhe for parties and important events. Professional business services such as interpreting/translation and secretarial services, telex, teletext and fax facilities are all available for business travellers. A car service to the airports at Frankfurt, Stuttgart, Strasbourg, Basle and Baden-Baden guarantees rapid arrival and, if you are very pressed for time, there is a helicopter landing pad in front of the hotel. The musical and cultural spheres established themselves as early as the 1950s with high-quality concerts and lectures. Managing director Horst Jüntgen was able to successfully build on this tradition and establish the Bühler Begegnungen or Bühlerhöhe Encounters, a national and international discussion forum whose prominent speakers from the worlds of commerce, politics and science draw attention from far beyond the region. With the help of a team for whom the highest standard of service is a matter of course, Jüntgen was also able, within just a few years, to turn this exclusive hideaway into one of the pinnacles of the German hotel trade and "Leading Hotels of the World". Its youthful team and its attractive range of sports, fitness and beauty facilities visibly reduced the average age of the guests. At the end of her life, Hertha Isenbarth could not have

neßcenters glänzt im High-Tech-Format. Zum Tennis führt ein Spaziergang durch den 18 Hektar großen Schloßpark, und drei Golfresorts locken in die nahe Umgebung. Jan Wichers, der Meister zeitgenössischen Hoteldesigns, war natürlich nicht der Architekt, den die Gründerin der Bühlerhöhe verpflichten konnte. Er war die Wahl von Max Grundig. Der Großunternehmer und Kunstsammler, maßgeblich beteiligt am industriellen Aufbau der Bundesrepublik, rettete durch sein Engagement in den 80er Jahren das in Gefahr geratene Haus. Er erhielt so eine Institution, die in wechselvoller Geschichte als Kurhaus des nahen Sanatoriums zu einem Traditionsrefugium von europäischem Ruf geworden war. Gekrönte Häupter und Künstler, Größen aus Politik und Wirtschaft zogen sich hierher zurück, und Konrad Adenauer machte das legendäre Schloß zu seiner Urlaubsresidenz. Nach Grundigs imposanter Millioneninvestition am 25. Juni 1988 wiedereröffnet, präsentierte sich das „Schlosshotel Bühlerhöhe" als internationales Luxusdomizil, in dem Tradition und Moderne lebendig harmonieren. Das hochtechnisierte „Conference-Centrum" mit seinen sechs Räumen im Tageslicht sorgt für attraktive Tagungsfaszilitäten und ist baulich so integriert, daß der Individualgast von der Geschäftigkeit der Meetings unberührt bleibt. In drei Salons finden Bankette ein exklusives Ambiente, und der Adenauer-Saal umrahmt Festlichkeiten und Top-Events mit raffinierter Halbrundarchitektur, den Interieur-Finessen von Jan Wichers und der berühmten Aussicht der Bühlerhöhe. Geschäftsreisenden steht mit Dolmetscher- und Sekretärinnenservice, Telex-, Teletext- und Telefaxdiensten professionelle Busineßbetreuung zur Verfügung. Für schnelle Anreise garantiert ein Limousinenservice zu den Airports von Frankfurt, Stuttgart, Straßburg und Basel, zum Flughafen von Baden-Baden, und wer ganz wenig Zeit hat, nimmt den Helikopter bis zum Landeplatz vorm Haus.

Die musische und geistige Sphäre hatte sich mit hochkarätigen Konzerten und Vorträgen schon in den fünfziger Jahren etabliert. Der Geschäftsführende Direktor Horst Jüntgen knüpfte erfolgreich an die Tradition an und rief mit den „Bühler Begegnungen" ein nationales und internationales Diskussionsforum ins Leben, das mit prominenten Referenten aus Wirtschaft, Politik und Wissenschaft überregionale Aufmerksamkeit auf sich zieht. Zudem gelang Jüntgen in wenigen Jahren, nicht zuletzt mit der Formung eines Teams, dem individueller Top-Service selbstverständlich ist, das exklu-

sive Hideaway an der Spitze deutscher Hotellerie und unter den „Leading Hotels of the World" zu plazieren. Seine jugendliche Crew, attraktive Sport-, Fitneß- und Beautyangebote senkten dabei sichtlich das Durchschnittsalter des Publikums. Hertha Isenbarth konnte sich am Ende ihrer Zeit die stolze Dauer des Denkmals nicht träumen lassen. Der Arzt, für den sie das Sanatorium baute, nahm sich eine junge Frau. Die Gönnerin schied, ruiniert und vereinsamt, vor dem Kriegsende 1918 aus dem Leben. Manche Gäste der heutigen Bühlerhöhe kennen die Geschichte. Für sie schwingen die glücklichen Tage der mutigen jungen Frau vielleicht mit, wenn sie in der lebensfrohen Atmosphäre auf dem Kohlberg, hoch oben über Baden-Baden, den Augenblick genießen, bei einer prominent geführten Cognac-Degustation etwa, die das „Kalendarium der Gastronomie" gerade vorsah, oder beim besternten Diner. Maître d'hôtel und Küchenchef, trotz ihrer Jugend Meister ihres Fachs, kennen sich schon seit der Lehrzeit, verwöhnen ihr Publikum im „Imperial" mit handwerklicher Passion und den Effekten harmonischer Zusammenarbeit. Jürgen Wegmanns geschliffener Service glänzt mit eleganten Vorführungen am Tisch, kenntnisreichen Weinempfehlungen auch aus der badischen Region und nicht zuletzt mit vorzüglicher Käseberatung. Wolfgang Müller (leitet die „Imperial"-Cuisine seit Herbst 1994, erweist sich als Experte feiner Balancen und phantasievoller, aromatischer Komposition bei Finessen wie der Variation vom Wildlachs oder der rosa gebratenen Wildentenbrust mit geschmorten Keulchen auf Kürbis und Rosenkohlblättern. Und danach noch ein kleiner Spaziergang im Park? Die Wipfel der uralten Bäume wispern im Wind, das Schloß ist stimmungsvoll illuminiert, hinter dem hellen Fenster oben haben freundliche Hände ein Bett aufgedeckt, und der Himmel leuchtet hinter dem Mond tiefblau.

Festlicher Rahmen in den Salons, Afternoon-Tea im „Van Dyke", Maître d'hôtel Jürgen Wegmann und Küchenchef Wolfgang Müller.

A stylish setting in one of the salons, Afternoon-Tea at the "Van Dyke", Maître d'hôtel Jürgen Wegmann and Chef Wolfgang Müller.

imagined the proud resilience of her monument. The doctor for whom she built the sanatorium married a young bride and she died ruined and alone before the end of the First World War in 1918. Many guests at Bühlerhöhe today know the story. For them, the happy days of this courageous young woman may still form part of the atmosphere as they enjoy moments in the convivial atmosphere on the Kohlberg hill, high above Baden-Baden, perhaps during a prominently-led cognac tasting such as was envisaged recently by the "Kalendarium der Gastronomie", or while dining under the stars. The maître d'hôtel and chef, despite their youth masters of their art, have known each other since they were in training and indulge their guests in the "Imperial" with skilful passion and the results of harmonious collaboration. Jürgen Wegmann's polished service shines with elegant displays at the table, knowledgeable recommendations of wines from the Baden region and, not least, his excellent advice on cheeses. Wolfgang Müller has directed the kitchens of the "Imperial" since autumn 1994, proving himself to be an expert in fine balance and imaginative, aromatic compositions with subtle touches such as the variations of wild salmon dishes or the pink-roasted breast of wild duck with braised legs on a bed of pumpkin and Brussels sprout leaves. And after dinner, a little walk in the park. The ancient trees whisper in the wind, the castle is atmospherically illuminated, kind hands have turned down the bed behind brightly-lit upstairs windows and the sky gleams deep blue behind the moon.

Wo der größte deutsche Strom nicht von Süden nach Norden, sondern von Osten nach Westen fließt, zwischen Wiesbaden und dem Binger Loch, genießen Besucher nicht nur Rheinromantik pur. Auf den Taunushängen bei Erbach und Kiedrich, bei Oestrich-Winkel und Assmannshausen wachsen auch Weine, die zu den feinsten der Welt zählen. Und in Eltville-Erbach glänzt der Rheingau mit einer Perle exklusivster Hotellerie. Schloss Reinhartshausen ist ein Ort, um sich mit Stil und Muße an den vollen Genüssen einer zauberhaften Region zu erfreuen.

Visitors don't just enjoy pure Rhine romantic between Wiesbaden and the Binger Loch, where the largest German river doesn't only flow from south to north, but from east to west. Wines that number among the finest in the world grow on the Taunushängen near Erbach and Kiedrich, near Oestrich-Winkel and Assmannshausen.In Eltville-Erbach the Rheingau sparkles with a pearl of the most exclusive of hotels. Schloss Reinhartshausen is a place where you can look forward to style and leisure and enjoy the full pleasure of a magical region.

Text: Günter Ned
Fotos: Ydo Sol

Schloss
REINHARTSHAUSEN

NOBLESSE UND GOURMANDISE ZWISCHEN RHEIN UND REBEN

ELEGANCE AND GOURMET FOOD BETWEEN THE RHINE AND THE REBEN

Gärtner Colin Simon fand das liebende Paar im Fliederbusch, zwei schöne junge Menschen, im grünen Laub unter weißen Blüten verborgen, von Louis Royer edel gestaltet, Adam und Eva nach dem Sündenfall. Die Marmorplastik des belgischen Bildhauers (1793 – 1868) ist nur eines der Bildwerke, der Malereien und Skulpturen, die Marianne, Prinzessin von Preußen, zu Hunderten aus Rom nach Erbach gebracht hatte.

Am Tiber war die Villa Celimontana ihr Wohnsitz gewesen, ein prachtvolles Landhaus, berühmt für seinen Park, ein blühendes Zentrum der Künste und Künstler dank des Mäzenatentums der Herrin.
Die Zuflucht am Rhein sollte die Tochter des niederländi-

Gardener Colin Simon found the pair of lovers in a lilac bush. Two beautiful young people nobly created by Louis Royer as Adam and Eve after the fall of man, hidden in the green shrubbery under white blooms. The marble by the Belgian sculptor (1793 - 1868) is just one of the carvings, paintings and sculptures that Marianne, Princess of Prussia brought by the hundreds from Rome to Erbach.
Her home was the Villa Celimontana on the Tiber. A magnificent country house, famous for its park, a blossoming centre of artistic works and artists, thanks to the patronage of the mistress of the house. The flight to the Rhine should bring the daughter of the Dutch king nearer to the children that she bore with Prince Albrecht of Prussia, the son of King Friedrich Wilhelm III.
The marriage had been over longsince, the divorce forced by the unusual wife, who wasn't prepared to accept the notorious infidelity of her princely husband as a peccadillo.

The scandal was perfect when the princess not only didn't make a secret of her love for the Dutchmann Johannes von Rossum, her coachman, but also legitimised the son who ensued from the match. The misalliance was countered by banishment from the Prussian court.

Erbach has a lot to thank the generous, donor friendly newcomer for, and "Schloss Reinhartshausen", her home for decades, has preserved a lot from the flair of the past of the princess's art collection. Willi Leibrand was able to preserve a considerable part of the exhibits from the house, when he acquired the famous vineyard region refuge in 1987, and after four years of restoration and expansion, registered it as a German luxury hotel business.

Numerous works of art were carefully restored, many rebought and therefore it is not only Adam and Eve and other stone sculptures that adorn the 10 hectar large park on the Rhine. 180 paintings, 110 graphics, water colours and gou-

achen, most of them ordered by Princess Marianne herself, immerse the rooms and halls, the restaurants and the banqueting rooms, the former chambers of the princess, in their charming artistically accentuated aura. Moreover, on the first floor of the "Historic castle", in the castle hall, which is a listed monument, the wall-paintings from Pompeii have been preserved in their original form. The designing of the wall columns alone, in stucco-luster style, which is a refined imitation marble technique, was at the time of origin, more expensive than Carrera marble.

The historical part, the east wing, originated in 1801. 54 years before the princess moved in, Clemens August, the Earl of Westphalen, pulled down the medieval knight's castle and began building the castle that has been preserved up to now. It's here that master chef Joachim Wissler invites you to the meeting of gourmets in Marcobrunn situated under the conference rooms and the former chamber of the princess.

Direkt am Rheinufer empfiehlt sich das Schloss Reinhartshausen als eine Perle der deutschen Luxushotellerie.

Directly on the banks of the Rhine, Schloss Reinhartshausen recommends itself as a pearl of the German hotel business.

Kay Bischoff, erfahrener und dynamischer Hotelier aus Passion, ist seit 1995 Direktor im Schloss Reinhartshausen.

Kay Bischoff, experienced and dynamic hotelier as a passion, has been the director of Schloss Reinhartshausen since 1995.

Im romantischen Schloßkeller werden Köstlichkeiten der regionalen Küche bei Kerzenschein serviert.

In the romantic cellar of the castle, delicatessen from the regional kitchen are served by candlelight.

chen Königs in die Nähe der Kinder bringen, die sie Prinz Albrecht von Preußen, dem Sohn König Friedrich Wilhelm III., geboren hatte.

Die Ehe war längst gelöst, die Scheidung erzwungen von der ungewöhnlichen Frau, die nicht bereit war, die notorische Untreue ihres fürstlichen Gatten als Kavaliersdelikt hinzunehmen. Der Skandal war perfekt, als die Prinzessin ihre Liebe zum Niederländer Johannes von Rossum, ihrem Kutscher, nicht nur nicht verheimlichte. Sie legitimierte auch den Sohn, den sie aus dieser Verbindung empfing. Die Mésalliance wurde mit Verbannung vom preußischen Hof quittiert.

Erbach sollte der großzügigen, stiftungsfreudigen Zugereisten noch viel zu danken haben, und „Schloss Reinhartshausen", ihr jahrzehntelanger Wohnsitz, hat mit der Kunstsammlung der Fürstin viel vom Flair der Vergangenheit bewahrt. Willi Leibbrand konnte dem Haus einen beträchtlichen Teil der Exponate erhalten, als er das von berühmten Weinlagen umgebene Refugium 1987 erwarb und nach vierjähriger Restaurierung und Erweiterung in der deutschen Luxushotellerie zurückmeldete.

Zahlreiche Kunstwerke wurden sorgsam wiederhergestellt, viele zurückgekauft, und so schmücken nicht nur Adam und Eva und andere Steinplastiken den zehn Hektar großen Park am Rhein. 180 Gemälde, 110 Grafiken, Aquarelle und Gouachen, großenteils von Prinzessin Marianne selbst in Auftrag gegeben, tauchen auch Zimmer und Flure, die Restaurants und die Bankettsalons in den ehemaligen Gemächern der Fürstin in ihr reizvolles kunstbetontes Fluidum. Im ersten Stock des „Historischen Schlosses" präsentiert zudem der denkmalgeschützte Schloß-Saal im Original erhaltene kostbare pompeijanische Wandmalereien. Allein die Gestaltung der Pilaster im Stucco-lustro-Stil, einer raffinierten Marmor-Imitationstechnik, war zur Entstehungszeit teurer als echter Carraramarmor.

The king's daughter ordered a gallery to be built towards the east side with artist's studios and exhibition rooms for her collection. This exhibition hall, with additionally three floors, now appears as the middle section including banqueting halls, the restaurant's winter garden, the wide terrace and the red outside staircase made from Barach sandstone which leads down into the park. The three floors mainly house the 53 rooms and suites. During the rebuilding, the entrance halls of the house that was first opened as a hotel by Friedrich Prince of Prussia in 1959 were removed to the back wall. By doing this, more room space was achieved for the luxurious handpicked furnishings. The guests have a first-class Riesling region before their eyes when they are walking

Dieser historische Teil, der Ostflügel des heutigen Bauensembles, entstand 1801. 54 Jahre vor dem Einzug der Prinzessin riß Clemens August Graf von Westphalen den mittelalterlichen Rittersitz ab und begann mit dem Bau des bis heute erhaltenen Schlosses. Hier, unter den Konferenzräumen und den einstigen fürstlichen Gemächern, lädt Sternekoch Joachim Wissler in den Gourmettreff Marcobrunn.

Nach Osten ließ die Königstochter eine Galerie mit Künstlerateliers und Ausstellungsräumen für ihre Sammlung anbauen. Diese Kunsthalle zeigt sich jetzt, um drei Etagen aufgestockt, als Mitteltrakt mit den Festsälen, dem Restaurant Wintergarten, mit der großzügigen Terrasse, und die rote Freitreppe aus Bacharacher Sandstein führt hinunter in den Park.

Die drei Stockwerke haben einen Großteil der 53 Zimmer und Suiten aufgenommen. Beim Umbau wurden die Flure des Domizils, das 1959 von Friedrich Prinz von Preußen erstmals als Hotel eröffnet wurde, an die Rückwand verlegt. Dadurch gewann man für die luxuriös und mit ausgesuchtem Stil eingerichteten Wohnensembles großzügige Räume. Die Gäste haben auf dem Gang die Rebzeilen des Schloßbergs, einer

Kreativität und Humor zeichnen 2-Sterne-Koch Joachim Wissler aus.

Two Star chef Joachim Wissler distinguishes creativity and humour.

Domänendirektor August Kesseler im Weinbergdress und Stellvertreter Jochen Becker-Köhn bei der Weinprobe in der Vinothek.

Domain director August Kesseler, in traditional wine costume, and his deputy Jochen Becker-Köhn at a wine tasting in the vinotek.

Ein Besuch der Vinothek des Schloßweingutes, das zu den ersten der Region gehört, ist unbedingt empfehlenswert.

A visit to the vinotek of the castle's wine growing estate that counts among the first in the region is absolutely to be recommended.

along the rows of castle vines. The view from all the rooms is over the park to the Rhine and beyond to the Mariannenaue.

Finally, the west wing was newly built before the reopening. It's exterior mirrors the historic wings and complements the plan of the layout from the time of the princess into a united, architecturally charming creation. Through the elegant hall, and over the lobby emporium, you reach the bar with its viewing terrace. In a corner of the foyer the portrait of her highness the princess is displayed over the Biedermeier secretaire. The castle's cellar in the basement under the quarry stone vault entices you to dine, and in the living rooms, there is again a view over the rows of vines on the castle's hilly areas which stretch towards the park and the ships on the river.

Kay Bischof (40) has been the director of "Schloss Reinhartshausen" since 1995. The experienced, dynamic hotelier pampers his guests, not only with the exclusive ambiance, but also with English carpets, Italian chairs and lamps from France, with rooms and suites whose comfort and style are portrayed in every minute detail, with day-lit bathrooms, a whirlpool and Portuguese marble. He also knows how to motivate a young, happy to serve and friendly team towards emitting understanding hospitality. His motto "We want to enjoy thrilling and enchanting our guests together" seems to infect his staff, from housekeeper Tanja Göttert (26) to Marie-Helen Krebs (24) the excellent sommelière of Marcobrunn.

Naturally the name of his star restaurant gives a hint to the greatest triumph of the host. The Marcobrunn is one of the best known wine districts in Germany. The castle has owned its own wine growing estate for hundreds of years – it is among the first in the region – in short: Schloss Reinhartshausen, in its idyllic setting, invites you to a stylish, luxurious stay and tempts you simultaneously with all the enjoyment of good wine and the culinary pleasure of the Rheingaus. Under the direction of August Kesseler, who produces a renowned Spätburgunder in his own vineyard in Assmannshausen, produces the wine growing estate of Schloss Reinhartshausen one of the best Rieslings of Rheingaus. A visit to the vinotek is urgently recommended. The typical situation is a prominent characteristic of the vintage, and anyone who has turned away from a very dryly developed growth will learn from Kabinett wines and Spätlesen, Auslesen and Trockenbeerenauslesen, from Schloßberg (exclusive possession) or from Marcobrunn, from Erbacher Rheinhell or from Hattenheimer Wisselbrunnen to know the excellent art of wine-

erstklassigen Rieslinglage, vor Augen. Von allen Zimmern aber geht hier der Blick nach vorne über den Park zum Rhein und hinüber auf die Mariannenaue.

Der Westflügel schließlich entstand neu vor der Wiedereröffnung. Seine äußere Form spiegelt den historischen Flügel und ergänzt den Riß der Anlage aus der Zeit der Prinzessin zu einem geschlossenen, architektonisch reizvollen Gebilde. Durch die elegante Halle, über die Lobbyempore erreicht man die Bar mit ihrer Aussichtsterrasse, in einem Winkel des Foyers zeigt das Porträt über dem Biedermeiersekretär Ihre fürstliche Hoheit. Im Souterrain bittet der Schloßkeller unter romantischem Bruchsteingewölbe zu Tisch, und in den Wohnräumen zeigt die Aussicht wieder die Rebzeilen der Schloßberglage, die sich hier bis in den Park hineinzieht, und die Schiffe im Strom.

Kay Bischoff (40) ist seit Sommer 1995 Direktor auf „Schloss Reinhartshausen". Der erfahrene, dynamische Hotelier verwöhnt seine Gäste nicht nur mit exklusiver Ambiance, mit englischen Teppichen, italienischen Sesseln und Lampen aus Frankreich, mit Zimmern und Suiten, deren Komfort und Stil sich auch im kleinen Detail zeigt, mit Bädern, in denen man Tageslicht, Whirlpool und portugiesischen Marmor genießt. Er weiß auch ein junges, einsatzfreudiges Team zu einfühlsamer Gastfreundlichkeit zu motivieren. Sein Motto, „Wir wollen gemeinsam Spaß daran haben, unsere Gäste zu begeistern und zu bezaubern", scheint die Mitarbeiter anzustecken, von der Hausdame Tanja Göttert (26) bis zu Marie-Helen Krebs (24), der exzellenten Sommelière des Marcobrunn.

Und natürlich birgt der Name seines Sterne-Restaurants einen Hinweis auf den größten Trumpf des Hausherrn. Der Marcobrunn ist eine

Die klassisch gestylte, 400 qm große Fitneßfläche lädt mit Pool und Whirlpool, Sauna, Solarium und Blick in den Schloßpark zu gesundem Entspannen.

The classically styled, 400 sq.m. fitness area invites to a healthy relaxation with its pool and whirlpool, sauna, solarium and view over the castle's park.

growing. Riesling with a subtle balance between elegant acidity and noble remaining sweetness. Innovative specialties come from the Mariannenaue, the island in the Rhine in front of the castle which takes its name from the royal patron: Here the domain also grows an ecological wine growth which has been harvested beside Riesling and Weißburgunder since 1978 as first Rheingau wine and also Chardonnay. The tip came from Robert Mondavi. Joachim Wissler understands a great deal about the love that cherishes a good wine into a fine accompaniment to food. The newcomer to the gourmet scene offers fresh seasonal meals in the winter garden and on the terrace for lunch or dinner and dispatches elegant and refined regional dishes to the table in the candle lit cellar of the castle. His creative election has brought him the twinkling of two stars in the Michelin Guide. A love of the authentic taste of the products used and an amazing combination of aromas are his trademark. What a sensual combination: baked prawns in a foamy lemon ginger decoction accompanied by Weißburgunder & Chardonnay Spätlese from Erbach-Rheinhell – the treat is well worth sinning for!

der berühmtesten Reblagen Deutschlands, das Schloss besitzt schon seit Hunderten von Jahren ein eigenes Weingut – derzeit zählt es zu den ersten der Region; kurz: Schloss Reinhartshausen lädt in idyllischer Lage zu stilvollen luxuriösen Aufenthalten und lockt zugleich mit allen Trinkfreuden und kulinarischen Genüssen des Rheingaus.

Unter der Leitung von August Kesseler, der in seinen eigenen Rebhängen in Assmannshausen renommierte Spätburgunder heranzieht, präsentiert das Weingut Schloss Reinhartshausen einige der besten Rieslinge des Rheingaus. Besuch der Vinothek dringend empfohlen! Lagentypizität ist eine hervorstechende Charakteristik der Gewächse, und wer sich einmal von ganz trocken ausgebauten Kreszenzen wegwagt, lernt bei Kabinettweinen und Spätlesen, Auslesen und Trockenbeerenauslesen vom Schloßberg (Alleinbesitz) oder vom Marcobrunn, vom Erbacher Rheinhell oder vom Hattenheimer Wisselbrunnen exzellente Winzerkunst kennen: Rieslinge mit einer raffinierten Balance zwischen eleganter Säure und edler Restsüße. Innovative Besonderheiten kommen von der Mariannenaue, der Rheininsel vor dem Schloss, die ihren Namen von der königlichen Gönnerin hat: Hier betreibt die Domäne auch ökologischen Weinbau und erntet neben Riesling und Weißburgunder seit 1978 als erstes Rheingau-Weingut auch Chardonnay. Der Tip kam von Robert Mondavi.

Joachim Wissler versteht viel von der Liebe, die guter Wein zu feinen Speisen hegt. Der Newcomer der deutschen Gourmetszene bietet im Wintergarten und auf der Terrasse zum Lunch, zum Dinner frische Saisonküche und läßt im romantischen Schloßkeller bei Kerzenschimmer elegante regionale Finessen auftischen. Seine Kreativ-Kür aber führt er unter dem Gefunkel von zwei Michelin-Sternen im Marcobrunn vor. Liebe zum authentischen Geschmack des Produkts und verblüffende Aroma-Kombinationen sind sein Markenzeichen. Was für eine sinnliche Alliance: Bachkrebse im aufgeschäumten Limonen-Ingwer-Sud und eine Weißburgunder & Chardonnay Spätlese vom Erbacher Rheinhell – der Genuß ist eine Sünde wert.

Mittelalterlicher Rittersitz, Renaissanceburg, klassizistisches Wasserschlößchen, Herrenhaus im Gründerstil der Jahrhundertwende, heute ein exklusives Hideaway mit Weltklassecuisine: Umgeben von den Seen und Alleen, den Wäldern, Dörfchen und Wiesen des Bergischen Landes, malerisch hineingesetzt in einen romantischen Landschaftspark lockt das Schlosshotel Lerbach mit Behaglichkeit und kultiviertem Flair, mit Landhauseleganz und reizvollen Erinnerungen an die Vergangenheit.

Middle ages knights castle, renaissance fortress, classic water castle, manor house in the style of the turn of the century, today an exclusive hideaway with world class cuisine: surrounded by lakes and alleys, woods, villages and meadows of the Bergischen Lands, picturesquely set in a romantic country park, the Schlosshotel Lerbach entices with comfort and cultured flair, with country house elegance and charming memories of the past.

Text: Günter Ned · Fotos: Ydo Sol

Schlosshotel

Lerbach

Zuflucht für Seele
und Sinne im
Bergischen Land

A refuge for mind
and soul in
Bergischen Land

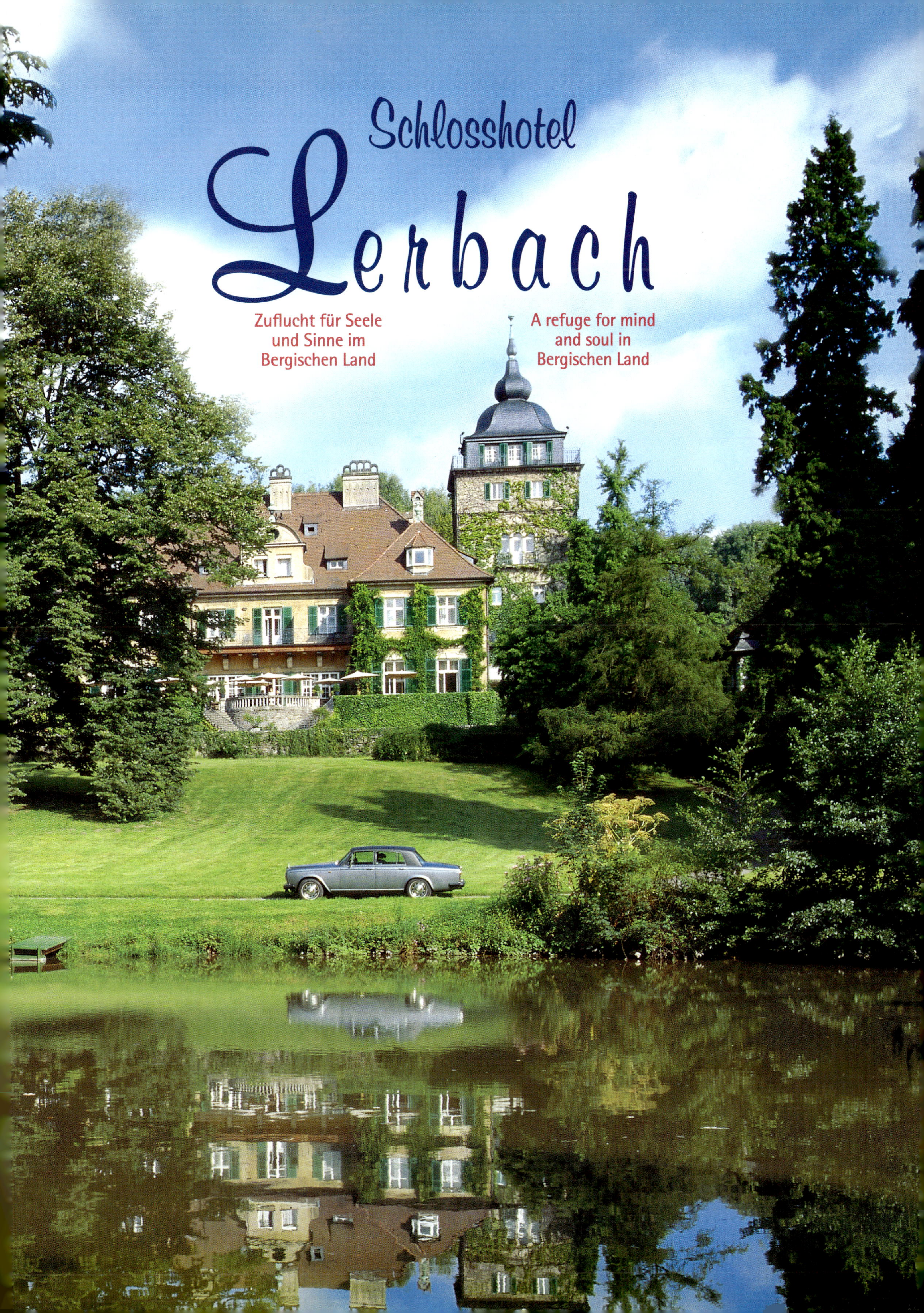

Der Eingangsbereich des Märchenschlosses präsentiert sich romantisch von Efeu umrankt.

The romantic entrance of the fairy tale castle entwined with ivy.

Der prachtvolle, 28 Hektar große Park hat die Schönheit seiner ursprünglichen Anlage bis heute bewahrt.

The magnificent 28 hectare park still retains the beauty of its original layout.

Natürlich bringt auch der Lift Gäste nach oben. Schöner ist der Weg, den Anna Zanders ging, über die Steinstufen hoch, über die Marmorintarsien auf den Treppenabsätzen, überdacht von schmalen Kreuzgewölben. Oder man wohnt in Zimmern, die von der Galerie des Entrees abgehen. Dann folgt man den Spuren der schönen Erbauerin von Schloss Lerbach durch das breite Treppenhaus der Halle in die erste Etage, während die Hand über die kunstvoll profilierte Balustrade aus dunklem Nußbaum streicht.

Über alten Stein und altes Holz steigt hoch, wer sein Schlosslogis oben im Turm wählt. Dort nimmt die Hochzeitssuite zwei Stockwerke unmittelbar unter der Dachhaube ein. Ein Balkon läuft rings um die schiefergetä-

Naturally, the lift brings guests upstairs. The path that Anna Zanders took is much more beautiful, up the stone stairs, over the marble inlay marquetry on the steps roofed over by small cross-arches. Or you stay in rooms that branch off the entrance gallery. Then you follow in the footsteps of the builder of Schloss Lerbach through the wide staircase of the hall on the first floor, while your hand strokes the artistically outstanding bannister of dark walnut.

He who has his room in the tower must climb high over old stone and wood. The honeymoon suite takes up two floors right under the roof turrit. A balcony runs right round the sloping wainscot facade and in good weather you can see the tips of Schloss Bensberg, the towers of Cologne cathedral in the distance, and underneath stretches the magnificent 28 hectare park that has retained the beauty of its original layout.

In the garden house at the pond at the source of the Lerbach, or in the pavillion under the mighty Serbial firs, the table is perhaps set for an intimate dinner. Romantic paths lead under high foliage, and the splendid copper beech to the west of the south terrace was already hundreds of years old as Anna Zanders, née Siemens, moved into Schloss Lerbach with her husband Richard. The house that the wealthy pair found was the classic conversion from one of the moat surrounded renaissance castles. There is the first written evidence from the year 1384 over the original middle age fortress of Lerbach, reference to its appearance were not obtainable. Dampness made the water castle irreperably uninhabitable. Therefore Anna and Richard built a stately new manor house on the hill above the water in 1900 in the style of the founder, broke up the old one and layed out a park, both of which became listed buildings along with the castle in 1987. The landscape garden in the English style skillfully integrates the existing pastures, edge of the forest, the Lerbach pond and arranges the diversity of nature so that the sensitive hiker feels the changing moods from the melancholy of a group of gloomy conifers to the cheerfulness of the open fields with the sparkling pond to the tinkling stream exuding with a bright sea of flowers. He who is looking for a refuge from stress and everyday problems will find an ambience here that cares for and strengthens the mind and the soul. The builder was able to save a few old precious building objects; in the new castle the chess-board floor made from marble in the castle hall

felte Fassade, bei schönem Wetter sieht man in der Ferne die Spitzen von Schloß Bensberg, die Türme des Kölner Doms, und unten erstreckt sich der prachtvolle 28 Hektar große Park, der die Schönheit seiner ursprünglichen Anlage bis heute bewahrt hat.

Im Gartenhaus am Teich, da wo der Lerbach einmündet, oder im Pavillon unter der hohen serbischen Fichte ist vielleicht schon zum intimen Diner gedeckt. Romantische Wege führen unters hohe Laub, und die prächtige Rotbuche westlich der Südterrasse war schon Hunderte von Jahren alt, als Anna Zanders, geb. von Siemens, mit ihrem Gatten Richard nach Schloss Lerbach zog. Das Haus, das das wohlhabende Paar vorfand, war der klassizistische Umbau eines von einem Wassergraben umge-

or the valuable sandstone fireplace with its threepart relief where the motif tells the story of the Creation. Also the entrance itself that opens up to the first floor was rebuilt in the same English style. In the meantime, in spring 1992, Thomas H. Althoff opened the former manor as Schlosshotel Lerbach after its diverse uses. He also presents a domicile that, at great expense, has kept the charm and beauty of the past alive. The hall is today as it once was, an atmospheric abode. In the evening the candles shine, the logs flicker in the fireplace and above the heavy leather three piece suite arch

the carefully restored many faceted structures and ornamentally richly worked pieces of the old "Kölner Ceiling".

Simultaneously, the first class refuge presents its tasteful English country house style in the earlier manor in the wings of the former stables and behind the half-timbered facade of the old cabinet maker's workshop with all the most modern comforts. Interior decorator Lis Spans has achieved varied interiors of charming individuality in 54 rooms and suites. Sometimes carpets, furniture and wallpaper blend in soft pastel tones, sometimes they

Direktor Kurt Wagner versteht die Kunst, seine anspruchsvollen Gäste einfühlsam zu verwöhnen.

Director Kurt Wagner understands the art of pampering his sophisticated guests sensitively.

Beim Verweilen auf der Schlossterrasse öffnet sich den Gästen die ganze Schönheit der idyllischen Parkanlage.

The whole beauty of the idyllic park opens up to the guests while they linger on the castle terrace.

benen Renaissanceschlößchens. Über die ursprüngliche mittelalterliche Burg Lerbach gibt es zwar erste schriftliche Zeugnisse aus dem Jahr 1384, Hinweise auf ihr Aussehen sind nicht erhalten.

Das Wasserschlößchen hatte die Feuchtigkeit irreparabel unbewohnbar gemacht. So stellten Anna und Richard Zanders auf der Anhöhe über dem Wasser im Jahr 1900 ein stattliches neues Herrenhaus im Gründerstil fertig, rissen das alte ab und legten einen Park an, der 1987 zusammen mit dem Schloss unter Denkmalschutz gestellt wurde. Der Landschaftgarten im englischen Stil integrierte geschickt vorhandene Viehweiden, Waldränder, den Lerbach, Teiche, und arrangierte die Vielfalt der Natur so, daß der sensible Spaziergänger wechselnde Stimmungen spürt von der Melancholie einer Gruppe düsterer Nadelgehölze bis zur Heiterkeit, die offene Wiesenräume mit dem glitzernden Teich, dem plätschernden Bachlauf, mit leuchtenden Blumenmeeren verströmen. Wer eine Zuflucht vor Streß und Alltagsöde sucht, findet hier ein Ambiente, das Seele und Sinne pflegt und stärkt.

Einige alte bauliche Preziositäten hatten schon die Erbauer mit ins neue Schloss gerettet, in die Halle etwa den Schachbrettboden aus Marmor oder den kostbaren Sandsteinkamin mit dem dreiteiligen Relief, das Motive aus der Schöpfungsgeschichte erzählt. Auch das Entree selbst baute man im gleichen Stil wieder auf, nach englischer Art sich ins erste Stockwerk öffnend. Und als der Privathotelier Thomas H. Althoff im Frühjahr 1992 das ehemalige Herrenhaus nach diversen zwischenzeitlichen Nutzern als Schlosshotel Lerbach eröffnete, präsentierte auch er ein Domizil, das mit großem Aufwand Reiz und Schönheit der Vergangenheit am Leben hält. So ist die Halle heute wie einst ein stimmungsvoller Aufenthalt. Abends leuchten Kerzen, im Kamin flackern die Scheite, und über schweren ledernen Sitzgruppen wölben sich sorgsam restauriert die vielfachen Gliederungen und ornamentreichen Stuckarbeiten der alten „Kölner Decke."

Stilvolle Wohnambiancen umgeben die Gäste in allen Zimmern. Hübsches Detail: Das Relief im Kamin mit Motiven der Schöpfungsgeschichte.

Stylish living ambiance surrounds the guests in every room. A wonderful detail: The relief on the chimney breast depicts motifs from the story of the Creation.

shine in strong colours. Here the sleeping area is reached by going up a few steps where the four-poster bed stands on polished parquet surrounded by hunting tropheys. Everywhere, style, furniture and antiques are elegantly set into the picture and from every window and balcony the view in the greenness is charming. The roomy bathrooms are especially comfortable and very personally designed up to the fresh rose on the cosmetic table. Director Kurt Wagner understands the art of pampering guests sensitively. The attentiveness and friendlyness of his young team is as noticable in the bar as at a festive banquet in the salon, when dining, having coffee and cakes on the wonderful south terrace, as at lunch and dinner in the restaurant. In the culinary areas, the world travelled sympathetic master of the house from Austria, doesn't only shine with Ralf Meusers' fine regional cooking in the cosy yew tree ambience of the castle bar, but also with gourmet cuisine of international status.

Two star chef Dieter Müller has, after 17 successful years in the "Schweizer Stuben" found a new, happy aura here at Schloss Lerbach. Before entering office, the master from Baden near France made an artistic, world cooking trip to Japan and California. The consequences were not just Asiatically inspired, highlights from the menu of the

Die Vinothek: gemütlicher Treffpunkt für gesellige Weinproben.

The vinothek: a comfortable meeting place for sociable wine tasting.

restaurant "Dieter Müller" like gratin from river crabs with colliander carrots or the quickly becoming classic, duck consommé à la Chinois.

The global culinary exchange of experiences triggers off a rush towards the enjoyment of spices. Dieter Müller was always the asthetic genie of aromas. The enjoyment of the strongly intensive taste valeur, that today gleam from his compositions, from the delicate contrasts from often native products and elegantly performed ideas stemming from his intelligent game with the classic French cuisine with Mediterranean inspirations and with fascinating German impressions is quite recent. Delicious, by chance, a finess like stuffed pig's trotters (regards to the Italian Zampone) with roasted (French) goose liver on colourful (German) lentils with Balsamico sauce.

The mixture of personalities is also fascinating. The diligence and ambition of the German productivity, allied to the French way of life seems to mark the profile of this exceptional chef. He made it a pleasure to answer questions at after dinner speeches.

For visitors from the surrounding area it's an oasis of calm right on the doorstep of the Rhine metropolis, for the international public it is easy to reach from Cologne-Bonn or Düsseldorf airport. "Schlosshotel Lerbach" presents itself as an exclusive place of refuge. Thanks to its central location, the representative villa is also predestined for top-level-conferences and board meetings. You can enjoy culture at the Cologne philharmony or at a concert in the castle, your soul can take a walk in the landscaped park, culinary delights bubble from rich

Zugleich präsentiert das First-class-Refugium seinen geschmackvollen englischen Landhausstil im früheren Herrenhaus, im Flügel der ehemaligen Stallungen und hinter der Fachwerkfassade der alten Schreinerei mit allen modernen Annehmlichkeiten. Innenarchitektin Lis Spans hat in 54 Zimmern und Suiten abwechslungsreiche Interieurs von charmanter Individualität geschaffen. Mal spielen Teppiche, Möbel und Tapeten in zarten Pastelltönen, mal leuchten sie in kräftigen Farben. Hier erreicht man den Schlafbereich über ein paar Stufen, dort steht das Himmelbett auf poliertem Parkett, umgeben von Jagdtrophäen. Überall sind Stilmöbel und Antiquitäten elegant ins Bild gesetzt, und von allen Fenstern und Balkonen kommt der Blick im Grünen zur Ruhe. Besonders angenehm die großzügigen Bäder, sehr persönlich gestaltet bis zum frischen Röschen auf dem Schminktisch.

Direktor Kurt Wagner versteht die Kunst, Gäste einfühlsam zu verwöhnen. Die Aufmerksamkeit und Freundlichkeit seines jungen

Exquisite 2-Sterne-Küche à la Dieter Müller: Steinbuttfilets auf gebratenem Spargel mit kleinem Hummergratin, Variation von Langostinos mit Zucchiniblüte.

Exquisite two-star-cuisine à la Dieter Müller: turbot fillet on baked asparagus with small lobster gratin, variations of crayfish with zucchini blossoms.

Teams ist auffallend, an der Bar wie beim festlichen Bankett im Salon, beim Dining, bei Kaffee und Kuchen auf der herrlichen Südterrasse wie bei Lunch und Dinner in den Restaurants. Und auf dem kulinarischen Parkett glänzt der weltgewandte sympathische Hausherr aus Österreich nicht nur mit Ralf Meusers feiner regionaler Küche in der behaglichen Eibenholzambiance der Schloßschänke, sondern auch mit Gourmetcuisine von internationalem Rang.

Zwei-Sterne-Koch Dieter Müller hat nach 17 erfolgreichen Jahren in den „Schweizer Stuben" hier im Schloss Lerbach ein glückliches neues Fluidum gefunden. Vor dem Amtsantritt führte eine kochkünstlerische Weltreise den Meister aus dem frankreichnahen Baden nach Japan wie nach Kalifornien. Folge waren nicht nur asiatisch inspirierte Glanzlichter auf der Karte des Restaurants „Dieter Müller" wie ein Gratin von Flußkrebsen mit Koriander-Karotten oder die schnell zum Klassiker gewordene Entenconsommé à la chinoise. Der globale kulinarische Erfahrungsaustausch löste auch einen Schub auf die Würzlust aus.

Ein Zauberer der Aromen war der Ästhet Dieter Müller immer. Jüngeren Datums ist die Freude an den kraftvollen, intensiven Geschmacksvaleurs, die heute aus seinen Kompositionen leuchtet, aus den delikaten Kontrasten von oft bodenständigen Produkten und elegant ausgeführter Idee, aus seinem intelligenten Spiel mit der klassisch französischen Küche, mit mediterranen Inspirationen und mit reizvollen deutschen Einflüssen. Köstlich etwa eine Finesse wie Gefüllter Schweinefuß (der italienische Zampone läßt grüßen) mit gebratener (französischer) Gänseleber auf bunten (deutschen) Linsen mit Balsamicosauce.

Reizvoll auch der Persönlichkeitsmix. Der Fleiß und Ehrgeiz des Deutschen produktiv verbunden mit französischer Lebensart scheint das Profil dieses Ausnahmekochs zu kennzeichnen. Er macht sich übrigens ein Vergnügen daraus, seinen Gästen nach getaner Arbeit an den Tischen Rede und Antwort zu stehen.

Für Besucher aus der Umgebung eine Oase der Ruhe in unmittelbarer Nähe der Rheinmetropolen, fürs internationale Publikum über die Flughäfen Köln-Bonn und Düsseldorf unkompliziert zu erreichen, präsentiert sich das „Schlosshotel Lerbach" als exklusiver Zufluchtsort. Durch die verkehrsgünstige Lage ist die repräsentative Villa auch prädestiniert für Tagungen und Konferenzen auf höchster Ebene. Kultur genießt man in der Kölner Philharmonie oder beim Konzert im Schloß, im Landschaftspark geht die Seele spazieren, kulinarische Freuden sprudeln aus reichen Quellen, und zur Regeneration von Körper, Schönheit und Psyche laden nicht nur Tennisplatz und

sources and for bodily regeneration, beauty and psyche there is not only a tennis court and swimming pool, but also, Elke Dieffenbach-Althoff, the leader of the Lancaster Beauty Farm. Newest highlights in the integrally conceived offer: Chi Yang. This massage and beauty therapy gives and harmonises energy in a combination of sensitively applied hands, traditional Chinese healing techniques and western top cosmetics. All in all, this is a gem in the German hotel business. This charming "corner of the earth with forest

crowned mountains, scented valleys and cool streams" that the poet was enthusiastic about 200 years ago, guests get to know through trips and walking tours, at golf at the Club Kürten "Bergerhöhe" or perhaps during an early morning hot air balloon flight. It departs from the field in front of the castle and doesn't climb far from the Ginko tree which grows on the tower emporium at a much slower speed. The Chinese-Japanese silver apricot counts as a reliable bringer of luck in their native land.

Schwimmbad, sondern auch Elke Dieffenbach-Althoff, Leiterin der Lancaster Beauty-Farm. Neuestes Highlight in ihrem ganzheitlich konzipierten Angebot: Chi Yang. Diese Massage- und Schönheits-Therapie spendet und harmonisiert Energien, kombiniert, von einfühlsamen Händen angewandt, traditionelle chinesische Heiltechniken mit westlicher Spitzenkosmetik.

Eingefaßt ist dieses Schmuckstück deutscher Schlosshotellerie vom Bergischen Land. Das anmutige „Erdenwinkelchen mit waldbekränzten Bergen, duftenden Tälern und kühlen Bächen", wie vor 200 Jahren ein Dichter schwärmte, lernen Gäste auf Ausflügen und Wanderungen kennen, beim Golfen im Club Kürten „Bergerhöhe" oder vielleicht bei einer frühmorgendlichen Fahrt mit dem Heißluftballon. Er startet auf der Wiese vorm Schloß und steigt nicht weit entfernt von dem Ginkgo-Baum hoch, der mit wesentlich langsamerer Geschwindigkeit am Turm emporwächst. Die chinesisch-japanische Silberaprikose gilt in ihrer Heimat als zuverlässiger Glücksbringer.

Diese Tür öffnet sich zu Schönheit und Wohlbefinden: Die Beautyfarm des Schlosshotels bietet alle modernen Anwendungen, Massagen und Schönheits-Therapien.

This door opens onto beauty and well-being: The beauty farm of the Schlosshotel offers all modern applications, massages and beauty therapy.

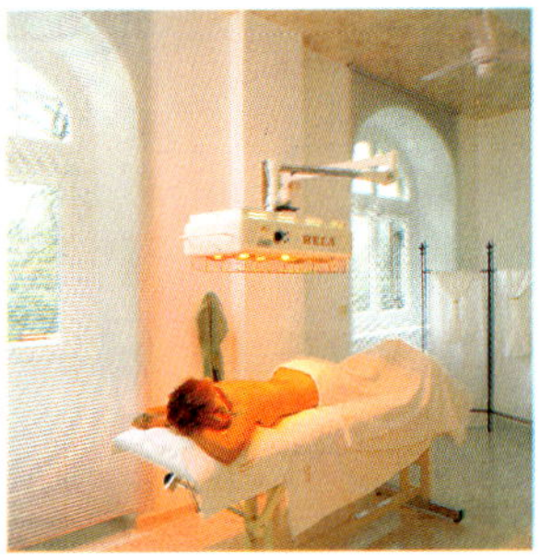

Atmosphäre, Kultur und Grande Cuisine am Alpenrand

Residenz Heinz Winkler

Atmosphere, culture and grande cuisine on the edge of the Alps

Zwischen den Kulturstädten München und Salzburg, zwischen Chiemsee und Chiemgauer Alpen liegt die 4000-Seelen-Gemeinde Aschau. Hier finden Freunde romantischer Ländlichkeit, mediterraner Eleganz und exquisiter Gourmandise eine ideale „Residenz". Heinz Winklers kreative Sterne-Cuisine zählt zu den exquisitesten kulinarischen Ereignissen Deutschlands. Man genießt sie in einem Ambiente von ausgesuchtem Stil.

The 4,000 inhabitants community of Aschau lies between the cultural cities of Munich and Salzburg, between Chiemsee and the Chiemgauer Alps. Lovers of romantic, rural countryside, Mediterranean elegance and exceptional gourmandise will find an ideal "Residenz" here. Heinz Winkler's creative star-cuisine is one of the most exceptional culinary events in Germany, enjoyed in an ambiance of exquisite style

Text: Günter Ned · Fotos: Klaus Lorke

Es war nicht nur die barocke bayerische Pracht, die Heinz Winkler faszinierte, als er das stattliche Bauwerk zum ersten Mal sah. Dabei paßt das traditionsreiche Domizil gut hinein in die dörfliche Szenerie am Fuß der berühmten Kampenwand. Die Reihen rotweißer Fensterläden grüßen strahlend unterm blauen Himmel; die Fassaden spiegeln das Frühlingslicht im gleichen sonnigen Ocker wie gegenüber die der Pfarrkirche mit den beiden Zwiebeltürmen; auf der Front, die zum Kirchplatz geht, zeigen Wandmalereien über der schweren Eichentür zwei Schutzpatrone, rechts den Heiligen Georg, links den Heiligen Florian; von einem zum anderen schwingt sich das Schriftband mit dem alten Hausnamen „Hotel Zur Post" und mit dem neuen „Residenz"; und unten am Eck weist eine Tafel den Betrachter darauf hin, daß er vor einem Gebäude stehe, das „über Jahrhunderte das bedeutendste Tafernwirtshaus des westlichen Chiemgaus" gewesen sei. Auch im Innern lassen architektonische Merkmale wie die Kreuzgewölbe aus dem 15. Jahrhundert an die historischen Bautraditionen der Region denken. Doch dem Südtiroler Heinz

It wasn't just the baroque Bavarian splendour that fascinated Heinz Winkler when he saw the magnificent building for the first time. The domicile that was rich in tradition fitted in well with the rural scenery at the foot of the famous Kampenwand. The rows of red-white shutters radiantly greet you under blue skies; the facades reflect the spring light in the same sunny ochre as the parish church opposite with its two onion domes; the front which leads to the church square displays wall paintings, above the heavy oak door the two saints, St George on the right and St Florian on the left; the band of script that stretches from one to the other brandishes the former name of the house "Hotel Zur Post" and the new one, "Residenz"; below in the corner a plaque informs the observer that he is standing in front of a building that has been "the most significant inn in western Chiemgau for centuries". Also inside, architectural features like the cross-vault from the 15th century remind you of the historic building traditions of the region. Other beauties of style caught the eye of the South Tyrolean Heinz Winkler (he was born in Brixen and passed his cooking apprenticeship in Bozen). Even the shutters didn't obviously show the Bavarian colours, but those of the Habsburg. Balconies with Bavarian baroque wooden balustrades were also missing. Instead hexagonal renaissance orioles decorated the four corners of the main building, and the projecting pyramid roof that had been put on the second storey in 1856 was definitely Venetian with its geometric ornamentation on the underside. Moreover, when one sees the almost square ground plan one rather sees a southern Palazzo. These exciting relapses into the Mediterranean, must have decidedly substantiated Winkler's love for his

Winkler (er wurde in Brixen geboren, absolvierte in Bozen seine Kochlehre) stachen noch andere Stilschönheiten ins Auge. Schon die Fensterläden zeigten ja offensichtlich nicht die bayerischen Farben, sondern die der Habsburger. Balkons mit bayerisch-barocken Holzbrüstungen fehlten auch. Statt dessen schmückten im ersten Stock hexagonale Renaissance-Erker die vier Ecken des Stammhauses, und das vorspringende Pyramidendach, das man dem zweiten Stock im Jahr 1856 aufgesetzt hatte, war mit seinen geometrischen Ornamenten an der Unterseite eindeutig venezianisch. Sah man dazu den nahezu rechteckigen Grundriß, hatte man eher einen südländischen Palazzo vor Augen.

Diese reizvolle Verrückung ins Mediterrane, die das noble Bauwerk unter seinem Blick erfuhr, dürfte Winklers Liebe zu seiner „Residenz" maßgeblich begründet haben. Jedenfalls legt die zauberhafte Gestaltung der Innenräume die Vermutung nahe. Das luxuriöse Refugium präsentiert sich heute mit 32 Zimmern und Suiten, teilweise mit Balkon, Terrasse, Garten, Bergblick, mit dem Venezianischen Festsaal für kulinarische Spitzenerlebnisse, dem Gartensalon und dem Mozartgewölbe für feine Gesellschaften und mit einer herrlichen Terrasse vor der dramatischen Alpen-Kulisse.

Und überall heben Gäste nicht nur durch ausgesuchte Interieurs, aufmerksame Betreuung und außergewöhnliche Gourmet-Events vom Alltagsboden ab. Im ganzen Haus öffnen sich Räume auch durch malerische Effekte. Der Aschauer Restaurateur und Maler Franz Feistl schuf für Heinz Winkler mit einer Technik, die zwischen italienischer Trompe-l'œil-Kunst und bayerischer Lüftlmalerei changiert, elegante, poetische und verspielte Ausblicke.

Im Mozartgewölbe ließ er sich von den Lustgärten des Rokoko und der Landschaftsmalerei englischer Salons des 19. Jahrhunderts inspirieren. So sitzt man an festlicher Tafel auf originalen Queen-Victoria-Stühlen und genießt die Aussicht in eine mediterrane Zypressenidylle. Im Stammhaus führt ein langer Gang von der schweren Eichentür zur Rezeption und zur Lounge. Gäste gehen über Buxi-Sauvage-Marmor aus Bordeaux, über sich das jahrhundertealte Kreuzgewölbe, und plötzlich verwandeln sich die Wände in strukturierte florentinische

"Residenz" when he looked at the noble building. In any case, the enchanting design of the interior endorses this supposition. Today, the luxurious refugium has 32 rooms and suites, some with balcony, terrace, garden, mountain view, with the Venetian banqueting-hall for culinary top events, the garden salon and the Mozart vault for illustrious social events, and with a wonderful terrace in front of the dramatic Alpine scenery.

Overall the guests are not just amazed by the exceptional interior, attentive service and remarkable gourmet events. Throughout the entire house, rooms welcome you with the picturesque effects. The restorer and painter Franz Feistl from Aschau, created for Heinz Winkler with a technique that switches between Italian Trompe-l'oeil-art and Bavarian air painting, elegant, poetic and playful vistas.

In the Mozart vault he was inspired by the pleasances of the Rococo period and the landscape painting of the English salons of the 19th century. Thus one sits at the festive table on original Victorian chairs,

Kulinarisches Idyll: die Restaurant-Terrasse mit Blick zur Kampenwand.

A culinary idyll: the restaurant-terrace with a view of the Kampenwand.

Grande Cuisine und edles Porzellan: das Savarin von Fenchel auf „Relation" von Hutschenreuter.

Grande cuisine and high-class porcelain: the savarin of fennel on "Relation" of Hutschenreuter.

and enjoys the view into the Mediterranean cypress idyll. In the main building, a long corridor leads from the heavy oak door to the reception area and the lounge. Guests walk on Buxi-Sauvage marble from Bordeaux, above them the centuries old cross-arch, and suddenly the walls change into structured Florentine walls, in front a shell arch under a classic "Frontispiz" curves above Ionic pillars, stone balustrades lead down the stairs. The public walks around in a southern Palazzo. When the host is testing Champagne below in front of the wine cellar, he stands under a pergola with grapes and leaves, the narrow corridor widens into the deep barrel arch. When he is discussing recipes

Mauern, vorne wölbt sich unter einem klassischen Frontispiz ein Muschelbogen über jonischen Säulen, Steinbalustraden führen die Treppen hinab. Das Publikum wandelt in einem südlichen Palazzo.

Wenn der Hausherr unten vorm Weinkeller Champagner testet, steht er unter einer Pergola mit Trauben und Laub, der kleine Gang weitet sich zum tiefen Faßgewölbe. Wenn er mit PR- und Marketing-Managerin Cecilia Stalleicher im Gartensalon Rezepturen diskutiert, lugt ihm eine von Feistl geschaffene Magd über die Schulter, und selbst von der luxuriösen Residenzsuite blickt man nicht nur hoch auf die reale Kampenwand, sondern auch, an einer Pinie vorbei, hinab auf eine pittoreske Szenerie antiker Ruinen. Auch das Restaurant, der Venezianische Festsaal, zeigt imaginäre Spiele. Auf dem Damast schimmern Gerard Bouviers Skulpturen aus Tafelsilber; „Paulus' Bekehrnis", das Bildwerk eines Rubensschülers, wird von zwei Türen flan-

Ein Dessert als Ereignis: Dôme chocolaté.

A dessert like a sensation: Dôme chocolaté.

Champagnergenuß mit malerischem Flair: Heinz Winkler und die trockene fruchtige Cuvée von Laurent-Perrier.

Enjoying Champagne with picturesque flair: Heinz Winkler and the dry, fruity Cuvée from Laurent-Perrier.

with PR and marketing manageresse Cecilia Stalleicher in the garden salon, a farm-maid made by Feistl looks over his shoulder and even from the luxurious Residenz Suite one doesn't only look high over the real Kampenwand, but also past a pine tree down to a picturesque scene of antique ruins. Even the restaurant, the Venetian banqueting-hall, displays games of fantasy. On the damask, Gerard Bouvier's sculptures are gleaming from table silver; "Paulus Bekehrnis", the painting by a pupil of Rubens is flanked by two doors, you can really go through one of them, but the other is an illusion the medieval stone structure in the niches of the arches that is reflected repeatedly, is playful Trompe l'oeil. Throughout, reality is mixed with art – a dreamy frame for Heinz Winkler's fantastic two-star cuisine. Fantasy and creativity are his elixir, added to that his ambition not just to burden his

kiert, durch die eine geht man wirklich, die andere ist Schein; das Mauerwerk in den Bogennischen, die sich mehrfach spiegeln, ist verspieltes Trompe-l'œil. Überall mischt sich Wirkliches mit Kunst – ein verträumter Rahmen für Heinz Winklers traumhafte Zwei-Sterne-Cuisine.

Phantasie und Kreativität sind ihr Elixier, dazu die Ambition, die Gäste mit den Menüs nicht nur nicht zu belasten, sondern auch zu verwandeln, sie in einen vitalisierten Zustand zu versetzen. Winklers „Cuisine vitale" nützt dazu das Wissen um die Heil- und Wirkkraft der Kräuter und Gewürze. Sie werden je nach ihren wohltuenden Effekten in den Speisenablauf komponiert, keine Folge ist etwa ohne einen Gang mit Petersilie denkbar. So sind Klassiker wie die Bressetaube mit Petersilienmousseline, die geräucherte Entenbrust mit Roter Bete und Meerrettich, die Hummermedaillons in Safransauce nicht nur geniale Geschmackskompositionen eines Kochs von Weltrang, sie tragen auch euphorisierendes Schmuggelgut mit sich. Meerrettich und Safran etwa waren wegen ihrer natürlichen Wirkkräfte schon in klassischen Hexenzeiten hochgeschätzt.

Mit der gleichen Philosophie setzt Heinz Winkler, der mit einunddreißig Jahren im Tantris der jüngste Drei-Sterne-Koch aller Zeiten war, die Schwerpunkte im Weinkeller. Wegen ihrer verdauungsfördernden und heilsamen Ingredienzien empfiehlt er gerne als klassische Faustregel, auf einen leichten frischen Wein zum Beginn einen Chardonnay aus dem Burgund, der im Barrique ausgebaut wurde, folgen zu lassen. Wenn dann das Hauptgericht von einem roten Bordeaux begleitet wird, einem Wein, auf dessen medizinische Kräfte schon

Ambiance in heiterer Eleganz: die Residenz-Suite.

Ambiance in cheerful elegance: the Residenz-Suite

die französischen Königsfamilien schwörten, ist alles für einen glücklichen Ausgang der Genießerreise getan. Denn, so Heinz Winkler: „Ein Wein muß glücklich machen, sonst gehört er nicht auf die Karte!"

Für glückliche Tage in der Aschauer Residenz sorgen nicht nur die Highlights einer exzeptionellen Küche und die heitere beschwingte Ambiance. Heinz Winklers Team bietet übers ganze Jahr auch abwechslungsreiche Kultur- und Schönheitsprogramme. Das Estée Lauder Skincare Center fördert mit exklusiven Produkten und individuellen Anwendungsprofilen

guests with the meals, but to convert them, to transpose them into a vitalised condition. For that Winkler's "cuisine vitale" uses the knowledge of the healing power and effect of the herbs and spices. They are composed in the meals according to their beneficial effects, effects, no sequence is imaginable without a course with parsley in it. In this way, classics like Bresse pigeon with parsley mousse, smoked breast of duck with beetroot and horse-radish, lobster medallions in saffron sauce are not just ingenious compositions to taste from a world-famous chef, they also carry with them euphoric smuggled goods. Horse-radish and saffron were already highly valued in the classic time of witches because of their effective powers.

Heinz Winkler, who was, at thirty-one, the youngest three-star chef ever in Tantris, sets the same philosophy in the main emphasis of his wine cellar. Due to their digestive aids and healing ingredients he likes to recommend, as a classic rule of the thumb, a light fresh wine to begin with, a Chardonnay from Burgundy , which is grown in Barrique, to follow. If the main course is accompanied by a red Bordeaux, a wine of whose medicinal powers the French royal families swore by, you have done everything to ensure a happy ending to the connoisseur's adventure. According to Heinz Winkler: "A wine must make you happy or it doesn't belong on the wine list!"

Not only the highlights of an exceptional cuisine, and the cheerful, vibrant ambiance provide a pleasant stay in the Aschau Residenz, Heinz Winkler's team also offers a varied culture- and beauty programme.

In einem alten Tonnengewölbe sorgt das Estée Lauder Skincare Center mit exklusiven Produkten und individuellen Anwendungsprogrammen für Beauty und Wellness.

The Estée Lauder Skincare-Centre treats you in the barrel-vaulting with exclusive products and individual treatment programmes for beauty and well-being.

The Estée Lauder Skincare Centre promotes beauty and well-being with exclusive products and an individual application profile; objects of interest in the surroundings of the enchanting mountain landscape, through historic castles to the oldtimers in the museum of German automobile history in Amerang tempt you to make excursions, and high-class musical events take place in the house and in the nearby surroundings. The Baroque Rosenfest on Sunday 13 July can be singled out among the highlights of the summer. Heinz Winkler composes a menu dedicated to the roses for a musical soirée with members of the Salzburg chamber soloists and the Musika da Camera, Prague. During the Salzburg Festival season, opera, play, and concert lovers of course choose the Refugium in Aschau as the most exquisite Residenz away from the hustle and bustle of the festival. A special Festival-Arrangement offers, among other things, two nights, a five course Splitting-menu on the evening of the performance, limousine transfer to Salzburg (it's about 45 minutes away) and a service that you can't rate high enough, in view of the sold-out performances. The "Residenz Heinz Winkler" also takes care of the reservations of all tickets for its guests.

Die Hochzeitssuite mit original Louis-seize-Möbeln.

The Honeymoon Suite with original Louis-seize-furniture.

Heinz Winkler mit PR- und Marketing-Managerin Cecilia Stalleicher beim Rezeptstudium im Gartensalon.

Heinz Winkler with PR and marketing manageresse Cecilia Stalleicher studying the recipes in the garden salon.

Beauty und Wellness; Sehenswürdigkeiten im Umland von der hinreißenden Bergnatur über die historischen Schlösser bis zu den Oldtimern des Museums für deutsche Automobilgeschichte in Amerang locken zu Ausflügen, und hochkarätige musikalische Events finden im Haus und in der nahen Umgebung ihr Publikum.

Unter den Höhepunkten des Sommers sei das Barocke Rosenfest am Sonntag, dem 13. Juli, herausgegriffen. Zu einer musikalischen Soirée mit Mitgliedern der Salzburger Kammersolisten und der Musika da Camera, Prag, komponiert Heinz Winkler ein den Rosen gewidmetes Menü. Und zur Zeit der Salzburger Festspiele wählen Freunde von Oper, Schauspiel und Konzert das Refugium in Aschau natürlich als erlesene Residenz abseits des Festival-Rummels.

Ein spezielles Festspiel-Arrangement bietet unter anderem zwei Übernachtungen, ein fünfgängiges Splittingmenü am Aufführungsabend, Limousinentransfer nach Salzburg (man fährt ca. 45 Minuten) und einen Service, den man angesichts ausverkaufter Vorstellungen nicht hoch genug schätzen kann. Die „Residenz Heinz Winkler" kümmert sich für ihre Gäste auch um die Reservierung aller Karten.

Das Schloßhotel Vier Jahreszeiten in Berlin

Ein Hotel zum Träumen

The hotel of your dreams

Text: Thomas Klocke · Fotos: Ydo Sol

Das Schloßhotel Vier Jahreszeiten Berlin setzt neue Maßstäbe in der internationalen Luxushotellerie. Aus dem historischen Palais Pannwitz, das 1914 im Stile des spätbarocken Klassizismus im Grunewald erbaut wurde und das bereits von 1951 bis 1991 als »Schloßhotel Gehrhus« seine Gäste empfing, entstand nach fast dreijähriger Restaurierung und Umbauphase ein einzigartiges Refugium. Das Unvergleichliche an diesem Domizil mit seinem privaten, intimen Charakter ist das Interieur, das von Modezar Karl Lagerfeld designed wurde.

The Schlosshotel Vier Jahreszeiten in Berlin sets new standards in the world of luxury hotels. After nearly three years of restoration and conversion work, the historical Pannwitz Palace, built in Grunewald in 1914 in the style of late baroque classicism and which from 1951 to 1991 welcomed guests as the "Schlosshotel Gehrhus", has now been turned into a truly unique refuge. What makes this highly intimate domicile so incomparable is its interior, designed by no lesser person than the Czar of fashion, Karl Lagerfeld.

Das Interieur des Feinschmecker-Treffpunktes „Vivaldi" vermittelt stilvolle Noblesse und klassische Eleganz.

The interior design of the gourmet restaurant "Vivaldi" procures noblesse and classical elegance.

Bankette, Konferenzen und Präsentationen von 5 bis 200 Personen verleiht die stattliche Villa mit verschiedenen Salons und Veranstaltungsräumen einen stilvollen und repräsentativen Rahmen.

For banquets, conferences and presentations involving anywhere between 5 and 200 people, this villa with its various salons and rooms offers a representative and stylish venue indeed.

When Karl Lagerfeld agreed to take on the artistic direction of the interior design of the Schlosshotel Vier Jahreszeiten in Berlin, he had a vision of turning this residence into a "Hotel Particulier" – the French term for the ideal home or perfect urban palace as built in France in the 17th and 18th centuries. The location, the style, the past, the size and extraordinary quality of the original and new interior design met all the preconditions demanded by this successful designer for the transformation of this "Hotel Particulier" into a truly unique and "particular" hotel. Lagerfeld wanted the Schlosshotel Vier Jahreszeiten to establish a new fashion in the world of hospitality.

The Pannwitz Palace was built by Dr. W. von Pannwitz, Kaiser Wilhelm II's personal attorney, in the years 1912 to 1914 at a cost of several million gold marks. Pannwitz intended it primarily as a home for his extensive collection of flemish and other 17th century works of art, not to mention his collection of costly porcelain. The Palace was designed in the style

Als Karl Lagerfeld sich bereit erklärte, die künstlerische Leitung bei der Inneneinrichtung des Schloßhotels Vier Jahreszeiten Berlin zu übernehmen, hatte er die Vision, aus dieser Residenz ein „Hotel Particulier" zu machen. In Französisch bezeichnet dieser Ausdruck das ideale Wohnhaus oder das perfekte Stadtpalais, wie man es in Frankreich im 17. und 18. Jahrhundert baute. Die Lage, der Baustil, die Vergangenheit, die Größe und die außergewöhnliche Qualität der originalen und neuen Innenausstattung erfüllen für den erfolgreichen Designer alle Bedingungen, um aus diesem ehemaligen privaten „Hotel Particulier" ein wirklich einmaliges und einzigartiges „particulieres" Hotel zu machen. Für Lagerfeld soll das Schloßhotel Vier Jahreszeiten eine neue Mode der Gastlichkeit kreieren. Das Palais Pannwitz wurde von Dr. W. von Pannwitz, dem persönlichen Anwalt Seiner Majestät Kaiser Wilhelm II., in den Jahren 1912 bis 1914 für viele Millionen Goldmark erbaut, um seine umfangreiche flämischer Sammlung und andere Meisterwerke aus dem 17. Jahrhundert sowie seine Sammlung kostbaren Porzellans entsprechend unterbringen zu können. Das Palais orientiert sich stilistisch am spätbarocken Klassizismus der Zeit um 1800. Als bemerkenswert galten bereits damals viele architektonische Details wie die Doppeldachform, die Eckquaderungen oder die barockisierende Toranlage. Die große Halle in italienischer Renaissance über zwei Stockwerke mit der eindrucksvollen, neoklassizistischen Kassettendecke, die Gemäldegalerie sowie die kostbare Bibliothek mit der handgemalten Decke erinnern noch heute an eine glorreiche Vergangenheit.

Alle Zimmer sind für höchste Ansprüche eingerichtet. Drei Telefone, Faxgerät, PC-Anschluß, Video und Stereoanlage sind ebenso obligatorisch wie Klimaanlage und Safe.

All the rooms are furnished to the highest standards. Three telephones, a fax machine, PC connection, video, stereo, cable TV and minibar are just as much a matter of course as the air conditioning and safe.

Im Jahre 1914, kurz vor Beginn des Ersten Weltkrieges, betrat Seine Majestät Kaiser Wilhelm II. als erster Gast dieses Haus, und in der Folgezeit kamen bedeutende Persönlichkeiten des politischen Lebens, der Diplomatie sowie der Kunst und Wissenschaft gern in dieses gastliche Haus. Ein Jahr nach dem Zusammenbruch der Monarchie folgte Familie von Pannwitz 1919 dem Kaiser in das holländische Exil. Das Palais im Grunewald wird 1940 an das Deutsche Reich verkauft. Nach dem Zweiten Weltkrieg stand die unzerstörte Villa lange Zeit leer und wurde erst 1951 von dem Hotelier Wolfgang Gehrhus als „Schloßhotel Gehrhus" zu neuem Leben erweckt. Erste Empfänge wurden zu Ehren von Theodor Heuss und Konrad Adenauer gegeben, später zog es vor allem die Filmbranche in die mit italienischen Malereien und kunstvoll mit Stuckarbeiten verzierten Räume. Zu den prominenten Gästen zählten unter anderen Eroll Flynn, Peter Ustinov und Romy Schneider, die hier zweimal heiratete. Im Mai 1991 übernahmen die Unternehmensgruppe Albeck & Zehden und die Familien Banghard, Goldberg, Klein und von Werder die unter Denkmalschutz stehende Villa. In die fast dreijährige Restaurierung und Umbauphase wurden insgesamt 30 Millionen Mark investiert. Allein fünf Millionen Mark flossen in den denkmalgeschützten Bereich, wobei die neuen Besitzer keinerlei Zuwendungen, Zuschüsse oder steuerliche Vergünstigungen der öffentlichen Hand erhielten. Einer polnischen Firma, die sich bereits bei der Restaurierung von Schloß Sanssouci und Schloß Augustusburg in Brühl einen Namen gemacht hat, oblag die detailgetreue Wiederherstellung und Restaurierung der denkmalgeschützten Räume. Viele Wochen und Monate waren Pinsel, Feile und Blattgold nahezu die einzigen verwendeten Werkzeuge und Materialien. Bei der Restaurierung wurde strengstens darauf geachtet, das ursprüngliche Design wiederherzustellen, wie z. B. bei der Wandbespannung oder den originalen Kronleuchtern. Parallel zu den Bauarbeiten wurden in ganz Europa auf verschiedensten Auktionen

late baroque classic prevalent around 1800. Particularly remarkable even at the time of construction were the numerous architectural details such as the double roof, the cornerstones and baroque gateway. The large lobby in Italian Renaissance style and two storeys high is fitted with an impressive, neoclassical boxed ceiling while the handpainted ceilings of the gallery and priceless library are reminiscent of the building's glorious past.
In 1914, shortly before the outbreak of the First World War, his Majesty Kaiser Wilhelm II was the first guest to be received at the Palace, followed by numerous important names from the worlds of politics and diplomacy, the arts and academia. One year after the breakdown of the monarchy family von Pannwitz followed the emperor into exil of the Netherlands. The Palais in the Grunewald is sold to the German Empire 1940 .After the Second World War, the villa, which had somehow survived intact, was left empty for some years before being reopened by the hotelier Wolfgang Gehrhus as the "Schlosshotel Gehrhus" in 1951. The first receptions were given in honour of Theodor Heuss and Konrad Adenauer, although it was later above all guests from the world of film who were attracted by its rooms decorated with Italian painting and artistic stucco work. Among its most prominent visitors were Errol Flynn, Peter Ustinov and Romy Schneider, who celebrate here two marriages. In May 1991, the villa, which had since become a listed building, was bought by the Albeck & Zehden Group and the Banghard, Goldberg, Klein and von Werder families. In the course of nearly three years' restoration and conversion work, a total of 30 million Marks was invested. And as the new owners did not receive a single penny in the way of subsidies, grants or tax concessions from the state, some five million of that sum had to be spent merely on meeting the requirements made of listed buildings. A Polish firm which had already made a name for itself with its restoration of Sanssouci and Schloss Augustusburg in Bruehl was

B VJ 100

Alle Zimmer und Suiten des Schloßhotels Vier Jahreszeiten wurden individuell von Karl Lagerfeld designed.

All the rooms and suites in the Schlosshotel Vier Jahreszeiten were individually designed by Karl Lagerfeld.

awarded the contract for the reconstruction and restoration of the listed premises down to the last detail. For weeks and months on end, brushes, files and goldleaf were virtually the only tools and materials in use. Every effort was made to restore the original design from the wall-hangings to the chandeliers. At the same time, the valuable antiques which can now be admired throughout the hotel, in all the rooms and public areas, were bought up at the most diverse auctions throughout Europe. Jacques Albeck's idea of engaging Karl Lagerfeld for the artistic management of the project turned out to be stroke of genius. Karl Lagerfeld, who was born in Hamburg in 1938 and went to Paris at the tender age of just 15, has been working as a designer in France, Italy, Germany and Japan since 1963. It was then that he first started working for the Italian house of Fendi, for whom he still designs furs, Prêt-à-Porter collections and accessoires. In 1974, the company "Parfums Lagerfeld" was founded and has since launched the products "Chloé", "Lagerfeld", "KL Femme", "KL Homme" and "Photo". In 1983, he began working with Chanel where he is responsible for the areas Haute Couture, Prêt-à-Porter and accessoires and designs six collections each year. One year later, he founded his own company "Karl Lagerfeld" for which he has designed Prêt-à-Porter de luxe for women, sportswear "KL by Karl Lagerfeld", a men's collection and accessoires as well as granting countless licences. In 1987, Karl Lagerfeld began his parallel career

die wertvollen Antiquitäten ersteigert, die nun im gesamten Hotel in den Gästezimmern und öffentlichen Räumen zu bewundern sind. Ein außergewöhnlicher Glücksgriff war sicherlich die Idee von Jacques Albeck, Karl Lagerfeld für die künstlerische Leitung des Objektes zu gewinnen. Seit 1963 ist Karl Lagerfeld, der 1938 in Hamburg geboren wurde und der bereits im Alter von 15 Jahren nach Paris ging, als selbständiger Designer in Frankreich, Italien, Deutschland und Japan tätig. Zu dieser Zeit begann seine enge Zusammenarbeit mit dem Modehaus Fendi in Italien, für das er immer noch die Pelz- und Prêt-à-Porter-Kollektionen sowie die Accessoires entwirft. 1974 wurde das Unternehmen „Parfums Lagerfeld" gegründet, das nacheinander die Parfums „Chloé", „Lagerfeld", „KL Femme", „KL Homme" und „Photo" auf den Markt brachte. 1983 begann die Zusammenarbeit mit Chanel. Hier ist er für die künstlerische Leitung der Bereiche Haute Couture, Prêt-à-Porter und Accessoires zuständig und entwirft pro Jahr sechs Kollektionen. Ein Jahr später gründete er seine eigene Gesellschaft „Karl Lagerfeld", für die er Prêt-à-Porter de luxe für Damen, Sportswear „KL by Karl Lagerfeld", eine Herrenkollektion und Accessoires designed sowie zahlreiche Lizenzen vergibt. 1987 startete Karl Lagerfeld seine parallele Karriere als erfolgreicher Fotograf. Im Schloßhotel Vier Jahreszeiten Berlin entstammen sämtliche Details bezüglich der Inneneinrichtung und das Design seiner Feder bzw. seinem schöpferischen Geist. Auf die Frage, warum er die künstlerische Leitung des Schloßhotels Vier Jahreszeiten angenommen

habe, antwortete Lagerfeld: *„Eigentlich bin ich ein frustrierter Innenarchitekt. Ich richte für mein Leben gerne Häuser ein, und wenn dies andere dann noch bezahlen, ist das doch optimal für mich. Außerdem hat es mich gereizt, in Berlin eine Suite nach meinem eigenen Geschmack, mit meinen eigenen Möbeln zu haben."* Diese Suite auf Lebenszeit ist denn auch das einzige Honorar, das Lagerfeld für seine Dienste erhält. Sie ist mit seinem persönlichen antiken Mobiliar eingerichtet, das Parkett, die Tapisserien, die Waschtische, die Badezimmerkacheln, die original Einbauschränke und vieles mehr wurde nach seinen eigenen Vorstellungen angefertigt bzw. rekonstruiert und restauriert.

Ein gemütlicher Platz für gepflegte Drinks: die Kaminbar „Le Tire Bouchon".

A comfortable place for fine drinks: the fireside bar "Le Tire Bouchon".

Daß die Suite während seiner Abwesenheit dem Hotel zur freien Vermietung zur Verfügung steht, gestattete er gerne. *„Wenn so eine Wohnung lange Zeit leersteht, ist das ja auch nicht schön. Die Hotelgäste, die in meiner Suite wohnen, sollen das Gefühl haben, auch ein wenig bei Karl Lagerfeld zu Gast zu sein"*, konstatierte der Star-Designer. Man muß jedoch nicht unbedingt die Karl-Lagerfeld-Suite für 3.500,– DM pro Tag mieten, um das einzigartige Flair des Schloßhotels Vier Jahreszeiten zu atmen. Alle Hotelzimmer und Suiten sind individuell und außergewöhnlich gestaltet und nach höchsten Ansprüchen eingerichtet. Mindestens drei Telefonapparate mit jeweils zwei Amtsleitungen, ein eigenes Faxgerät, PC-Anschluß, Video, Stereoanlage, Minibar, Kabel-TV, Klimaanlage und Safe sind ebenso obligatorisch wie der Hosenbügler und die elektrisch bedienbare »Do not disturb«-Anzeige vor den Badezimmern und vor den Gästezimmertüren. Die geschmackvoll mit Marmor und Kirschholz gestalteten Bäder verfügen über Annehmlichkeiten wie separate Duschen, Fußbodenheizung, beleuchtete Rasierspiegel und Frisierkommoden. Das Gourmet-Restaurant „Vivaldi", im Erdgeschoß des denkmalgeschützten Bereiches gelegen, gehört zweifellos zu den prachtvollsten Restaurants in Deutschland. Meisterhafte Wandtäfelungen, wertvolle Gemälde und Antiquitäten sowie festlich eingedeckte Tische sind hier der stilvolle Rahmen fürs Fine Dining. Zahlreiche liebevolle Details, wie zum Beispiel die kleinen Hocker, auf denen die Damen ihre Handtasche ablegen können, dokumentieren das bis ins kleinste durchdachte Interieur. Ein verbindlicher, bestens geschulter Service trägt hier Krea-

as successful photographer. In the Schlosshotel Vier Jahreszeiten, all the details of the interior design are the product of his draughtsmanship and imagination. Asked why he decided to take on the artistic management of the Schlosshotel Vier Jahreszeiten, Lagerfeld responded *"I'm actually a frustrated interior designer. I just love furnishing houses and if someone else is prepared to pay me for doing so, so much the better. Besides, I was charmed by the idea of being able to design a suite in Berlin according to my own taste and with my own furniture."* This suite for life is in fact the only compensation Lagerfeld received for his services. It is furnished with his personal, antique furniture and the parquet flooring, tapestries, washbasin units, bathroom tiles, original built-in closets and much much more were all manufactured or reconstructed and restored according to his ideas. Furthermore, he readily agreed to allow the hotel to rent out his suite in his absence: *"It's not good for such an apartment to be left empty. The hotel guests who live in my suite should have the impression that they are guests of Karl Lagerfeld,"* – so the star designer. On the other hand, you need not pay DM 3,500.00 per day for the Karl Lagerfeld suite in order to savour the flair of the Schlosshotel Vier Jahreszeiten. All the rooms and suites are individually designed and furnished to the highest standards. At least three telephones each with two lines, a telefax machine, PC connection, video, stereo system, minibar, cable TV, air conditioning and safe are just as much a matter of course as the trouser press and electrically operated "Do not disturb" signs outside the bathroom and guest-room doors. The bathrooms with their tasteful marble work and cherry wood furnishings have many comforts such as separate showers, floor heating, illuminated shaving mirrors and dressing tables. The gourmet restaurant "Vivaldi", located on the ground floor of the historic building, ranks among the most renowned restaurants of Germany. Masterly wall panellings, precious paintings and antiques as well as elegantly set tables are the ambiance for enjoying exceptional cuisine. Numerous lovingly details, such as the little stools, where the ladies can put

Die Lagerfeld-Suite wurde mit persönlichen Möbeln und Antiquitäten des Modezars eingerichtet.

The Lagerfeld-Suite has been furnished with the personal antiques of Karl Lagerfeld.

Das zweite Restaurant „Le Jardin" begeistert durch seine lichtdurchflutete Ambiance.

The second restaurant "Le Jardin" fascinates with light-imbued glasswork ambiance.

Der elegante Schwimmbadbereich verwöhnt mit Sauna, Whirlpool, Dampfbad und Beautycenter.

The elegant swimming-pool area spoils with sauna, whirlpool, steam-bath and beauty centre.

their handbags on, demonstrate the well thougout interior down to the last detail. A very kind and well educated service is here serving French and international cuisine. A gourmet menue could perhaps be started with a small spring salad with marinated asparagus tips and filled breast of guinea fowl, or a variation of salmon and caviar with garden herbs and potato fritters. Afterwards, one could enjoy culinary delights such as a lamb, roasted at its bone, with thyme sauce and potato zucchini-cake, or perch with lobster crust on a gratinated kohlrabi. Finally, one can choose from the selection of cheese, served from the trolley, or the crêpe, which is filled with strawberries and rhubarb, served on an almond sauce with a parfait of chocolat. The exquisite wine list offers a large choice of French, Italian and German wines. The restaurant "Le Jardin" will fascinate visitors on account of its light-imbued glasswork in which guests might fancy themselves to be right in the middle of a splendid park. At the centre is an open kitchen in which it is possible to watch the chefs at work. The day here begins with an abundant breakfast which

tionen der französischen und internationalen Küche auf. Ein Menü beginnt vielleicht mit einem kleinen Frühlingssalat mit marinierten Spargelspitzen und gefüllter Perlhuhnbrust oder einer Variation von Wildlachs und Kaviar mit Gartenkräutern und Kartoffelpuffern. Danach genießt man Gaumenschmeicheleien wie ein am Knochen gebratenes Salzgraslamm mit Thymiansauce und Kartoffel-Zucchini-Galette oder einen Loup de mer mit Hummerkruste auf gratiniertem Kohlrabi. Zum Abschluß empfehlen sich die opulente Käseauswahl, die vom Wagen serviert wird, und ein gefüllter Crêpe mit Erdbeeren und Rhabarber auf Mandelsauce mit Schokoladenparfait. Das erlesene Weinangebot läßt mit einer großen Auswahl an französischen, italienischen und deutschen Kreszenzen ebenfalls keine Wünsche offen. Das Restaurant „Le Jardin" fasziniert durch seine lichtdurchflutete Glaskonstruktion, durch die sich der Gast fast inmitten des herrlichen Parks versetzt fühlt. Im Mittelpunkt steht hier die offene Schauküche, durch die man den Köchen bei ihrer Arbeit zusehen kann. Hier beginnt der Tag mit einem reichhaltigen Frühstück, das als Buffet serviert wird. Das „Le Jardin" ist durchgehend geöffnet, nachmittags werden hier – oder bei schönem Wetter auch auf der Terrasse – Kaffee und hausgebackene Kuchen serviert. Zum Tagesabschluß empfehlen sich ein Mokka, Digestif oder Cocktail in der exklusiven Kaminbar „Le Tire Bouchon". Im Stil einer ehrwürdigen englischen Herrenbar mit einem antiken Kamin im Mittel-

is served as a buffet. "Le Jardin" is open throughout the day and coffee and cakes made on the premises are served every afternoon either in the restaurant or, weather permitting, on the patio. As a night cap, guests can choose between a mocca, digestif or cocktail at the exclusive fireside bar "Le Tire Bouchon". Styled as a venerable English gentleman's bar with an antique fireplace at the centre and that same wonderful boxed ceiling which is also to be admired in the lobby, "Le Tire Bouchon" exudes an atmosphere of warmth and cosiness. Thanks to its central and yet extremely quiet location in the residential area of Grunewald (just a few minutes away from the Kurfuerstendamm, the trade fair and 15 minutes by car from Tegel airport), this hotel is virtually predestined for top-level events. For banquets, conferences and presentations involving anywhere between 5 and 200 people, this villa with its various salons and rooms offers an extraordinary venue indeed. Nor are there ever any parking problems here as the hotel and restaurant has its own underground garage with valet parking. The Schlosshotel Vier Jahreszeiten is managed by Swiss Reto Gaudenzi with charm and wit. The cosmopolitan hotelier, who has great experience in the international luxury hotel business at his disposal, can now welcome crowned Heads of State, politicians and celebrities from all over the world to Grunewald. At the exclusive address in Brahmsstrasse, which counts among the 320 „Leading Hotels of the World" within just half a year of its opening and has been distinguished with the Five Star Diamond Award by the American Academy of Hospitality Sciences, the King and Queen of Spain feels just as much at home as José Carreras, Peter Ustinov, Elton John, Tina Turner, Claudia Schiffer or Israel's President Ezer Weizmann.

Die Bibliothek mit den wertvollen Holzintarsien strahlt Wärme und Behaglichkeit aus.

The library with the valuable wooden inlaid work exudes an atmospere of warmth and cosiness.

punkt und der wundervollen Holzkassettendecke, die auch in der Lobby zu bewundern ist, strahlt sie eine Atmosphäre der Wärme und Behaglichkeit aus. Durch seine zentrale und doch absolut ruhige Lage in der Residencial Area des Grunewalds (es sind nur wenige Minuten bis zum Kurfürstendamm und zum Messegelände, über die Stadtautobahn ist man in knapp 15 Minuten am Flughafen Tegel) ist das Hotel auch prädestiniert für Veranstaltungen auf höchster Ebene. Bankette, Konferenzen und Präsentationen von fünf bis 200 Personen verleiht die stattliche Villa mit verschiedenen Salons und Veranstaltungsräumen einen außergewöhnlich repräsentativen Rahmen.

Parkplatzprobleme kennt man hier auch bei vollem Haus nicht, denn für Restaurant- oder Hotelgäste steht eine Tiefgarage mit Valet-Parking-Service zur Verfügung.

Das Schloßhotel Vier Jahreszeiten wird mit Charme und Esprit von dem Schweizer Reto Gaudenzi geleitet. Der weltläufige Hotelier, der über große Erfahrung in der internationalen Luxushotellerie verfügt, konnte inzwischen zahlreiche gekrönte Häupter, Politiker und Prominenz aus aller Welt im Grunewald willkommen heißen. In der exklusiven Adresse in der Brahmsstraße, die sich bereits nach nur einem halben Jahr nach der Eröffnung zu den 320 „Leading Hotels of the World" zählen durfte und von der American Academy of Hospitality Sciences bereits mit dem Five Star Diamond Award ausgezeichnet wurde, fühlten sich der König und die Königin von Spanien ebenso wohl wie José Carreras, Peter Ustinov, Elton John, Tina Turner, Claudia Schiffer oder Israels Staatspräsident Ezer Weizmann.

HOTEL STADT HAMBURG

Hanseatische Eleganz,
gepaart mit englischem Landhausflair

Hanseatic elegance combined
with English country house flair

In den 50er, 60er und 70er Jahren lockte Sylt Gäste mit einem berühmten Plakat: einer schlanken jungen Frau, die sich in die blauen Fluten stürzte. Am Anfang trug sie einen roten Einteiler, später einen Bikini. Ab 1955 glänzte die Schöne allein mit ihrer Sonnenbräune. „Allerdings gab es noch eine hitzige Diskussion um die Gischt, die an ihre Brust schäumt“, erinnert sich der Sohn des „Graphikers“, Harald Hentzschel, der jetzige Inhaber des „Hotels Stadt Hamburg“. Ein weiterer Schaumklecks seines Vaters brachte die erregten Gemüter dann zur Ruhe. Der damalige, mittlerweile verstorbene Patron des „Hotels Stadt Hamburg“ muss die künstlerischen Talente an seinen Sohn weitergegeben haben: Denn Harald Hentzschel fotografiert leidenschaftlich gern und hat gerade einen stimmungsvollen Sylt-Bildkalender publiziert.

In the 50s, 60s and 70s Sylt enticed guests with a famous poster: a slim, young woman who was plunging into the waves. At the beginning she wore a red, one-piece costume, later a bikini. From 1955 she shone only in her suntan. “It’s true there was a heated discussion about the spray that foamed around her bust”, the son of the Graphic Designer Harald Hentzschel, the present owner of the “Hotel Stadt Hamburg” remembers. A further blob of foam from his father calmed the irate minds. The former, now deceased owner of the “Hotel Stadt Hamburg”, must have passed on his artistic talents to his son: as Harald Hentzschel loves photography and has just published a tremendous Sylt picture calendar.

Text: Peter Unger · Fotos: Alan Ginsburg. Harald Hentzschel

Inselverbunden: Die klassische Fassade in friesischer Bauweise ist ein glänzendes Zeugnis für die Verbundenheit des Hauses mit der Insel.

Attachment to the island: The classic facade in Friesian construction is a glowing example of the house's ties to the island.

Unaufdringlich: Der aufmerksame Service umsorgt die Gäste auf Wunsch rund um die Uhr und bittet auch zum Dinner in das geschickt in mehrere Räume aufgeteilte Restaurant „Stadt Hamburg“ mit seiner leichten Küche.

Unobtrusive: The attentive service looks after the guests' wishes around the clock and invites them to dinner in the restaurant "Stadt Hamburg", which is cleverly divided into several rooms and offers a light, fresh cuisine.

Those who love peace and quiet after a long day spent swimming or after a long walk on the beach, much prefer to spend the rest of the day in a similar way. It's just such sophisticated Sylt holidaymakers who find the centrally positioned, stylish "Hotel Stadt Hamburg" in Westerland, which is open all year long, the best address. It has, as of course have all Relais & Châteaux Houses, Caractère, Courtoisie, Calme, Charme and Cuisine. Moreover, from here you can ideally visit all the tourist attractions. Sylt awaits with several superlatives: covering an area of 99 square kilometers, it's not just the largest German North Sea island, but also the best loved by all of the six hundred thousand visitors last year. The guests are enticed in the first instance by the 38.5 kilometer long white, fine sandy beach, the idyllic dune landscape, the romantic reed thatched houses as well as the very iodine rich, stimulating climate, frequently distinguished with the attribute "champagne air". In addition to the natural stimuli, the island has excellent restaurants and exclusive shops – as the enjoyment of shopping is also part of the perfect island happiness.

Most of the holidaymakers that Sylt fever has infected, travel by car-train from Niebüll across the Hindenburgdamm to Sylt. It's more comfortable to fly. Small machines

Wer die Ruhe nach einem langen Badetag oder einem ausgiebigen Strandspaziergang liebt, zieht es vielfach auch vor, den restlichen Tag entsprechend zu verbringen. Gerade bei anspruchsvollen Sylt-Urlaubern ist das ganzjährig geöffnete, zentral gelegene, stilvolle „Hotel Stadt Hamburg“ in Westerland deshalb die erste Adresse. Denn es hat, wie bei allen Relais & Châteaux-Häusern selbstverständlich, *Caractère*, *Courtoisie*, *Calme*, *Charme* und *Cuisine*. Von hier aus lassen sich zudem alle touristischen Anziehungspunkte ideal erkunden. Dabei wartet Sylt mit einigen Superlativen auf: Mit einer Ausdehnung von 99 Quadratkilometern ist sie nicht nur die größte deutsche Nordseeinsel, sondern auch die beliebteste mit allein sechshunderttausend Besuchern im vergangenen Jahr. Angelockt werden die Gäste in erster Linie durch den 38,5 Kilometer langen, weißen und feinkörnigen Sandstrand, die idyllischen Dünenlandschaften, die romantischen Reetdachhäuser sowie das jodhaltige Reizklima, vielfach mit dem Prädikat „Champagnerluft“ ausgezeichnet. Doch neben den natürlichen Reizen hat die Insel ausgezeichnete Restaurants und exklusive Geschäfte – denn zum vollkommenen Inselglück trägt auch das Shopping-Vergnügen bei.

Die meisten Urlauber, die das Syltfieber gepackt hat, reisen mit dem Autozug von Niebüll über den Hindenburgdamm Richtung Sylt. Bequemer geht es mit dem Flieger. Regelmäßig heben von Anfang Mai bis Ende September kleinere Maschinen von allen großen Flughäfen nach Sylt ab. So erreicht man die Insel von Basel, Berlin, Dortmund, Düsseldorf, Frankfurt, Hamburg, Köln, München und Stuttgart aus direkt. In den Wintermonaten gibt es ein eingeschränktes Flugangebot. Am beschaulichsten ist

Gartenflügel im Grünen: Erlesener Geschmack und Behaglichkeit geben im jüngsten Anbau den Ton an.

A garden wing in the greenery: Exquisite taste with the emphasis on comfort in the latest extension.

die Anreise mit der Bahn – die Fahrt ab Hamburg-Altona dauert etwa zweieinhalb bis drei Stunden. Tagestouristen, die meistens ohne Auto am gemütlichen kleinen Bahnhof in Westerland ankommen, unternehmen erst einmal einen Stadtbummel. Ein Modell im Rathaus zeigt, wie Westerland ausgesehen hat, als 1855 das Seebad eröffnet wurde. Entstanden ist der Ort schon im 15. Jahrhundert, und das dörfliche Alt-Westerland mit seinen Reetdachhäusern und der 1635 erbauten Kirche St. Niels erinnert noch heute an diese Zeit. Schon 1898 weihten die Bürger ihr Kurhaus ein, in dem zum einen das Rathaus, zum anderen das Spielcasino untergebracht ist. Als Hauptstraße fungierte zunächst die Strandstraße, an der seit 1869 das Hotel Stadt Hamburg liegt. Heute ist die parallel verlaufende Friedrichstraße die Hauptgeschäftsstraße. Beide Straßen, wichtiger Teil der Fußgängerzone, münden in die beiden Hauptübergänge zur Kurpromenade und zu den Stränden. Wind und Wogen machen mit den weltweit fast einmaligen Dünen in erster Linie das Flair Sylts aus. Am Watt und der dem Festland zugewandten Ostseite liegen die touristisch noch nicht so überlaufenen Orte. Sylt hat auch sonst viele Gesichter.

take off regularly from all large air ports to Sylt from the beginning of May to the end of September. In this way you can reach the island from Basel, Berlin, Dortmund, Düsseldorf, Frankfurt, Hamburg, Cologne, Munich and Stuttgart directly. In the winter months there is a restricted flight offer. The most leisurely is the journey by train – the journey from Hamburg-Altona takes about two and a half to three hours. Day-trippers, who mostly arrive without a car at the genial little station in Westerland, firstly take a stroll around the town. A model in the town hall shows what Westerland looked like when the seaside resort was opened in 1855. The town sprung up in the 15th century and rural old Westerland with its reed thatched houses and the church of St Niels, today still reminds you of this time. Westerland has been a town since 1905. In 1898 the citizens consecrated their assembly

Unberechenbar: Surfer aus aller Welt lieben die Brandung vor Sylt. Das Revier gilt als hart und unberechenbar. Um so mehr können die Sportler die Abendstimmung genießen.

Incalculable: Surfers from all over the world love the breakers around Sylt. The area is regarded as difficult and dangerous. The sports men and women can enjoy the evening atmosphere even more.

Wohnlich: Die Gästezimmer sind ein Spiegelbild der fast privaten Atmosphäre des Hauses.

Homely: The guest rooms are a reflection of the almost private atmosphere of the house.

rooms, in one of which is the town hall and in the other the casino. The Strandstraße functioned as the main road in which the Hotel Stadt Hamburg has been standing since 1869. Today the parallel Friedrichstraße is the main shopping street. Both streets, an important part of the pedestrian precinct, run into the main crossings to the cure promenade and to the beaches. Wind and waves along with the almost unique dunes create the flair of Sylt. At Watt and the east side overlooking the main land, are the villages that are not so overcrowded by tourists. Sylt has also many facets. You find the elegant Sylt of the rich and beautiful mainly in the summer months and often in hidden away places. Noble Kampen with its reed thatched houses nestles between dunes, heather and mud flats.

Dabei findet das mondäne Sylt der Reichen und Schönen meist in den Sommermonaten und oft im Verborgenen statt. Zwischen Dünen, Heide und Wattwiesen eingebettet liegt etwa das noble Kampen mit seinen reetgedeckten Häusern. Andere besuchen regelmäßig „ihre" Insel, die vom Morsumer Kliff, einem der wichtigsten geologischen Denkmäler Deutschlands, bis hin zum modernen Panorama Westerlands für jeden etwas zu bieten hat.

„Legt Seebäder an, und eure Möwen und Seeschwalben werden goldene Flügel bekommen", heißt es im „Vogt von Sylt" aus dem Jahre 1851. Drei Jahre danach kamen die ersten Badegäste nach Westerland. 98 waren es 1855, als Westerland gerade mal 466 Einwohner hatte. Jetzt sind es etwa 9 000 Einheimische und rund 30 000 Gäste während der Hauptsaison. Die Qualitäten Sylts als Urlaubsort entdeckte und „erfand" neben dem politischen Liberalen Theodor Mügge, der als Feuilletonist und Begründer der „Nationalzeitung" den „Vogt von Sylt" schrieb, noch ein zweiter Berliner – der Schriftsteller Julius Rodenberg. „Wie einsam ist es auf Sylt!" frohlockte er. Da war Sylt, die Perle der Nordsee, noch wenig berührt und seine Eignung zum heilkräftigen Seebad gerade ein Jahrzehnt bekannt. Aus dieser Zeit stammt auch das traditionsreiche „Hotel Stadt Hamburg".

Als Samuel Nicolai Quitzow das ebenerdige Stammhaus im klassischen Friesenstil erbaute, schrieb man das Jahr 1869. Heute führen Harald und Monika Hentzschel das First-class-Domizil als Familienbetrieb bereits in der dritten Generation. „Während in der Kleinstadt alles hoch hinaus strebt, bleibt das erste Haus am Platze – das Hotel Stadt Hamburg – auf dem Boden der Tatsachen", lobte Rudolf Walter Leonhardt schon vor 25 Jahren im Zeit-Magazin in einer Serie über „Die großen Hotels in Deutschland". „Es schließt sich nach außen möglichst lärmdicht ab, erfreut seine Besucher mit Bildern und mit intimen Appartements, in denen eine vergnügliche Ottomane à la Récamier die Bewohner dazu einlädt, sich einmal anders als im Alltag gewohnt zu lagern." Keine Frage, das Hotel Stadt Hamburg ist vorbildlich ruhig. Hier dringen kein Lärm und keine Hektik ein. Entsprechend erholsam ist nach einem langen Strandtag oder einem ausdauerndem Spaziergang der Aufenthalt in einem der 72 Zimmer und Suiten. Außerdem laden die langen winkeligen Flure zum Verweilen ein. Denn überall nehmen Stilleben, kunstvolle Blumenarrangements und Vasen sowie altes Mobiliar beim Flanieren den Blick gefangen. Die Aura, der Glanz, der edle Stil und die kultivierte Schönheit einer vergangenen Zeit werden in dieser exklusiven Herberge zum täglichen Ereignis.

Besonders im jüngsten Anbau, dem Gartenflügel im Grünen mit seinen 22 neuen, besonders luxuriös ausgestatteten Suiten, geben erlesener Geschmack und feine Behaglichkeit den Ton an. Sie sind alle individuell geschnitten und mit großem Komfort und hoher Funktionalität gestaltet. Beispielhaft sind Details wie die breite, mit Roßhaar bespannte Kofferablage mit zwei Ebenen, auf der selbst Hartschalenkoffer leicht zu öffnen sind; darunter befindet sich ein Schuhfach. Ein Zimmer weiter offerieren geräumige Schränke viele Kleiderbügel, außerdem Minibar, Safe sowie ein separates Schmutzwäschefach. Der anschließende Wohnbereich mit breitem Durchgang zum Schlafzimmer ist wie

Das „Bistro Stadt Hamburg" setzt Maßstäbe: Der Boden ist aus alten Eichenbohlen, und das exquisite Interieur wärmt auch, wenn sich der Himmel einmal wolkenverhangen zeigt.

The "Bistro Stadt Hamburg" sets standards: The floor is made of old oak beams and the exquisite interior gives you a feeling of warmth when the day is overcast.

Abendlicher Strandspaziergang beim malerischen Sonnenuntergang

An evening walk during the picturesque sunset.

Others regularly visit "their" island, that offers something for everyone from Morsumer Kliff, one of the most important geological monuments in Germany to the modern Panorama Westerlands. "Make seaside resorts and your seagulls and terns will get golden wings" it is said in "Vogt von Sylt" from the year 1851. Three years after that the first visitors came to Westerland. There were 98 in 1855, when Westerland had just 466 inhabitants. Now it's about 9,000 inhabtiants and about 30,000 visitors during the high season. The qualities of Sylt as a holiday resort were discovered and "invented" by the political liberal Theodor Mügge, who wrote as features writer and founder of the "national newspaper", the "Vogt von Sylt" as well as by another citizen of Berlin – the writer Julius Rodenburg. "How lonely it is on Sylt" he exulted. Then Sylt was the pearl of the North Sea, fairly untouched and its suitability as a curative seaside resort just realised a decade before. The rich in tradition "Hotel Stadt Hamburg" also stemmed from this time. When Samuel Nicolai Quitzow built the one-storeyed main house in the classic Friesian style, it was 1869. Today, Harald and Monika Hentzschel manage the first class domicile as a family business, all be it in the third generation. "While everything in the small town struggled to be aspiring, the first house in the place is still – the Hotel Stadt Hamburg -which remains based on reality"

alle anderen Räume in Zusammenarbeit mit der Innenarchitektin Jutta Gräfin Reventlow farblich mutig gestaltet – florale Muster werden mit Streifendessins in pastellfarbenen Tönen kombiniert. „Wir wollen den Urlaubern und unseren vielen Stammgästen ein Stück klassisch-schöne Wohnkultur bieten", erläutert Harald Hentzschel, von Haus aus Betriebswirt, die Philosophie des Hotels Stadt Hamburg. „Deshalb haben wir auch keine Hotelausstatter oder -designer beauftragt, sondern eine Innenarchitektin, mit der meine Frau und ich zusammen unsere Ideen verwirklichen." Entsprechend dieser Idee vervollständigen ein Sekretär und Cocktailsessel sowie ein kleiner Beistelltisch den Wohnraum. Stereoanlage und Farb-TV, Faxanschluß und Zweittelefon am Bett sowie Drittgerät im verschwenderisch ausgestatteten Bad sind weitere komfortable Details des Interieurs. Das schöne, geräumige Bad hat Fußbodenheizung und ist mit Marmorwaschtisch und weißen Kacheln ausgestattet, die perfekt mit der rosafarben marmorierten Decke harmonieren. Zusätzlich verfügt es über Bidet, Rasierspiegel sowie ein separates WC. Neben der Badewanne oder der Dusche sind Heizschlangen angebracht, die Handtücher trocknen und wärmen. Da jedes Zimmer individuell ausgestattet ist und seinen eigenen Charakter hat, versuchen die Damen und Herren an der Rezeption Gästen immer zuerst ihr gewohntes Zimmer wiederzugeben.

Auch sonst umsorgen die dienstbaren Geister im Hause ihr Publikum auf Wunsch rund um die Uhr. Es gibt einen 24-Stunden-Getränkeservice, und die Schuhe werden noch von Hand geputzt. Hier wird das Frühstück zu jeder Tageszeit, „ohne sich einen Wecker stellen zu müssen", noch behutsam und freundlich am Tisch serviert. „Old fashioned", wie Patron Harald Hentzschel schmunzelnd ausführt. Außerdem bittet der unaufdringliche, aufmerksame

Eine exquisite Heimeligkeit erfüllt das mit viel Liebe eingerichtete Kaminzimmer im Stammhaus.

It achieves an exquisite homeless with a chimney room in the main house with a lot of love of detail.

praised Rudolf Walter Leonhardt all of 25 years ago in Zeit magasine in a series about "The best hotels in Germany". "It cuts itself off from outside noise, delights its visitors with pictures and with intimate apartments in which a pleasurable Ottoman à la Récamier entices the occupant to rest somewhat differently from the way that he's used to". There's no question, the Hotel Stadt Hamburg is exemplary quiet. Here, no noise and no hectic forces its way in. The stay in one of the 72 rooms and suites is correspondingly relaxing after a long day on the beach or an enduring walk. In addition, the long, twisty corridors entice you to linger. As everywhere still-life, artistic flower arrangements and vases as well as old furniture catch your eye while you're strolling around. The aura, the shine, the noble style and the cultivated beauty from a bygone age is a daily experience in this exclusive inn. Especially in the latest extension, the garden wing, among the greenery, with its 22 new, exceptionally luxuriously furnished suites, where exquisite taste and fine comfort set the tone. They are all individually styled and arranged with great comfort and high functionality.

Exemplary are details like the wide, horse hair covered suitcase-stand with two levels, on which even hard suitcases are easily opened, with a place for shoes underneath. One room further, roomy cupboards offer many coat-hangers, in addition a mini bar and safe as well as a separate dirty linen bin. The following living area with a wide entrance to the bedroom is, like all the other rooms, in conjunction with the interior decorator Jutta Gräfin Reventlow, designed with courageous colour – floral patterns are combined with

Service zum Dinner in das „Stadt Hamburg", das renommierte, geschickt in mehrere Räume aufgeteilte Restaurant des Hauses. Souverän geleitet von Klaus-Otto Klimek, der wie die meisten Mitarbeiter dem Hause schon lange verbunden ist. Diese personelle Kontinuität wissen Stammgäste besonders zu schätzen.

Ungezählte Stiche und Gemälde schmükken auch im Restaurant die Räumlichkeiten, darunter ein Werk des Hamburger Impressionisten Professor Ernst Eitner (1867–1955) – „Drei Mädchen am Strand". Im „Stadt Hamburg" speist man auf englischen Mahagonistühlen mit champagnerfarbener Tischwäsche – eben feiner britischer Landhausstil in exklusiver Ausführung.

striped designs in pastel tones. "We want to offer the holiday makers and our many regular clients a piece of classically beautiful living culture", Harald Hentzschel, who is by profession a Master of Business, explained the philosophy of the Hotel Stadt Hamburg. "That's why we didn't commission a hotel furnisher or designer, but an interior decorator with whom my wife and I were able to realise our ideas". Corresponding to these ideas, a secretaire and cocktail chair as well as a little occasional table for the living room completes the picture. Stereo unit and coloured TV, fax connection and second telephone by the bedside as well as a third one in the lavishly equipped bathroom are further interior comfort details. The large roomy bathroom has underfloor heating and is equipped with a marble wash basin and white tiles on the floor and walls. The ceiling is of pink coloured wallpaper. In addition, it has a bidet and shaving mirror as well as a separate WC. Beside the bath and shower there is a heated towel rail so that the towels are dry and warm. As every room is individually furnished and has its own character, the ladies and gentlemen in reception try to give guests their usual room again. The willing hands in the house attend to the desires of the public round the clock. There's a 24 hour room service and shoes are still cleaned by hand. Here breakfast is served at any time, "without having to set the alarm clock" and is brought to the table with care and friendliness "Old fashioned", as Harald Hentzschel smilingly explains. Also, the unobtrusive, attentive service invites you to dine in the "Stadt Hamburg", the famous hotel restaurant which is cleverly distributed between several rooms. Extremely well managed by Klaus-Otto Klimek, who, like most of the staff, has been attached to the house for a long time. Regular guests much appreciate this continuity of personnel. Innumerable engravings and paintings also decorate the rooms in the restaurant, among them the work of a Hamburg impressionist Professor Ernst Eitner (1867–1955) -"Three girls on the beach". In "Stadt Hamburg" you dine from English mahogany seats with champagne coloured table cloths - fine British country house style in an exclusive implementation. The Maître d'hotel serves a fresh, light cuisine that the chef has put together in a combination of classic French, fantasy full Mediterranean inspiration and insular emphasis. Ulrich Person who learned at "Brenner's Parkhotel" and later worked for a long time at "Nassauer Hof" is also responsible for the style of cooking in the new "Bistro Stadt Hamburg". Still-life sun flowers in the upholstered wall benches set the tone here. There's a sense of warmth in the yellow-blue interior even when the sky is overcast. The guest who sits in the old chimney room in the main house is entirely transported from the present day. Those who come in feeling refreshed by the sea waves or after a walk on the nearby cure promenade, sit at the secretaire from the last century but want to write some holiday greetings, are served an aperitif in the deep armchair, or (at the open fireplace) pensively follow the hand of the antique grandfather clock, truely know how to enjoy life in the discreet charm of a comfortabl salon.

Der Maître d'hôtel läßt eine frische, leichte Cuisine auftragen, die der Küchenchef aus klassisch-französischen Akzenten, phantasievollen mediterranen Inspirationen und insularen Schwerpunkten kombiniert.

Ulrich Person, im „Brenner's Parkhotel" geschult und später lange Zeit im „Nassauer Hof" tätig, ist auch für den Küchenstil des neuen „Bistro Stadt Hamburg" verantwortlich. Stilisierte Sonnenblumen auf den gepolsterten Wandbänken geben hier den Ton an. Dabei wärmt das in Gelb-Blau gehaltene Interieur auch dann, wenn sich der Himmel einmal wolkenverhangen zeigt. Vollends der Gegenwart entrückt ist der Gast im alten Kaminzimmer des Stammhauses.

Wer, erfrischt von der Meeresbrandung oder nach einem Spaziergang auf der nahen Kurpromenade, am Sekretär aus dem vorletzten Jahrhundert Platz nimmt, um Urlaubsgrüße zu schreiben, sich im tiefen Ohrensessel einen Apéritif servieren läßt oder am offenen Kamin versonnen dem Zeiger der antiken Standuhr nachgeht, der vermag das Leben im diskreten Charme eines gemütlichen Salons wahrlich genießen.

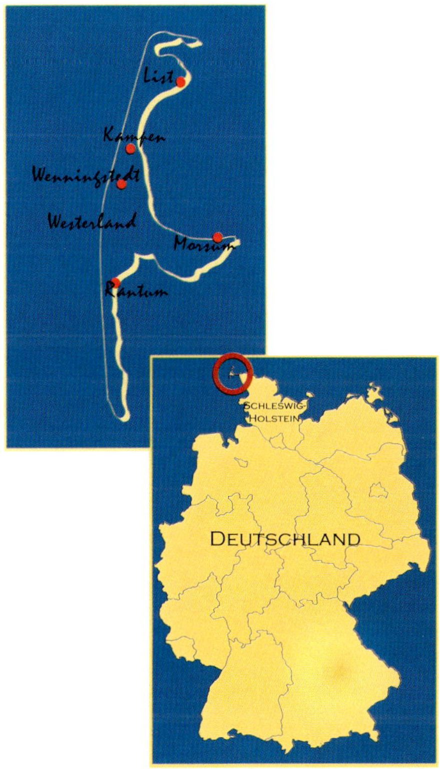

Drei Mädchen am Strand: ein Werk des Hamburger Impressionisten Professor Ernst Eitner (1867–1955).

Three girls on the beach: The work of the Hamburg impressionist Professor Ernst Eitner (1867–1955).

Ein englischer Traum

Chewton Glen

An English dream

Text: Günter Ned
Fotos: Ydo Sol

Zwischen dem New Forest, dem historischen Jagdgebiet der englischen Könige, und den Kliffs der Kanalküste gegenüber der Isle of Wight liegt ein verträumter Herrensitz aus dem 18. Jahrhundert. Er umgibt seine Besucher mit dem Luxus eines der exklusivsten britischen Country-Hotels und mit zauberhaften Ambiancen im englischen Landhausstil.

Situated between the New Forest, the historical hunting grounds of English kings and the cliffs of the Channel coast opposite the Isle of Wight is a dreamy 18th century manor. It envelopes its visitors in the luxury of one of the most exclusive British country hotels and the magic ambience of a period English country house.

Stilvolle Gastgeber auf Chewton Glen: Brigitte und Martin Skan.

Hosts with style at Chewton Glen: Brigitte and Martin Skan.

"We are always aiming at the best". This slogan has brought Martin Skan luck. When he, an Englishman from head to toe with a charming sense of humour and nonchalant worldliness, bought Chewton Glen thirty years ago, the hotel had 8 bedrooms and 1 bath, and a leaking roof. "But I was young and correspondingly arrogant", says Skan, with the result that even without hotel and catering skills he plunged into making the Chewton Glen one of the most delightful British country house hotels, showered with accolades and highly recommended by international guides. The selective personal care of guests, which has always been one of the hallmarks of this exclusive haven on the English Channel coast, must have been part of the secret of success right from the start and, in 1991, he became Hotelier of the Year. Some 22 years ago, Skan met a very attractive lady with a beautiful Swiss accent and this meeting brought him private happiness. Since then, Brigitte Skan has become the lady of Chewton Glen, and has helped to create the artistic ambience of this haven of luxury. Her talent for decor has magically transformed this early 18th century manor, set in 72 acres of parkland, into a beautiful English country house. People used not to refurbish their rooms all at once. They started with the curtains, then at a later date replaced the wallpaper and furniture coverings, not always in the same fabric. Everything was colourfully thrown together, sometimes very daringly, and, as a result, colour came into English country style houses. Of course, Brigitte Skan has designed her rooms and suites in one style, but so artistically as if it were an old art. She highlights her interiors with pretty, fanciful knick-knacks. Exclusive Colefax and Fowler fabrics are often used, for example: one of the 12 generous rooms in the latest addition, the Croquet Lawn rooms, is in fuchsia red; at the same time, delightful framed pictures of fuchsias are hung on the walls. A slightly more classically decorated room has just been completed; in this room, the fabric Toile de Jouille appears on the walls, sofas and curtains, printed with Christopher Moore's "Rousseau" design – country scenes with blue figures on a white background. Surprisingly there

W*e are always aiming at the best! Unser Ziel ist immer nur das Beste!* Dieser Wahlspruch brachte Martin Skan Glück. Als er, Engländer vom Scheitel bis zur Sohle, vom liebenswürdigen Humor bis zur nonchalanten Weltläufigkeit, vor dreißig Jahren „Chewton Glen" kaufte, präsentierte sich das Hotel mit acht Zimmern, einem Bad, einem undichten Dach und hatte soeben einen Besitzer bekommen, der von keiner Ahnung belastet war, wie man ein Hotel führt.

„Aber ich war jung und entsprechend arrogant", und so stürzte sich der Autodidakt in eine Investitions- und Aufbauarbeit, die „Chewton Glen" zu einem der hinreißendsten britischen Country-Hotels machte, verwöhnt mit Auszeichnungen und hervorragend empfohlen von den internationalen Guides. Die ausgesuchte Umsorgung der Gäste, bis heute eines der Markenzeichen des exklusiven Refugiums an der englischen Kanalküste, muß von Anfang an Teil des Erfolgsgeheimnisses gewesen sein. Und vermutlich ließ der Hotelier des Jahres 1991 vor 22 Jahren einem bestimmten Gast, dieser attraktiven jungen Dame, die einen so feinen Schweizer Akzent ins Englische mischte, ganz besondere Aufmerksamkeit angedeihen. Jedenfalls brachte ihm das Talent zum brillanten Gastgeber auch sein privates Glück.

Seither ist Brigitte Skan Herrin auf „Chewton Glen", und ohne die Schöpferin der malerischen Ambiancen wäre das Luxusrefugium in der 40 Hektar großen englischen Parklandschaft sicher weniger märchenhaft. Ihr innenarchitektonisches und dekoratives Talent verzauberte den Herrensitz aus dem frühen 18. Jahrhundert mit allen Schönheitsessenzen englischer Landhäuser. „Die Leute renovierten frü-

Laden ein zum Relaxen: Golfplatz und Schwimmbad im Park.

Inviting for relaxation: golf course and swimming pool in the park.

is an armchair covered in brilliant blue in the middle of the room. Throughout the whole house – in the sitting rooms, corridors, the Morning Room with its light-giving glass dome, or around the open fireplace in the Elphinstone lounge – lovingly arranged and tastefully matched details catch the eye. For example, there are old coloured copperplate prints and valuable antiques, a 19th century sewing set under a glass-topped table, cherubs painted on a particularly beautiful wallpaper and a tennis racket from bygone days, leaning in the corner. As you step inside the hotel, you have the feeling everything has been carefully planned. The English country house style blossoms at Chewton Glen, under the careful eye of Brigitte Skan, and the visitor is invited to dream with her. In the English language, "Glen" means a narrow stream; a small valley called "Chewton

her ihre Räume nicht in einem Zug. Sie erneuerten die Vorhänge, ein andermal die Tapeten, dann wieder die Möbelbezüge, und sie nahmen immer andere Stoffe. Alles wurde bunt zusammengewürfelt, manchmal auch etwas gewagt, und so kam das Farbenfrohe in den englischen Landhausstil."

Brigitte Skan gestaltet ihre Zimmer und Suiten natürlich aus einem Guß, aber so kunstvoll, als wären sie nach alter Art geworden. Dabei überhöht sie ihre Interieurs mit phantasievollen sublimen Verspieltheiten. So sind die kostbaren Colefax-und-Fowler-Stoffe in einem der zwölf großzügigen Zimmer im jüngsten Anbau, dem Flügel an der Croquet-Wiese, in Fuchsienrot gehalten, und zugleich zieren hübsch gerahmte, farbige Bilder des Nachtkerzengewächses die Tapeten. Ein etwas klassischer gestalteter Raum wurde soeben fertig. Dort ist der Stoff, erlesener Toile de Jouille, auf Wänden, Sofas und Vorhängen mit dem „Rousseau"-Design von Christopher Moore bedruckt, ländlichen Szenen mit blauen Figuren auf weißem Grund, und mitten im Raum überrascht ein Sessel in strahlendem Blau.

Emergency
Exit

Die Ambiance der Marryat-Suite: Traumhafter englischer Landhausstil.

The ambiance of the Marryat suite: wonderful English country style.

Romantik am Kamin.

Romantic fire-side.

Bunny" runs through the parkland and golf course next to the house, and winds its way down to the sea. Those who take this idyllic path towards the sea will, after about ten minutes, find themselves on the cliffs overlooking the English Channel. If the weather is clear, one can look out to the Isle of Wight and across to Christchurch. In the 18th century, Chewton Bunny served as a secret trail for smugglers travelling inland from the sea. Today the small valley offers possibilities for jogging or wandering down romantic pathways. Chewton Glen lies on the southern edge of the New Forest, the legendary hunting ground of English kings, and is the largest open forest area in southern England. Wild horses graze along the roadsides, pigs wander around freely eating the acorns and, by doing so, kindly provide the most wonderful bacon. Together with scrambled eggs, this is part of the excellent breakfast served at Chewton Glen, winner of The Best Country House Hotel award in 1994. The 900,000 acre New Forest is also the setting for the children's book "The Children of the New Forest" which was written by Captain Frederick Marryat in 1848; the English mariner and author collected material for this story at Chewton Glen which, at that time, belonged to his brother Colonel George Marryat. To this day, "The Children of the New Forest" is still a very popular book. The 53 bedrooms and suites are named after the famous captain, after the ships he sailed and after the characters and titles of his stories. There are no two bedrooms alike, and the modern luxury leaves nothing to be desired. Every comfort and convenience has been well thought out, from the spacious

Im ganzen Haus, in den Wohnräumen, den Fluren, im Morning Room mit seiner lichtvollen Glaskuppel, in der Garten-Lounge beim Afternoon Tea oder am Kamin der Elphinstone-Lounge wird das Auge gefangen von liebevoll arrangierten, geschmackvoll abgestimmten Details, alten kolorierten Stichen und wertvollen Antiquitäten, filigranen Nähutensilien aus dem 19. Jahrhundert unter der Glasplatte eines Tisches, einer Serie wonnig gemalter Cupido auf einer besonders schönen Tapete oder einem Tennisracket aus vergangener Zeit, das in der Ecke lehnt. „Chewton Glen" empfängt seine Gäste nicht mit gewöhnlich gewachsener Wohnlandschaft. Auf „Chewton Glen" blüht englischer Landhausstil, wie Brigitte Skan ihn träumt, und der Besucher ist eingeladen, mitzuträumen.

Unter „Glen" versteht man im Englischen ein enges Flußtal. Der Lauf, der sich durch die Parklandschaft und den Golfplatz am Haus bis zur See schlängelt, heißt Chewton Bunny, und wer auf dem idyllischen Pfad am Flüßchen in Richtung Meer spaziert, steht nach zehn Minuten auf den Highcliffs der Kanalküste. Bei klarem Wetter blickt man hier, zwischen New Milton und Christchurch, bis hinüber zur Isle of Wight.

Chewton Bunny diente im 18. Jahrhundert den Schmugglern als geheime Verbindung ins Landesinnere. Heute ist das Tal eine von vielfältigen Möglichkeiten, auf romantischen Wegen zu joggen oder zu wandern, vielleicht bis tief in den New Forest, das legendäre Jagdgebiet der englischen Könige, an dessen Südrand „Chewton Glen" liegt. Im größten freien Waldgebiet Südenglands zupfen wildlebende Pferde das Gras von den Straßenrändern. Schweine tummeln sich frei, fressen würzige Eicheln und sorgen so freundlich für den köstlichen Schinken, der gebraten zum frischen Rührei als Highlight des exzellenten Frühstücks im „Best Country House Hotel 1994" geschätzt wird. Und das 37544 Hektar große Wald- und Heideland stellte auch den Schauplatz für „Die Kinder des New Forest", ein Werk von Frederick Marryat.

Sterne-Cuisine, in eleganten Restaurants präsentiert von einem exzellenten Team: Sommelier Mark Walter, Maître d'Hôtel Patrick Gaillard, Souschef Luke Matthews und Küchenchef Pierre Chevillard.

Star-studded cuisine presented by an excellent team in elegant surroundings: Sommelier Mark Walter, Maître d'Hôtel Patrick Gaillard, Sous Chef Luke Matthews and Head Chef Pierre Chevillard.

Attraktiver Hintergrund: der vorzüglich sortierte Weinkeller. Sommelier Mark Walter empfiehlt kenntnis- und einfallsreich aus über 400 Positionen.

The selected and well-stocked wine cellar has an attractive setting in the restaurant. Sommelier, Mark Walter, qualified and full of ideas, recommends from a stock of 400 different wines.

Der englische Seefahrer und Schriftsteller sammelte im Jahr 1848 auf „Chewton Glen", das damals seinem Bruder George gehörte, Material für seinen Roman. Er ist bis heute ein Standardtitel der englischen Jugendliteratur geblieben.

Nach dem berühmten Captain, nach den Schiffen, die er segelte, nach den Figuren und Titeln seiner Romane sind die 53 Zimmer und Suiten benannt. Kein Interieur gleicht dem anderen, der moderne Luxus läßt keine Wünsche übrig. Jeder Komfort ist durchdacht: von geräumigen Garderoben mit großem Schminktisch, von vielfach verspiegelten Marmorbädern mit Molton-Brown-Kosmetik bis zu täglich frischem Obst und Blumen, Eis, Wasser, Butterkeksen, Sherry in der Kristallkaraffe oder einem ideal plazierten Lesesessel. Tagsüber fällt das Licht durchs Fenster auf die Buchseiten, abends leuchtet die Stehlampe.

Der historische Kern von Chewton Glen erinnert noch an das Herrenhaus aus dem Jahr 1732.

The historical heart of Chewton Glen is still reminiscent of the Manor house from 1732.

Ob man sich vom Chauffeur am Airport abholen läßt oder mit dem Helikopter am Landeplatz des Hotels aufsetzt, Direktor Peter Crome sorgt für herzlichen Empfang.

Whether one arrives by chauffeur-driven car from the airport or by helicopter at the hotel's own helipad, Director Peter Crome gives a warm welcome.

wardrobes and large vanity tables, to the many mirrored marble bathrooms; Molton Brown cosmetics, fresh fruit and flowers, ice, water, butter biscuits, sherry in a crystal decanter and a comfortable reading chair are all provided. Daylight floods in through the windows onto the pages of your book, and in the evening a well positioned reading light can be switched on. From the terraces and balconies one can look over the gardens to the old oak and spruce trees in the park with its 9-hole par 3 golf course. This is not the only opportunity for golfers to enjoy their hobby. This traditional sport is much less expensive in England than in Germany, and within a radius of 20 miles there are 12 of the most beautiful British courses. Barton Golf Course is nearby, with its lovely views of the sea, and also within reach is the Isle of Purbeck club where the open sea is one side and Poole Harbour the other – the second largest natural harbour in the world. It is a real pleasure for Peter Crome, the Director of Chewton Glen, to introduce his guests to these clubs because until 1994 he was manager of the luxurious Old Course Hotel at St. Andrews, the birthplace of golf. This charming man, who is your host right down to the very bottom of his heart, spoils his visitors around the clock with an everattentive, well-trained team. The staff of 140 are all masters of the art of quickly getting to know the exact requirements of each guest personally, and at the same time using the utmost discretion. Besides the devoted young team of staff, there are personalities such as Giuseppe "Joe" Simonini, Deputy Director, who is most fluent in the German language, or Head Barman, François Rossi. Both of them are part of the aura of Chewton Glen, having worked at the hotel for almost three decades. Head Chef Pierre Chevillard, Maître d'Hôtel Patrick Gaillard, and the young Mark Walter, the 1994 Sommelier of the Year, have been ensuring culinary experiences for 17, 10 and 5 years respectively, a fact which the Michelin Guide has honoured with its

Von den Terrassen und Balkonen geht der Blick auf die Wiesen, die alten Eichen und Kiefern des Parks und auf den 9-Loch-Parcours. Er ist freilich nicht die einzige Gelegenheit für Golfer, ihrer Passion zu frönen. Der Traditionssport ist in England weit weniger kostspielig als etwa in Deutschland, und im Umkreis von 20 Meilen locken zwölf der schönsten britischen Resorts: vom ganz nahen Barton mit Sicht aufs Meer und die Isle of Wight bis zum herrlichen Club Isle of Purbeck, wo auf der einen Seite der Grüns das offene Meer liegt und auf der anderen der Hafen von Poole, der zweitgrößte Naturhafen der Welt.

Peter Crome, der Direktor von „Chewton Glen", macht sich ein Vergnügen daraus, seine Gäste in die Clubs einzuführen, nicht zuletzt deshalb, weil er bis 1994 das luxuriöse „Old Course Hotel" in St. Andrews, der Geburtsstätte des Golfsports, leitete. Der charmante Gentleman, mit Leib und Seele Gastgeber, verwöhnt sein Publikum rund um die Uhr mit einem geschliffenen Serviceteam. 140 Damen und Herren beherrschen die Kunst, sich einfühlsam und schnell mit den persönlichen Vorlieben der Gäste vertraut zu machen und zugleich feine Diskretion zu wahren.

Neben einer engagierten jungen Crew gehören Persönlichkeiten wie Giuseppe „Joe" Simonini, stellvertretender Direktor und gut mit

much coveted star. In the Conservatory, Marryat and Garden Restaurants, elegant service and creative cuisine offer the best products of the local region, repudiating the myth that one cannot eat well in England. These are tastefully matched with wine recommendations. Of course, Martin Skan has already added new sections to the historical heart of Chewton Glen, with its ivy-covered bricks and white painted gables. However, the dreamy, old manor has lost nothing of its intimacy or harmony as a building. This harmony extends right through to the classical columns of the recently added health club, which blends perfectly with the old building to make it an ultimate architecturally attractive sanctuary. One only has to take a short walk in the park, past the outdoor swimming pool, until one comes upon the health club with its indoor pool, beauty and fitness centre, a milestone in the conception of modern spas. The hotel is a member of "Relais & Chateaux" and "Leading Hotels of the World". Top class beauticians and therapists offer over 30 beauty care treatments and combine innovative technology with luxurious comfort. A whirlpool, 2 saunas, a steam room, solarium, computerized gymnasium and unisex hairdressing salon are a matter of course. Those who like to enjoy a massage under practised hands, after a tennis match (one all-weather outdoor court and two indoor courts), a hunting trip or fishing on the Avon, can relax in the 16 m long pool and will certainly get the feeling of being in a classical Roman bath. Reality or illusion, you will no longer know what is real – the columns in the room or the trompe l'oeil frescoes by Christopher Boulter; the woolly clouds painted on the ceiling or the sky in the glass dome. Later, when taking an aperitif, a guest says to Brigitte Skan with distinguished English enthusiasm – "We must say, you do indeed have a wonderful place here!"

der deutschen Sprache vertraut, oder Barchef François Rossi bereits zur Aura von „Chewton Glen". Beide sind seit fast drei Jahrzehnten zur Stelle, wann man sie wünscht. Küchenchef Pierre Chevillard, Maître d'hôtel Patrick Gaillard und der junge Mark Walter, Sommelier des Jahres 1994, sorgen seit 17 bzw. 10 und 5 Jahren für kulinarische Ereignisse, die der Guide Michelin mit einem seiner begehrten Sterne auszeichnete. Im Wintergarten, im Restaurant Marryat und im Gartenrestaurant strafen eleganter Service, kreative Küche mit besten Produkten der küstennahen Region und geschmackssicher abgestimmte, oft überraschungsvolle Weinempfehlungen das Vorurteil Lügen, England sei kein Ort, um fein zu speisen.

Martin Skan hat den historischen Kern von „Chewton Glen" mit der efeuumrankten Backsteinfassade und den weißlackierten Holzgiebeln natürlich längst durch Flügel wachsen lassen. Der verträumte Landsitz hat dabei weder innen an Intimität noch außen an baulicher Harmonie verloren bis hin zur klassischen Säulenfront des Health-Clubs mit der Patina originaler alter Backsteinmauern.

Spaziert man, vorbei am Schwimmbecken im Park, vor seine hohe Glasfassade, blendet ein elegantes und architektonisch reizvolles Bild auf, denn hier präsentiert sich das „Relais-&-Château"-Refugium, Mitglied der „Leading Hotels of the World", mit einer Pool-, Beauty- und Fitneßanlage, die einen Markstein moderner Spa-Konzeption setzte. Erstklassige Kosmetikerinnen und Therapeuten bieten über 30 Schönheits- und Pflegeprogramme, verbinden innovative Technologie mit luxuriösem Komfort. Whirlpool, zwei Saunen und Dampfbad, Solarium, computergesteuertes Fitneßzentrum und Friseur für Damen und Herren sind selbstverständlich, und wer, vielleicht nach einem Tennismatch (ein Außenplatz, zwei Indoorcourts), einem Jagdausflug oder einem Fischzug im Avon, von geübten Händen massiert wurde und sich dann im 16 Meter langen Pool treiben läßt, fühlt sich in einen klassisch römischen Badetempel versetzt.

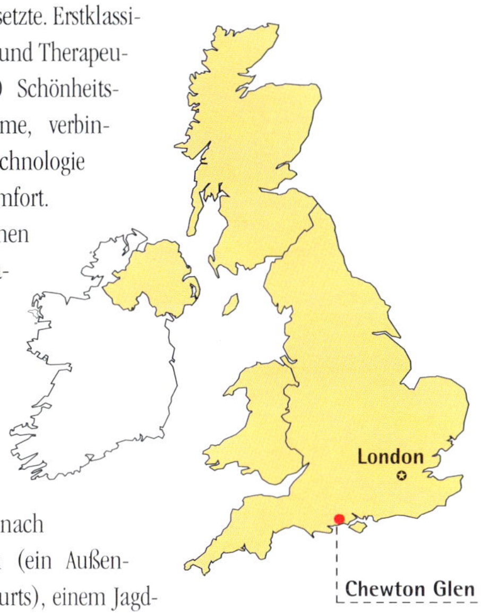

Reizvoll verschwimmen Realität und Illusion, man weiß nicht mehr, was wirklich ist, die Säulen im Raum oder die auf der Trompe-l'œil-Malerei von Christopher Boulter, die Schäfchenwolken an der Decke oder der Himmel in der Glaskuppel, und später, beim Aperitif, sprechen einem Gäste aus dem Herzen, die Brigitte Skan mit distinguierter englischer Begeisterung versichern: „We must say, you have a wonderful place here, indeed!"

Château de la Messardière

Text: Günter Ned · Fotos: Ydo Sol

Das Klacken der Boules-Kugeln unter den Platanen der Place des Lices, zwei Dutzend Baguettes im Mehlsack auf einem Moped, das durch idyllische Gassen braust, ein strahlendes Lächeln auf dem Fischmarkt am Place aux Herbes: „Monsieur, beaux poissons!", die sehnsuchtsvollen Rufe der Pfauen auf der Zitadelle – Momentaufnahmen von Saint-Tropez, Mosaiksplitter um ein malerisches Tableau: das Château de la Messardière. Hoch oben über dem berühmten Fischerdorf eröffnet das stille, stilvolle Refugium traumhafte Blicke auf den Golf von Saint-Tropez wie auf die Strände von Pampelonne.

The clicking of the boule balls under the plane trees at the Place des Lices, two dozen baguettes in the pannier on the moped that roars through the idyllic lanes, a radiating smile from the fish market on the Place aux Herbes: "Monsieur, beaux poisson!", the haunting cry of the peacocks on the citadel – momentary memories from Saint-Tropez, fragments of mosaic on a painted tableau: the Château de la Messardière. High above the famous fishing villages the tranquil, stylish refuge allows a fantastic view of the Gulf of Saint-Tropez and the beaches of Pampelonne.

Oase der Ruhe in Saint-Tropez

An oasis of calm in Saint-Tropez

Saint-Tropez

Das Licht muß verliebt sein in die Farben von Saint-Tropez, sonst würden seine Strahlen ihnen nicht die Kraft geben, so wunderbar zu leuchten, den Pastelltönen der Fassaden um den alten Hafen, dem Blau der Fensterläden in den schmalen hohen Gassen, in die die Sonne fällt. Paul Signac hat dieses Licht eingefangen, nachdem er 1892 mit seinem Segler Olympia landete und blieb. Damals war das Fischerdorf noch „eine jener liebenswerten Töchter des Meeres, eines jener guten kleinen und bescheidenen Städtchen, die wie eine Muschel ins Meer getaucht sind". Guy de Maupassant schrieb das. Seine Yacht war vier Jahre früher vor Anker gegangen.

Signacs berühmtes Bild mit den Tartanes, den kleinen Fischerbooten mit den hohen Masten, die mit geblähten Segeln vor der pittoresken Szenerie am Quai kreuzen, wirkte magisch. Es zog Maler wie Segonzac, Marquet, Bonnard und viele andere an, die ihn besuchten und ihre eigenen Staffeleien aufstellten.

Schriftsteller wie Colette kamen. Sie lebte und arbeitete in den 20er und 30er Jahren in ihrem Haus an der Baie des Canabiers, und als Mitte der 50er Roger Vadim mit der jungen Brigitte Bardot in Saint-Tropez filmte und François Sagan auf ihrer Terrasse im Hôtel de la Ponche die Schreibmaschine aufstellte und schrieb: „Saint-Tropez ist eine Stadt, ein Dorf, das eine Träumerei auslöst, einen sanften oder auch weniger sanften Wahnsinn"; da hatte eine andere Zeit begonnen. Ein verrückter Taumel wirbelt seither die internationale Schickeria auf und versammelt ihre Schwärme jeden Sommer im Golf von Saint-Tropez. Man präsentiert seine Schönheit und seinen Reichtum vor der legendären Patisserie Senequier wie an den mondänen Stränden von Pampelonne.

The light must be in love with the colours of Saint-Tropez, or else its rays wouldn't be able to give it the strength to illuminate so wonderfully the pastel tones of the facades at the old harbour, the blue of the window shops in the high narrow lanes into which the sun never reaches. In 1892, Paul Signac caught this light, after he landed in his sailing ship Olympia and stayed on. At that time the fishing village was just "one of the loving daughters of the sea, one of the good, modest little towns, like a shell dipped into the sea." Guy de Maupassant wrote that. His yacht anchored four years earlier.
Signacs famous picture of the Tartanes, the small fishing boats with the high masts that are tacking across the picturesque scenery on the quay, has a magical effect. It attracted painters like Segonzac, Marquet, Bonnard and many others who visited it and imprinted it on their easel.
Authors like Colette came. She lived and worked in the 20s and 30s in her house at the Baie des Canabiers, and as, in the middle 50s Roger Vadim filmed in Saint-Tropez with the young Brigitte Bardot, and François Sagan set up her typewriter on

Der ganze Charme St. Tropez': eine Verkäuferin auf dem „Place aux Herbes", fangfrische Fische in der Markthalle, das berühmte Café „Senequier" am Hafenpier, Fischerboote im „Vieux Port".

The complete charm of St. Tropez: a sales assistant at the "Place aux Herbes", freshly caught fish in the market hall, the famous café "Senequier" on the harbour pier, fishing boats at the "Vieux Port".

her terrace at the Hotel de la Ponche and wrote: "Saint-Tropez is a town, a village, that entices dreams, a gentle or a not so gentle madness", another time had begun. Since then, a crazy giddiness has whirled the trendies out and gathered their swarm in the Gulf of Saint-Tropez every summer. One flouts one's beauty and wealth in front of the legendary Patisserie Senequier as well as on the elegant beaches of Pampelonne.

Signacs picture "Le Quai" hangs beside "La Gitane" by Matisse and the other masters works in Musee de l'Annonciade. It's seldom full in there. Outside, the masses roam around the harbour and pass by today's painters. They never get tired of imprinting the same motif on canvass, the red tour and the yellow dome of the church of Saint-Tropez behind the picturesque houses, and they always paint in the romantic, restful fully rigged fishing boats once more, although they are no longer there, having been pushed out by the closely parked hyper modern luxury yachts. Even today, Saint-Tropez still opens up an inspired view. He who knows how to discover its beauty, will be

Gerald Hardy, international erfahrener, sympathischer Direktor mit Charme und Esprit.

Gerald Hardy, an international experienced, pleasant director with charm and wit.

Signacs Bild „Le Quai" hängt neben „La Gitane" von Matisse und anderen Meisterwerken im Musée de l'Annonciade. Es ist dort selten überlaufen. Draußen rollen die Massen um den Hafen und an den heutigen Malern vorbei. Sie werden nicht müde, das immergleiche Motiv auf die Leinwand zu drücken, den roten Turm und die gelbe Kuppel der Kirche von Saint-Tropez hinter den malerischen Häusern, und immer noch einmal setzen sie romantisch ruhende, abgetakelte Fischerboote dort ins Bild, wo sie längst nicht mehr vorhanden sind, verdrängt von eng aneinander geparkten, hypermodernen Luxusyachten.

Die Architektur des Châteaus de la Messardière spielt mit der Symbiose von Orient und Okzident, mit arabischen und europäisch-mediterranen Stilelementen.

The architecture of the Château de la Messardière plays with the symbiosis of Orient and Occident, with Arabian and European Mediterranean style elements.

Das weiche Licht der Côte d'Azur leuchtet wunderbar in den pastellfarbenen Räumlichkeiten des Châteaus und den pinienbewaldeten Gärten.

The soft light of the Côte d'Azur shines wonderfully in the pastel coloured rooms of the Château and the pine wooded garden.

presented with a shimmering chain of surprising moments. For him, a gaily coloured aura filled with light can be felt in Château de la Messardière as a suggestive frame for an unusual domicile.

"A precious stone is only effective in the right setting," underlines Director Gerald Hardy." The aura of Messardière has no connection to the Saint-Tropez of 'Sex and Sun'. It plays with the atmosphere of the painters and authors, the artists and their expressiveness. It reminds you of visitors that came centuries before them, not all with friendly intentions, of the Moors or the Italian settlers from Genoa. They brought art and architectural style, which can still be seen today in the

Und doch öffnet sich Saint-Tropez auch heute noch dem inspirierten Blick. Wer seine Schönheiten zu entdecken weiß, wird mit einer schimmernden Kette überraschungsvoller Augenblicke beschenkt. Für ihn wird eine lichtvolle, farbenfrohe Aura spürbar, im Château de la Messardière als beziehungsvoller Rahmen für ein ungewöhnliches Domizil. „Ein Edelstein wirkt nur in der passenden Fassung", unterstreicht Direktor Gerald Hardy. „Das Fluidum von Messardière knüpft nicht an das Saint-Tropez des ‚Sex and Sun' an. Es spielt mit der Atmosphäre der Maler und Schriftsteller, der Künstler und ihrer Ausdruckskraft. Es erinnert auch an Besucher, die Jahrhunderte vor ihnen kamen, nicht alle in friedlicher Absicht, an die Mauren oder an die italienischen Siedler aus Genua. Sie brachten Künste und Baustile, die bis heute im Ort lebendig sind. Ich versuche immer, meine Profession mit meinem Interesse an Kunst in Einklang zu bringen. Durch die Kunst habe ich schon die faszinierendsten Menschen kennengelernt."

Zu ihnen zählt Victoire, die gegenwärtige Gräfin de la Messardière, eine erfolgreiche Malerin. Das historische Schloß Messardière, Herzstück des heutigen Luxusrefugiums hoch über Saint-Tropez, ist schon seit Jahrzehnten nicht mehr im Familienbesitz. Es wurde Ende des 19. Jahrhunderts erbaut in einem Stil, für den man

town. I always try to harmonize my profession with my interest in art. Through art I have met the most fascinating people." Among them, Victoire, the present Count de la Messardière, a successful painter. The historical castle Messardière, the core of today's luxury refuge high above Saint-Tropez, has not been owned by the family for decades. It was built at the end of the 19th century in a style which in France is called anglo-moorish. It used to be full of numerous English people here, who, at that time, spent the winter in the mild Côte d'Azur and had their castles built in the Arabian architectural style.

J. C. Rochette is the leading French architect for historical buildings. He solved the task of transforming the small castle into a luxury hotel, artistically and picturesquely, while keeping the charm and style of its historical substance, and at the same time, expanding the room capacity ten fold. His concept made the architectural encounter between orient and occident, between Arabic and European-Mediterranean sphere possible. The Moorish manor house was the centre of a generous harmonic layout in the style of the wonderful Italian renaissance villas. Around the castle with its Arabic

in Frankreich die Bezeichnung anglo-mauresque fand. Sie rührt von zahlreichen Engländern her, die damals die Winter an der milden Côte d'Azur verbrachten und ihre Châteaus in arabischen Architekturen errichten ließen.

J. C. Rochette ist der führende französische Architekt für historische Bauwerke. Er löste die Aufgabe, das kleine Schloß zu einem Luxushotel umzuwandeln, Charme und Stil der historischen Substanz zu erhalten und dabei die Raumkapazität um ein Zehnfaches zu erweitern, kunstvoll und malerisch. Sein Konzept arrangiert die architektonische Begegnung zwischen Orient und Okzident, zwischen der arabischen und der europäisch-mediterranen Sphäre. Der mauresque Herrensitz wurde Mittelpunkt einer großzügigen, harmonischen Anlage im Stil der wunderschönen italienischen Renaissancevillen. Um das Château mit den arabischen Türmen, dem pagodischen Stuck der Fensterfassaden sind die neuen Gebäude in der Bauweise der Villa Lanté in Bagnaia bei Rom angeordnet. Maurische Bogengänge wechseln mit florentinischen Marmorsäulen, mit den venezianischen Halbarkaden, die sich über die Loggien spannen. Und die warmen sonnigen Farbtöne der Genueser Tradition empfangen Saint-Tropez' wunderbares Licht.

Zwei bogenförmige Flügel fassen den eleganten weiten Swimmingpool ein. Das ganze Château ist geborgen in einem acht Hektar großen toskanischen Park, und überall öffnet sich über Pinien und Zypressen, Olivenbäumen und Lavendel ein sensationeller Blick, vom Blau des Pools über den Azur des Golfs von Saint-Tropez zu den roten Massiven des Esterel und den Gletschergipfeln der Alpen, in der Gegenrichtung auf die Weinberge von Ramatuelle und die Strände von Pampelonne.

Wohnkultur par excellence: Schlafzimmer und Wohnbereich der toskanischen Suite.

Living culture par excellence: the bedroom and living area of the Tuscan Suite.

HIDEAWAYS

tours, the pagoda styled window facades, the new buildings built in the style of the Villa Lante in Rome, are arranged. Moorish arched walkways interchange with Florentine marble columns and with Venetian half arches that stretch over the loggias. The warm sunny colour tone in the Genoese tradition welcomes Saint-Tropez' wonderful light.

Two arched wings enclose the elegant, wide swimming pool. The whole castle is sheltered in an eight hectare large Tuscan park, and everywhere above pines and cypresses, olive trees and lavender, there opens a sensational view from the blue of the pools over the azure Gulf of Saint-Tropez to the red Massif of Esterel and the tips of the Alpine glaciers, and in the other direction, of the vineyards of Ramatuelle and the beaches of Pampelonne.

The general manager of the castle of Messardière had a passion for sublime interiors. In the luxurious ambience of the 90 rooms and suites, all with a garden, balcony or terrace, every detail is effectively set into the picture. Soft yellow, orange and green tones play on the noble material, Carrera marble shimmers in the bathrooms and all the floors are tiled in wonderful terracotta.

The two large suites in the historic manner concentrate the entire interior architectural finess of Messardière. Both the Tuscan and the Venetian suite stretch the whole width of the house. The terrace of the Tuscan suite on the roof of the restaurant is almost as large as the dining room under it. Those living in the Venetian suite have the fantastic view of the bay with the beaches of Saint-Tropez from every window, including the bathroom. Three piece suites made from terracotta tiles, and expensive carpets convey a warm, bright composition of colours, whose comfort is, even up to the automatically adjustable Treca bed, difficult to surpass in luxury and agreeableness. The magical ambiance naturally has its price; 4,000 DM per night in the high season. Gerald Hardy's love of perfection is shown in the scenery which is styled throughout, as in the determined culinary philosophy. The polished hotelier obtained his passion for the Arabian culture in Syria, one of the numerous sojourns in his international career. Which cuisine could fit into the cultural architectural flair better for him than the culinary art of Jean-Louis Vosgien? The chef from the Vogesen, offers an East-meets-West gourmandise which is full of surprises, in the restaurant, a winter garden where the light flows through, and on the terrace. He compliments the formerly poor, simple cuisine of Provence

Küchenchef Jean-Louis Vosgien bezaubert seine Gäste mit außergewöhnlicher East-meets-West-Gourmandise.

Chef Jean-Louis Vosgien captivates his guests with extraordinary East-meets-West gourmandise.

Der Schloßherr von Messardière hat eine Passion für sublime Interieurs. In der feinen, luxuriösen Ambiance der 90 Zimmer und Suiten, alle mit Garten, Balkon oder Terrasse, ist jedes Details wirkungsvoll ins Bild gesetzt. Weiche Gelb-, Orange- und Grüntöne spielen auf edlen Materialien, in den Bädern schimmert Marmor aus Carrara, alle Böden sind in herrlichem Terrakotta gefliest.

Die zwei großen Suiten im historischen Herrenhaus konzentrieren die ganze innenarchitektonische Finesse von Messardière. Beide Suiten, die toskanische wie die venezianische, gehen über die gesamte Breite des Hauses. Die Terrasse der toskanischen Suite auf dem Dach des Restaurants ist fast so groß wie die Speisestätte darunter. Den herrlichen Blick auf die Bucht mit den Stränden von Saint-Tropez haben Bewohner der venezianischen Suite von allen Fenstern, auch dem des Badezimmers. Sitzgruppen auf Terrakottafliesen und kostbaren Teppichen zeigen warme leuchtende Farbkompositionen, der Komfort ist bis zum automatisch verstellbaren Treca-Bett an Luxus und Annehmlichkeiten schwer zu überbieten. Die zauberhaften Ambiancen haben natürlich ihren Preis, 4000 Mark pro Nacht in der Hochsaison.

Gerald Hardys Liebe zur Perfektion zeigt sich in der durchgestylten Szenerie wie in der schlüssigen kulinarischen Philosophie. Der Faszination der arabischen Kultur erlag der geschliffene Hotelier in Syrien, einer der zahlrei-

with the highly spiced and aromatic fantasy of the Asiatics. The exquisiteness of the red mullet and shellfish salad with tapenade lemon sauce; the sea perch filet with sesame, soja sauce and spring onions; the young pigeon in a herb-crust mantle with sweet n'sour sauce, and just the menu "Jean-Louis Vosgien – A discovery in haute cuisine," displays the aromatic magic of the Orient with no fewer than 28 different spices. When making the creation, the superior quality of the Provence rosé wine is always to be found. It is the ideal accompaniment to Vosgien's dishes.
The cookery courses that the famous chef offers are one of the most sought after activities of the guests from Messardière. Keen golfers have par courses near at hand, there are tennis courts and you can be chauffeur driven to the beach at Tropezina in two minutes if you are looking for aquatic sports. The old town of Saint-Tropez is also no further.
Many people prefer just to enjoy the endless peace at Château de la Messardière; perhaps on the sunny terrace between the bar and the pool being pampered by the young attractive staff. The fairy-tale reminiscence of the architecture reminds many of their childhood dreams. The imaginative strength of the pictures of Victoire de la Messardière, whose soft mystic symbol wings through all the rooms. At some time the soul will be receptive to the beauty of the place, to the flowery magic of Saint-Tropez.

chen Stationen seiner internationalen Karriere. Welche Cuisine konnte ihm zum kulturverbindenden architektonischen Flair passender erscheinenen als die Kochkunst von Jean-Louis Vosgien? Der Cuisinier aus den Vogesen bittet im Restaurant, einem lichtdurchfluteten Wintergarten, und auf der Terrasse zu überraschungsvoller East-meets-West-Gourmandise. Er ergänzt die im Ursprung arme, schlichte Küche der Provence mit der Gewürzvielfalt und aromatischen Phantasie der Asiaten. Köstlich der Fischsalat aus Steinrötlingen und Muscheln „Tandoori Gombava“ mit den delikaten Tandoorigewürzen und Currydressing, das Seebarschfilet mit Sesam, Sojasauce und Frühlingszwiebeln, das Täubchen in der Kräuterkruste mit süß-saurer Sauce, und allein das Menü „Jean-Louis Vosgien – Entdeckung der Haute Cuisine“ führt den Aromenzauber des Orients mit nicht weniger als 28 verschiedenen Gewürzen vor. Im Spiel der Kreationen bleibt dabei die vorzügliche Qualität der provencalischen Rosé-Weine immer im Blick. Sie sind für Vosgiens Gerichte ideale Begleiter.

Die Kochkurse des renommierten Küchenchefs gehören zu den gefragten Aktivitäten der Gäste auf Messardière. Golffreunde finden Parcours in nächster Nähe, für Tennisplätze ist gesorgt, und zum Strand Tropezina, zum Sport auf See wird man in zwei Minuten chauffiert. Nicht länger fährt man in die Altstadt von Saint-Tropez.

Viele genießen einfach nur die unendliche Ruhe im Château de la Messardière, vielleicht auf der sonnigen Terrasse zwischen Bar und Pool, umsorgt von einem attraktiven jungen Team. Die märchenhaften Anklänge der Baukunst erinnern manche an die Träume ihrer Kindheit. Die imaginative Kraft der Bilder von Victoire de la Messardière, ihre sanfte mystische Symbolik schwingt durch alle Räume. Und irgendwann wird die Seele empfänglich, für die Schönheit des Ortes, für den bilderreichen Zauber von Saint-Tropez.

Vom Château de la Messadière aus sind es nur wenige Minuten bis zu den Stränden von Pampelonne. Am Strand „Tropezina“ sind Liegestühle für die Gäste reserviert. Hier empfiehlt sich auch das Restaurant für den Lunch und werden vielseitige Sportmöglichkeiten angeboten.

It's only a few minutes from the Château de la Messardière to the beaches of Pampelonne. On the "Tropezina" beach sun-beds are reserved for the guests. The restaurant here is recommended for lunch, and various sports are offered.

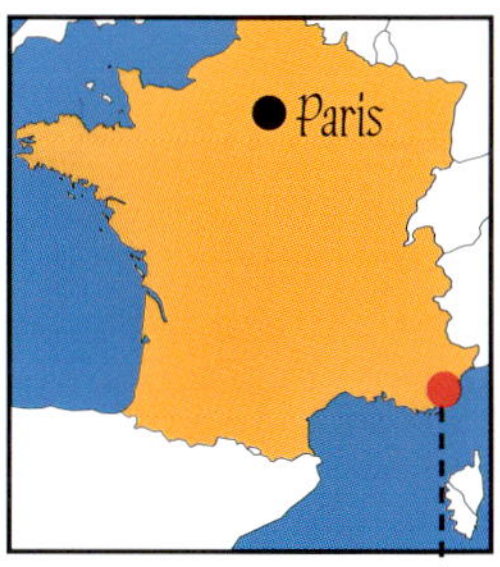

Château de la Messardière
in Saint-Tropez

Touristisch noch wenig erschlossen, als Weinland ein Senkrechtstarter der letzten Jahre, empfiehlt sich Franciacorta für genußvolle Fluchten nach Norditalien. Die Locanda L'Albereta in Erbusco faßt die Highlights der Region am Südufer des Lago d'Iseo einzigartig zusammen. Die schöne Luxus-Herberge liegt mit zauberhaftem Ausblick mitten in den Rebhängen, ist mit einem Spitzenweingut verbunden und dient einem berühmten Koch als Wirkungsstätte.

Text: Günter Ned • Fotos: Ydo Sol

Kulinarisches Refugium in der Lombardei
A culinary refuge in Lombardy

L'Albereta

Locanda in Franciacorta

Franciacorta, a wine-producing area in northern Italy, is scarcely touched by tourism and in recent years has forged ahead as a resort offering delightful breaks. Locanda L'Albereta in Erbusco uniquely combines the highlights of the region on the south shore of Lake Iseo. This beautiful, luxurious hotel with enchanting views located in the middle of a vineyard, is attached to a top quality wine-growing estate and serves as the domain for a famous chef.

Die idyllische Landschaft der Franciacorta liegt in der norditalienischen Provinz Brescia am Südufer des Lago d'Iseo.

The idyllic landscape of Franciacorta is in the northern Italian province of Brescia on the southern shore of Lake Iseo.

The view afforded by the wide window of Gualtiero Marchesi's restaurant is of a picturesque scene. The foreground is sloping and overgrown with a little wood planted many years ago. The Italian word for such a small afforested area is Albereta. Beyond the green tree-tops on the other side of this narrow stretch of land which optically shortens the ten kilometres distance to Lake Iseo, is the lake a blue ribbon reflecting a radiant sky in the afternoon sunshine which surrounds the 400 m. high Montisola, Europe's largest island in a lake. Behind is the fiord of the Camonica valley, cutting deep into the Adamello chain. The Alps – the Corna dei Trentapassi – rise steeply of the water, their snow-clad ridges gleaming like the white houses of Iseo, a vista to warm the heart. Yet the scene does not encompass the whole beauty of Franciacorta, this small area in the Province of Brescia on the south shore of Lake Iseo about 40 minutes drive east of Milan. Whoever is accommodated

Schon der Blick durch die langgezogene Fensterfront des Restaurants Gualtiero Marchesi zeigt eine malerische Szene. Im Vordergrund ist der Abhang mit einem kleinen Wäldchen bewachsen, vor langer Zeit von Menschen angelegt. Das italienische Wort für so ein künstlich angepflanztes Waldstück ist Albereta. Über den grünen Wipfeln, jenseits des schmalen Landstreifens, zu dem die zehn Kilometer bis zum Lago d'Iseo im Blick schrumpfen, liegt der See. Sein blaues Band spiegelt den strahlenden Himmel, schlingt sich in der Nachmittagssonne um Montisola, die 400 Meter hohe, größte europäische Seeinsel. Dahinter biegt der Fjord des Camonica-Tals tief hinein in die Adamello-Kette. Die Alpen, die Corna dei Trentapassi ragen steil aus dem Wasser hoch, ihre schneebedeckten Grate leuchten wie die weißen Häuser von Iseo. Eine Aussicht, die das Herz wärmt.

Und sie faßt noch gar nicht die ganze Schönheit der Franciacorta, dieses kleinen Gebietes in der Provinz Brescia am Südufer des Lago d'Iseo, etwa 40 Autominuten östlich von Mailand. Wer in der Bellavista-Suite wohnt (sie nimmt den ganzen dritten Stock des alten Turms von L'Albereta ein), genießt vor einem Panorama von 360 ° auch, was sonst die Landschaft hier so anmutig und anziehend macht:

die sanften Hügel und die Reben. Die sonnigen Lagen des Weingutes Bellavista beginnen unmittelbar an der Locanda und ziehen sich nach Süden bis auf den Monte Orfano, den „verwaisten Berg", die letzte Anhöhe vor der Po-Ebene.

Vittorio Moretti, der Schöpfer von L'Albereta, ist ein vielseitiger Mann. Die Industriegruppe, die er gründete und mit seiner Familie leitet, beschäftigt sich mit großdimensionierten Bauprojekten zu Wasser und zu Land. Unter Führung der Holding Terra Moretti mit Sitz in Erbusco werden Industriehallen und Kirchen erbaut, unter anderem mit spektakulären Holzgewölben. Wohnbauten entstehen, Sportanlagen, Einkaufszentren. Die Schiffswerft Maxy Dolphin konstruiert und fertigt Segelyachten der Extraklasse.

Ein anderer Unternehmenszweig zeichnet mit dafür verantwortlich, daß sich Franciacorta in den letzten zwei Jahrzehnten zu einem Weinland mit internationalem Renommée entwickelte: Franciacorta Bellavista ist eines der ersten Weingüter der kleinen, aber feinen Rebregion. Ein weiteres Projekt der Moretti-Gruppe ist Contadi Castaldi, ein neues Weingut, das in nur wenigen Jahren große Bekanntheit und starken Zuspruch in der önologischen Welt erfahren hat. Morettis touristisches Engagement schließlich trägt im noch wenig erschlossenen Landstrich

in the Bellavista Suite (it occupies the whole of the third floor of the old tower at L'Albereta), can enjoy a panorama of 360° of the elements which render this landscape so charming and attractive: the undulating hills and the vines. The sunny location of the Bellavista Vineyard begins right at Locanda and stretches south to Monte Orfano, the "deserted mountain", the last hill before the plains of the River Po. Vittorio Moretti, L'Albereta's creator, is a versatile man. The industrial group which he founded and runs with his family, engages in building projects of massive dimensions on land and water. A holding company under the management of Terra Moretti whose head office is in Erbusco, constructs industrial halls and churches with, among other things, spectacular wooden vaulted ceilings. It builds living accommodation, sports complexes and shopping centres. The Maxy Dolphin Shipyard constructs and produces top class yachts.
Another branch of the business has

Multiunternehmer Vittorio Moretti schuf mit der Locanda L'Albereta ein kulinarisches Hideaway der Extraklasse.

Multi-entrepreneur Vittorio Moretti has created in Locanda L'Albereta a culinary hideaway of the highest calibre.

Carmen Moretti de Rosa (hier mit Ehemann Martino de Rosa) leitet L'Albereta mit Liebe zum Haus und seinen Gästen.

Carmen Moretti de Rosa (seen here with husband Martino de Rosa) manages L'Albereta with great affection for the house and its guests.

contributed to the development in the last two years of Franciacorta as a wine-producing area of international repute. Franciacorta Bellavista is one of the top class vineyards of this small but fine wine-growing region. A further project of the Moretti Group is Contadi Castaldi, a new vineyard, managed by Martino de Rosa, which within the space of a few years has become famous and is much in demand by wine connoisseurs. Moretti's engagement in tourism, the luxurious hideaway L'Albereta, is bearing fruit in a region hardly touched by tourism. Its historical core is a 19th century mansion. Vittorio Moretti designed the extensions which have retained its original style. He conceived the exclusive Locanda Experience out of his passion for concentrating variety meaningfully, and draws inspiration from his love of country and his friendship with the Grand Master of Italian haute cuisine, Gualtiero Marchesi. L'Albereta indulges its guests with all the beauty and pleasures which Franciacorta can offer.

Früchte wie das luxuriöse Hideaway L'Albereta. Der historische Kern ist ein Herrenhaus aus dem 19. Jahrhundert. Vittorio Moretti schuf bauliche Erweiterungen, die den ursprünglichen Stil bewahrten. Die Erlebniswelt der exklusiven Locanda konzipierte er aus seiner Passion, Vielseitigkeit sinnvoll zu konzentrieren, aus seiner Liebe zum Land und aus seiner alten Freundschaft zu Gualtiero Marchesi, dem Grandseigneur der italienischen Topcuisine. So verwöhnt L'Albereta Gäste mit allen Schönheiten und Genüssen, die Franciacorta zu bieten hat.

Die Liebe seiner ältesten Tochter zur L'Albereta spürt man nicht nur an ihrer Art, das Haus zu leiten. Carmen Moretti de Rosa (ihr Mann Martino de Rosa ist Managing Director der Terra Moretti Holding Group) war von Beginn an in die stilistische Gestaltung involviert, und sie präsentiert ein Haus, dessen Charme aus den restaurierten Kunstwerken des alten Herrenhauses ebenso strömt wie aus stilvoll zeitnahem Ambiente.

Alte Fresken begleiten den Besucher durchs ganze Haus. Sie schmücken den Festsaal, dessen prachtvoller Muranolüster aus einer originellen Kuppel hängt. Sie ist aus Glas und bildet den Grund des Brunnens, der oben im Freien mit seinem Wasserspiel die Gäste empfängt. Klassisch italienische Freskotechnik umkränzt

auch die Bar mit illustrierten lateinischen Sinnsprüchen überm hohen Deckensims und glänzt in der Veranda des Restaurants mit einer Fresko-Allegorisierung des Weinbaus von Gerolamo Calca.

In der Sala Scacchi ist die originale Wandgestaltung im weiß-roten Schachbrettmuster erhalten. Alte Holzdecken konnten über die Zeit gerettet werden. Im Swimmingpool mit Terrasse und Südpanorama tragen bejahrte Granitsäulen den Plafond, und Antiquitäten, viele auf Auktionen erstanden, spielen das nostalgische Flair weiter von den goldenen Mohren im Entrée bis zur stilechten Art-déco-Einrichtung im Zimmer Nr. 3 im alten Turm.

Alle 44 Wohnräume und Suiten unterscheiden sich in Schnitt und Interieur, bieten von Terrassen und Balkonen Ausblicke auf den See, die blauen Hügel, die Rebgärten. Großzügig angelegt auch die Badezimmer, weißer Marmor

Alle 44 Wohnräume und Suiten sind individuell eingerichtet. Die Bellavista-Suite, die den ganzen dritten Stock des alten Turms einnimmt, gewährt einen Panorama-Blick von 360°.

All of the 44 rooms and suites have been individually furnished. The Bellavista Suite which occupies the whole of the third floor of the old tower, affords a panoramic view of 360°.

aus Carrara ist mit rotem aus dem nahen Verona abgesetzt, fast alle haben Jacuzzi.

Die Gegenwart durchdringt das Ambiente nicht nur mit exklusivem Komfort, sondern auch künstlerisch. Wandmalereien von Vittorio Morettis Schwester Costantina und dem französischen Trompe-l'œil-Könner Margeoraine setzen luftige Naturmotive in die Wohn- und Speiseräume, in die Flure, in die Souterraingewölbe und antworten den historischen Freskomeistern mit leichter zeitgenössischer Hand. Man vergißt in der L'Albereta schnell das Hotel und genießt seine private Atmosphäre, eine luxuriöse Zuflucht im Herzen einer romantischen Landschaft. In dieser Oase blüht heute Gualtiero Marchesis Kochkunst. Der siebenundsechzig-

The love of his eldest daughter for L'Albereta is not only evident from the way she runs the house. Carmen Moretti de Rosa (her husband, Martino de Rosa is Managing Director of Terra Moretti Holding Group), was involved from the very beginning in setting the style. She presides over a house whose charm exudes from the restored works of art from the old mansion as well as from its elegant contemporary ambience.
Old frescoes are present with the visitor throughout the house. They adorn the banquetting hall whose magnificent Venetian Murano-glass chandelier hangs from an original dome. It is the reason for the fountain above outside in the open whose playful waters greet guests as they arrive. Classical Italian fresco work also encircles the bar with brilliantly illustrated Latin epigrams above the high ceiling ledge moulding and on the verandah of the restaurant allegorizing the viniculture of Gerolamo Calca.
In the Scacchi Hall the original wall decoration in red and white check has been retained. It took some time to save the old wooden ceilings. The ceiling of the swimming pool with its terrace and southern panorama, is supported by old granite pillars, and antiques, many purchased at auction, enhance the nostalgic flair, from the golden "Mohr" in the entrance to the very fitting Art Deco furnishings of Room 3 in the old tower.
All 44 rooms and suites, differing in size and in interior decoration, have views of the lake, the blue hills and the vineyard from their terraces and balconies. The bathrooms are of a generous size and designed with white marble from Carrara combined with red from nearby Verona. Nearly all have a Jacuzzi.
The present pervades the ambience not only with exclusive comfort but also artistically. Wall paintings by Vittorio Moretti's sister, Constantina, and the French trompe-l'œl expert, Margeoraine, have painted airy natural themes in the living rooms, dining rooms, the hall and in the vaulted cellar area, responding to

Ebenso wie Paul Bocuse als Symbolfigur für die französische Haute Cuisine schlechthin gilt, verkörpert der Grandseigneur Gualtiero Marchesi die alta cucina Italiens.

Just as Paul Bocuse symbolizes French haute cuisine, the Grand Old Man, Gualtiero Marchesi, embodies the best Italian cooking.

the historical masters of fresco painting with a light contemporary touch. At L'Albereta one soon forgets one is in an hotel and in its private atmosphere one can simply indulge in being in a luxurious refuge in a romantic landscape.

In this oasis Gualtiero's Marchesi's culinary art flourishes. This eminent sixty-seven year old chef who until recently occupied the limelight with 3 Michelin stars, not only looks ten years younger, his delight in innovation, even after 15 years in Milan, shows no signs of abating. „My idea-driven kitchen is still progressing, even if it is difficult to explain to people. One did not understand and took my third star away from me. I cannot comprehend it. Incidentally, I am opening a business in Milan in September, in San Pietro all'Orto, with my own brand of products, wine, table service and more. I shall teach the art of tasting there."

Marchesi's inspired cuisine can be read on the list of exciting dishes on offer: his black squid risotto perhaps, with its square of 24 carat gold (an elegant expression of the value of his creative cooking), his lobster in red wine, not cooked in red wine mind you but with a red wine sauce („this dish is my passion") or such a delicacy as pigeon and Jacob's mussels.

„I love contrasts and I love provocation." It is a great pleasure to be able to appreciate the art of this youthful provocateur in so idyllic a place. The wine list of over 40 sides is of course a catalogue of top quality international wines.

In the same way Franciacorta itself occupies a central position and who

jährige Spitzencuisinier, der bis vor kurzem, elf Jahre lang, im Glanz dreier Michelin-Sterne stand, sieht nicht nur zehn Jahre jünger aus. Auch seine Innovationslust scheint an dem Ruhepol, in dem er jetzt nach 15 Mailänder Jahren lebt und arbeitet, keineswegs zur Ruhe zu kommen.

„Meine Küche mit Kopf geht auch heute weiter nach vorne, auch wenn das Leuten manchmal schwer zu erklären ist. Einer hat es nicht verstanden und hat mir den dritten Stern weggenommen. Ich begreife es nicht. Ich eröffne übrigens im September ein Geschäft in Mailand, in San Pietro all'orto, mit Produkten von mir, mit Weinen, Tafelgeschirr und mehr. Dort werde ich auch die Kunst der Degustation lehren." Marchesis geniale Cuisine läßt sich an aufregenden Gerichten ablesen, seinem schwarzen Tintenfischrisotto etwa mit dem Quadrat aus 24karätigem Blattgold (eleganter Ausdruck für die Kostbarkeit schöpferischer Küche), seinem Hummer an Rotwein, wohlgemerkt nicht in Rotwein gekocht, sondern an einer Rotweinsauce („dieses Gericht ist meine Passion") oder an so einer Finesse wie dem Salat von Taube und Jakobsmuscheln. „Ich liebe Kontraste, und ich liebe die Provokation." Was für ein

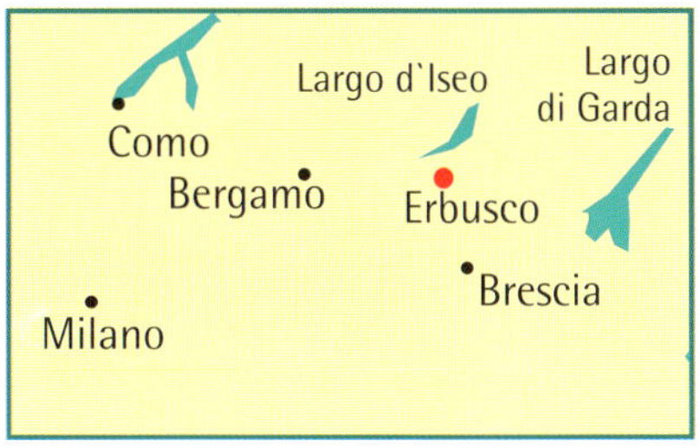

Vergnügen, die Kunst dieses so jugendlichen Provokateurs an einem so idyllischen Ort zu genießen.

Die über 40 Seiten starke Weinkarte ist selbstverständlich ein Katalog internationaler Spitzengewächse. Ebenso selbstverständlich bildet Franciacorta einen Schwerpunkt, und wer könnte dem Genuß widerstehen, hier, umgeben von ihren Reblagen, die Kreszenzen der Moretti-Weingüter zu degustieren.

In Contadi Castaldi baut Martino de Rosa mit Weingut-Direktor Mario Falcetti neben zwei stillen Weinen vier Schaumwein-Cuvées nach der Franciacorta-Methode aus, Franciacorta Contadi Castaldi Brut, Brut Satén, Brut Rosé und Zero. Der neue Likörwein Pinodisé empfiehlt sich als Aperitif wie als Essensbegleiter.

Und in Bellavista kreieren Vittorio Moretti und Önologe Mattia Vezzola, ebenfalls neben einer Reihe stiller Weine, Schaumweine, die auf dem ersten Rang der Region stehen, von der Franciacorta Bellavista Cuvée brut über die Gran Cuvée Satèn bis zur Gran Cuvée Pas Opéré (ohne Dosage) 1991. Sie wurde mit dem Preis des Guida dei Vini d'Italia 1997 ausgezeichnet. Ein Spaziergang durch die Rebgärten führt von der Locanda zum Weingut.

could resist the delights of tasting the very finest of the Moretti vineyards surrounded by the very wines which produce them. In Contadi Castaldi, Martino de Rosa together with the vineyard's Director, Mario Falcetti, is developing alongside two still wines, four sparkling Cuvée wines applying the Franciacorta method: Franciacorta Contadi Castaldi Brut, Brut Satén, Brut Rosé and Zero. The new liqueur, Pinodisé, is to be recommended as an aperitif as well as an accompaniment to food. At Bellavista, as well as creating a number of still wines, Vittorio Moretti and wine connoisseur Mattia Vezzola are also creating sparkling wines which are the finest of the region, from Franciacorta Bellavista Cuvée brut to Gran Cuvée Satèn to Gran Cuvée Pas Opéré (minus dosage) 1991. This wine was crowned with the Guida dei Vini d'Italia Prize 1997. A stroll through the vines leads from Locanda to the wine-growing estate.

Die Qualität der Bellavista-Cuvées haben Franciacorta zu einem Synonym für erstklassigen Schaumwein gemacht. Links: Das Weingut Contadi Castaldi.

The quality of the Bellavista-Cuvées has made Franciacorta to a synonym for first-class sparkling wine. Left: The Contadi Castaldi winery.

Naturnahes Luxushotel
mit einem flämischen Meister
am Herd

Der Scholteshof

The Scholteshof,
near-to-nature luxury hotel
with a Flemish master
at the oven

In Stevoort in Flandern, in der Provinz Limburg, unweit der deutschen Grenze (60 Kilometer von Aachen), schuf der Flame Roger Souvereyns für sich und seine Gäste eine Zuflucht in Schönheit und Genuß. Ein alter Bauernhof aus dem 17. und 18. Jahrhundert und verträumte, stilvoll gestaltete Natur werden zu Schauplätzen mußevoller Entspannung und sinnenfroher kulinarischer Ereignisse.

In Stevoort in Flanders, in the province of Limburg, not far from the German border(60 kilomters from Aachen), Flemish Roger Souvereyns has achieved a refuge of beauty and enjoyment for himself and his guests. An old farmhouse from the 17th and 18th century and idyllic, stylishly arranged natural surroundings have been turned into a show place for leisurely relaxation and sensual culinary events.

TEXT: GÜNTER NED · FOTOS: YDO SOL

Ein Steak essen, das kann ich zu Hause auch", findet Roger Souvereyns. „Wer ausgeht, ist neugierig, will aufgeweckt werden, sucht die Überraschung. Ich will meine Gäste mit Genuß und Schönheit überraschen, und wenn sie wiederkommen, überrasche ich sie neu." Die Verblüffung kommt im limburgischen „Scholteshof" aus doppeltem Boden.

Sicher sind die Herrschaften, die eben der gepanzerten Limousine mit Chauffeur und deutscher Nummer entsteigen, fein gekleidet. Sicher werden sie von der jungen Dame im schicken Kostüm bereits an der Tür so liebenswürdig empfangen, wie sie es von einem Zwei-Sterne-Restaurant erwarten. Doch schon nach dem Aperitif, vielleicht im kunstreich gestalteten Blumenzimmer oder bei Brunnengeplätscher

"Eat a steak, I can do that at home too", finds Roger Souvereyns. "People who go out are curious, want to be roused, are looking for surprises. I want to surprise my guests with enjoyment and beauty, and when they return, I want to surprise them anew." Amazement has a double standard in the Limburg "Scholteshof".

Of course there are the well-dresses ladies and gentlemen who step out of an armoured limousine with a chauffeur and German number plates. You are sure to be kindly welcomed at the door, as is expected from a two star restaurant, by a young lady wearing a chic costume. But, after an aperitif, perhaps in the richly artistically designed flower room or in the courtyard with its splashing fountain, the butler, elegantly dressed in black, collects his public and leads them into another world. Candle light glimmering above silver candle sticks, is sparklingly reflected in polished glasses; in front tiny halogen spotlights effectively set the scene in light, and while one takes one's seat, one notes that the performance has already begun. Under the long cross-beam, that serves as a high shelf for baking moulds from grandmother's era, the room opens to the rear like the peep-show stage of an old theatre. On a shelf on the back wall, earthenware jugs are arranged in sizes like the pipes of an organ; copper pans hang from the sky and under them, a long table is stretched out in the background. On it there is a beautiful carving from the time of Napoleon III, a coloured Marmiton, a young cook. To the right of the spectators there is a stone slab on a real, meat chopping block, to the left, against the wall, a wonderful, large, black, cast iron oven, which was built in 1817 for a hunting castle near Namur, and in the front, on the ramp, a long marble slab on a wooden counter: the pass. The scene is the kitchen of the Open Keuken restaurant. And here, for once not secretly

Bilder schmücken bei Roger Souvereyns nicht nur die Wände. Der Meister-Cuisinier komponiert sie auch auf die Teller.

Pictures don't just decorate the walls at Roger Souvereyns. The master chef also composes them on the plates.

Nicht nur ein kulinarischer, sondern auch ein theatralischer Genuß: die offene Küche des Keuken-Restaurants.

The open kitchen of the Keuken-restaurant: not just a culinary, but also a theatrical delight.

im Innenhof, holt der Serviceherr in elegantem Schwarz sein Publikum ab in eine andere Welt. Kerzenlicht schimmert über silbernen Leuchtern, spiegelt sich funkelnd in polierten Gläsern, vorne setzen kleine Halogenspots die Szene effektvoll ins Licht, und während man Platz nimmt, merkt man, daß die Vorstellung bereits begonnen hat.

Unter dem langen Querbalken, der als hohes Bord für Backformen aus Großmutters Zeiten dient, öffnet sich der Raum nach hinten wie in die Guckkastenbühne eines alten Theaters. An der Rückwand auf einem Regal irdene Krüge, wie die Orgelpfeiffen der Größe nach ausgerichtet; vom Himmel hängen kupferne Töpfe, darunter zieht sich ein langer Tisch in den Hintergrund, darauf eine hübsche Schnitzerei aus der Zeit Napoleons III., ein farbiger Marmiton, ein Jungkoch. Rechts vom Zuschauer eine Steinplatte auf einem echten Fleischhauerblock, links an der Wand ein herrlicher schwarzer großer gußeiserner Herd, gebaut 1817 für ein Jagdschloß in der Nähe von Namur, und vorne an der Rampe eine lange Marmorplatte auf einem hölzernen Ladentresen: der Paß. Die Szene ist die Küche des Open-Keuken-Restaurants.

Und hier werkeln, einmal nicht geheimnisvoll hinter Schwingtüren, sondern vor den Augen der Gäste, so, als wären sie völlig unbeobachtet, Männer in Weiß unter Hochdampf, tranchieren auf der Marmorplatte des Fleischerblocks, ziehen neben dem Marmiton Salatblätter durch die Vinaigrette, richten am Paß Teller an, und am Herd sautiert, pochiert, grilliert,

behind swing doors, but in front of the guests' eyes, as if they were completely unobserved, men in white work full-out, carving on the marble block of the butcher's slab, dipping lettuce leaves in the vinaigrette dressing beside the Mariton, arranging on the serving dishes, and, at the oven, sauté, poach, grill, taste and try from the spoon of the master Roger Souvereyns with an elegant, nervous passion. And all this is not done in a high-grade steel flair, modern, high-tech cooking area (even the Scholteshof can't do without it, but they hide it discreetly in the wings), but in nostal-

Bacchus, den Gott des Weines, trifft man im Scholteshof häufig. Hier in Marmor aus einer Serie der Vier Jahreszeiten.

In Scholteshof you often meet Bacchus the god of wine. Here in marble from a series of the four seasons.

Umgeben von der Sinnlichkeit alter flämischer Meister speisen Gäste Köstlichkeiten wie Taube mit Foie Gras an hausgemachter Aprikosenkonfitüre.

Surroundet by the sensuousness of former Flemish masters, guests enjoy delicacies like pigeon with Foie Gras on homemade apricot confiture.

Die Orangerie. Sie gehört zur Maisonette-Suite gleichen Namens.

The orangerie. It belongs to the maisonette suite of the same name.

Originell geschnittene und ausgestattete Wohnräume spielen mit dem ländlichen Charme des Ortes.

Originally layed out and furnished living rooms play with the country charm of the place.

schmeckt ab und kostet aus dem Löffel Meister Souvereyns mit eleganter nerviger Leidenschaft, und das alles nicht im Edelstahlflair moderner Hightech-Kochstellen (ohne sie kommt auch der Scholteshof nicht aus, aber sie verstecken sich diskret auf der Seitenbühne), sondern in nostalgischem Fluidum, in der stimmungsvollen Atmosphäre vergangener Zeiten, geborgen am heimeligen Herd.

Und bevor man sich im hübschen Schauspiel verliert, ist man selbst mitten drin, angestrahlt vom Patron selbst, der nun das Restaurant zur Bühne macht, an den Tisch kommt, willkommen heißt, fragt wie der erste Gang schmeckt, oder an der langen Tafel nebenan einen Auftritt von 60 verlockenden Desserttellern dirigiert, sechs für jeden Gast. Es geht lebendig zu im Open-Keuken-Restaurant, Steifheit hält sich nicht lange, kulinarische Sinnenfreude greift um sich, und plötzlich haben alle das Gefühl, als Freunde geladen zu sein, um in Roger Souvereyns Küche zu sitzen und sich von ihm persönlich verwöhnen zu lassen.

Die Schönheit des Details, die Ausgesuchtheit des Interieurs, die stilsichere Plazierung jedes Bildes, jeder Antiquität und vor allem jedes Blumen-, Blüten- oder Früchtearrangements verrät dabei nicht nur die kochkünstlerische Souveränität des Hausherrn. Der 58jährige Flame, auf einem Bauernhof keine 20 Kilometer vom Scholteshof, der alten ländlichen Amtswoh-

gic aura, in the tremendous atmosphere of by-gone days, salvaged on this homely oven.

Before one loses oneself in this lovely place, one is right in the midst of it, floodlit by the patron himself who turns the restaurant into a stage, comes to the table, wishes you welcome, asks how you enjoyed the first course, or directs an appearance of 60 tempting desert dishes on a long table nearby, six for each guest. It's very much alive in the Open Keuken restaurant, stiffness doesn't last long, culinary sensuality takes over and suddenly everyone has the feeling that they have been invited as friends to sit in Roger Souvereyns' kitchen and be personally spoilt by him.

The beauty of detail, the exquisite appearance of the interior, the stylish setting of every picture, every antique and especially every flower-, blossom-, or fruit arrangement reveal more than the cooking artistry sovereignty of the house owner. The 58 year old Flemish man, who grew up in a farmhouse less than 20 kilometers from Scholteshof, the old country official residence of the

Kräuterbukett, vom Hausherrn selbst im eigenen Garten geschnitten und malerisch gesteckt.

Bouquet of herbs: cut by the owner of the house himself from his own garden and picturesquely arranged.

nung des Schultheiss von Steevoort, entfernt aufgewachsen, ist zugleich ein Meister der Ambiance und ein versonnener Landschaftsgestalter.

Die Backsteinfassade des schmucken Anwesens birgt Räume unterschiedlichen Alters. Der ältere Teil aus dem Jahr 1680 begrenzt eine Seite des Innenhofs mit den schönen Tischen und Sesseln aus wettergebleichtem Teak. Hier hat Souvereyns eine Wohnung. Die schräg liegende zweiflügelige Holztür führt hinunter in den Weinkeller. Nicolas Santi, der junge Sommelier, hält ihn vorzüglich sortiert. Das Restaurant findet man auf der anderen Seite, im jüngeren Teil von 1750. Um die echte flämische Decke, den Boden aus Blaustein vom Maastal, die gußeisernen Säulen aus einem aufgelassenen belgischen Bahnhof, die das Dach des Wintergartens stützen, schwingt der Charme vergangener Jahrhunderte. Das Safrangelb der Wände, des gestrichenen Holzes, des Tafeltuchs bringt freundliche Wärme zum Schimmer der Kerzen, und Rogers Liebe zur Kunst und zum Kunsthandwerk zaubert galante Sinnenfreude und Gaumenlust ins Interieur. Originalgemälde flämischer Meister des 16. Jahrhunderts wie Lukas van Valkenborg und Jakob van Whinge erzählen von feudaler Tafelpassion und praller Küchen-

Schultheiss von Stevoort, is simultaneously a master of ambiance and a pensive landscape designer.

The brick facade of the adorned property conceals rooms of different ages. The oldest part from the year 1680 borders one side of the courtyard with the lovely tables and chairs from weather bleached teak. Souvereyns has his homeliving here. The slanting two-winged wooden door leads down to the wine cellar. Nicolas Santi, the young sommelier, keeps it excellently sorted out. The restaurant is on the other side in the youngest part from 1750. The original Flemish ceiling, the floor of blue stone from Maastal, the cast iron columns from a closed down Belgian station which support the roof of the winter garden. All display the charm of the last century. The saffron yellow of the walls, the painted wood, the table cloths, bring a friendly warmth to the gleam of the candles, and Roger's love of art and arts and crafts conjure up courteous sensuality and palate enjoyment in the interior. Original paintings by Flemish masters of the 16th century, like Lucas van Valkenborg and Jakob van Whinge tell of feudal table passion and a chubby love of cooking, and everywhere noble table-ware displays the gleam of historic table culture from cobalt blue Murano glass from 1800 to the original asparagus service from Barbotine porcelain (France 1840–1870) to the collection of precious silver spoons which are steeped in historical tradition. The taste of the owner of Scholteshof, his tendency towards beautiful objects, even makes every guest room a fascinating lodging. The 17 rooms and two apartments sometimes stress country simplicity, then they again present playful landscaped interiors like the ensemble "Orangerie", a two-storeyed maisonette suite, whose balcony leads onto the glass enclosed vine and plant grown orangerie, and suddenly one finds oneself no longer in Flanders, but in the middle of Tuscany. Instead of numbers, the rooms have

liebe, und überall zeigt edles Geschirr den Glanz historischer Tafelkultur vom kobaltblauen Muranoglas aus dem Jahr 1800 über das originelle Spargelservice aus Barbotine-Porzellan (Frankreich 1840–1870) bis zur geschichtsträchtigen Sammlung kostbarer Silberlöffel.

Der Geschmack des Herrn vom Scholteshof, seine Neigung zu schönen Gegenständen macht auch jedes Gästeszimmer zum reizvollen Logis. Die 17 Räume und zwei Apartments betonen teils ländliche Einfachheit, dann präsentieren sie wieder verspielte Wohnlandschaften wie das Ensemble „Orangerie", eine zweistöckige Maisonettesuite, deren Balkon in die verglaste, wein- und pflanzenbewachsene Orangerie führt, und plötzlich findet man sich nicht mehr in Flandern, sondern mitten in der Toskana wieder.

Die Zimmer tragen statt Nummern lateinische Blumen-, Kräuter-, Pflanzennamen, ein verständliches Aperçu für jeden, der einmal durch Roger Souvereyns Gärten wanderte, durch die geometrisch angelegten kniehohen Buchsbaumwege, die nach traditioneller flämischer Art wie von einem Zimmer ins andere führen, oder um den Teich mit seinen Lavendelbeeten, seinen Pavillons unter Birken und Weiden, wo die Frösche quaken und Barbarieenten friedlich davonwatscheln, über große Wiesen, von Rosenbeeten umkränzt, an den 1000 Weinstöcken vorbei, deren Reben der Patron selbst keltert, oder hinein ins Buchsbaumlabyrinth, in dessen Mitte eine Bacchusskulptur lockt.

Seit der Eröffnung des Scholteshofs als Restaurant und naturnahes Refugium hat Roger Souvereyns über 13 Jahre in mehreren Abschnitten eine elf Hektar große Garten- und Parklandschaft geschaffen, die entspannungsbedürftige Besucher wie ein Garten Eden aufnimmt. Zu den jüngsten Anlagen gehört neben einer Ahornallee, die an den Gehegen mit Perlhühnern und schottischen Schafen vorbeiführt, ein 200 Meter langes, 80 Meter breites Geviert im Stil fürstlicher Renaissancegärten mit endlosen Kräuter-und Gemüsebeeten vorn, und nach hinten, dem Wellenrauschen des Pappelwäldchens zu, mit langen Obstbaumreihen, und schließlich mit einer Pergolagalerie, die über den Spaziergängern mit Rotbuchenlaub zuwächst und das Gewürz- und Obsteldorado in klassischer Weise teilt.

Souvereyns' sortenreicher Blumen-, Kräuter-, Gemüse- und Obstanbau macht ihn jedes Jahr über Monate hin zum Selbstversorger, und er prägt den Stil seiner Küche. „Ich koche mit meinem Herzen, und ich spiele mit den Geschmäckern, mit den Gemüsen, mit den

the Latin names of flowers, herbs and plants, an understandable witticism for everyone who has ever wandered through Roger Souvereyns' garden: Through the geometrically laid out box tree paths, that lead from one room to another in the traditional Flemish way, or around the pond with its beds of lavender, its pavilions under birch and willow trees, where the frogs croak and Barbary ducks peacefully waddle away; over large fields, surrounded by rose beds, past the 1,000 vines, whose grapes are pressed by the owner himself, or into the box tree maze where a statue of Bacchus entices you into the middle. Since the opening of the Scholteshof as a restaurant and a near-to-nature refuge, Roger Souvereyns has spent over 13 years, in sections, achieving an 11 hectare garden and park that receives visitors, who are in need of relaxation, like a Garden of Eden. Among the latest layouts, as well as a maple tree allée, past an enclosure with guinea fowl and

Im Weinkeller noch einmal Gott Bacchus, reizvollerweise als Wasserspender. Das Becken ist eine echte Muschelschale.

The god Bacchus again in the wine cellar, charmingly used as a water dispenser. The basin is a real shell.

Kräutern, die ich in meinem Garten habe." Der starke vegetabile Akzent mischt sich mit der Erfindungsfreude des Chefs zu französischer Cuisine von ausgesprochen individuellem Zuschnitt, zu fruchtbetonten Saucen, außergewöhnlichen Aromatisierungen, zu Geschmacks- und Produktkombinationen von frappierender Harmonie. „Das ist meine Küche. Wollen Sie sie richtig genießen, müssen Sie mit dem Löffel essen."

Roger Souvereyns Lieblingsbesteck ist tatsächlich zu fast jedem Gang eingedeckt, zur Creme von grünen Erbsen mit marinierten Jacobsmuscheln und Kaviar sowieso (die Inspiration kam vom hübschen Erbsenmuster des Tellers), aber auch zum Duo von Foie Gras mit Löwenzahngelee, zum pochierten Kabeljau in Traubenjus mit Marc de Bourgogne und Holunderbeeren, zum Perlhuhn in der Salzkruste, nur mit Gartenkräutern gefüllt, und zwischendurch kommt vielleicht etwas Gänseleber auf Chicorée, direkt im Löffel serviert.

Es ist spät geworden. Mr. Souvereyns würde jetzt noch ein bißchen entspannen, drüben in den Salons seiner Wohnung? „Ach was, dort schlafe ich. Ich wohne hier, im Restaurant." Und der feinsinnige, sinnenfreudige Flame macht sich daran, noch ein Kräuterbukett zu stecken, frisch gezupft von den eigenen Beeten, für die Vase auf dem alten englischen Sideboard, für den neuen Tag.

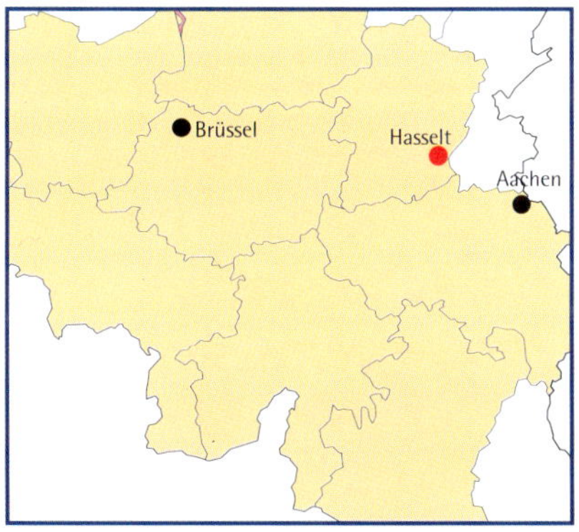

Scottish sheep, there is a 200 meter long, 80 meter wide square in the style of a princely renaissance garden with endless herb and vegetable beds at the front, and at the back, accompanied by the waving rustle of the little poplar wood, long rows of fruit trees, and finally with a pergola gallery that grows above those strolling through, grown over with copper beech foliage that makes a classic division between the herb and fruit eldorado. Souvereyns' rich assortment of flowers, herbs, vegetables and fruit cultivation makes him self efficient for months every year, and leaves its mark on the style of his cuisine. "I cook with my heart, and I play around with the tastes, with the vegetables, with the herbs that I have in my garden". The strong accent on vegetables mixes with the chef's enjoyment of invention to the French cuisine from decidedly individual style, to fruit accentuated sauces, unusual aroma additions, to a taste and production combination of astonishing harmony. "That is my cuisine. If you want to taste it properly you must use a spoon".

Roger Souvereyns' favourite piece of cutlery is in fact present at almost every course; to cream of green peas with marinated mussels and caviar in any case (the inspiration arose from the lovely inherited pattern of the plates), but also to the duo from Foie Gras with dandelion gelée, to poached cod and grape juice with Marc da Bourgogne and elder berries, to guinea fowl in a salt crust stuffed only with garden herbs, and in between there is perhaps goose liver on chicory, served directly from the spoon.

It's now late, Mr Souvereyns can wind down a bit, over there in the room of his apartment? "What! That's where I sleep. I live here in the restaurant." And the sensitive, Flemish man who enjoys the pleasures of life starts to cut another herb bouquet, freshly picked from his own beds, for a vase on the old English sideboard, for a new day.

Der Weingott im Labyrinth, umgeben von Roger Souvereyns traumhaft angelegten Gartenlandschaften.

The god of wine in the maze, surrounded by Roger Souvereyns idyllically layed out garden.

No house on the coast of Marbella is in a more beautiful position. The swimming pool and garden stretch to the beach, the resort displays the splendour of an Andalusian-Moorish Hazienda, on the horizon the sea blends with the rocks of Gibraltar and the North African coast. Las Dunas Beach Hotel & Spa counts among the Leading Hotels of the World although it only opened a year ago.

LAS DUNAS

Andalusisches Traumrefugium an der Costa de Marbella

Andalusian dream-refuge at the Costa de Marbella

Text: Günter Ned Fotos: Klaus Lorke

Schöner liegt kein Haus an der Costa de Marbella. Swimmingpool und Gärten reichen bis zum Strand, das Resort zeigt die Pracht einer andalusisch-maurischen Hazienda, am Horizont verbindet das Meer den Felsen von Gibraltar mit der Küste Nordafrikas. Obwohl erst vor einem Jahr eröffnet, zählt das Las Dunas Beach Hotel & Spa bereits zu den Leading Hotels of the World.

Impressionistische Wandmalereien in der Gauguin-Halle.

Impressionist mural paintings in Gauguin hall.

Traumrefugium im Stil einer maurisch-andalusischen Hazienda.

Dreamlike hideout in Mooresque-Andalusian hazienda style.

The theatre curtains have been gathered up and tied above bow windows that reach down to the ground. Marbled half-pillars attach them to a piece of ruin wall that glows red like the sunset outside. It's truly a spectacle that Las Dunas offers its guests in the Lido Restaurant. The pillars of Hercules stand on the horizon opposite, illuminated by the glow of the sunset, the heights of Gibraltar and of Ceuta on the other side in Africa, separated or joined, as you prefer to think of them, by a strip of pastel blue sea. The Moorish and Andalusian cultures were mixed together on the European side many hundreds of years ago. At that time Islam ruled over the Iberian south and brought with it centuries of blooming economy, art, craft and architecture. Their beauty has survived the test of time, and also in the old towns of Marbella and Estepona, especially since a new town council has preserved them in the original luster of this pearl of the Costa del Sol. Of course you never get tired of the leisurely hours on the beach of Las Dunas, the quiet hours spent on the balconies and terraces of this new, luxuriously laid out dream refugium, sunbathing at the swimming pool that almost touches the sea, daydreaming among the subtropical vegetation in the garden. However, at some time you'll want to set out on excursions; to Ronda 45 km into the interior of the country, with its Arabian baths and one of the oldest bull-fighting arenas in the world, perhaps to Granada and Jerez, but definitely to the nearby old towns of Marbella and Estepona.

Those who stroll in the picturesque alleys and cross the idyllic squares with a nostalgic glance, sense, as they wander from one sight to another, how stylishly the five-star-refugium in which they are living presents itself with Moorish-Andalusian flair. While enjoying a freshly squeezed orange juice at the Plaza de los Naranjos, and noticing the octagonal marble fountain from the renaissance period, they won't just remember the magnificent mar-

Die Theatervorhänge sind hochgerafft und geschnürt über bodentiefen Bogenfenstern. Marmorierte Halbsäulen fassen sie ein auf einem Mauergrund, der rot glüht wie draußen der Sonnenuntergang. Und es ist wirklich ein Schauspiel, das sich den Gästen im Restaurant Lido des Las Dunas bietet. Illuminiert vom Abendrot stehen sich am Horizont die Säulen des Herkules gegenüber, die Höhen von Gibraltar und von Ceuta drüben in Afrika, getrennt oder verbunden, wie man will, von einer Meerenge in blauem Pastell.

Auf der europäischen Seite mischten sich vor einem Jahrtausend die maurischen und andalusischen Kulturen. Damals herrschte der Islam über den iberischen Süden und brachte eine jahrhundertelange Blüte der Wirtschaft, der Kunst, des Handwerks und der Architektur. Ihre Schönheiten haben die Zeit überdauert, auch in der Altstadt von Marbella, vor allem seit ein neues Stadtregiment sich auf den ursprünglichen Glanz dieser Perle der Costa del Sol besann.

Man wird der mußevollen Stunden am Strand von Las Dunas natürlich nicht müde, der stillen Stunden auf den Balkonen und Terrassen des neuen, luxuriös angelegten Traumrefugiums, der Sonnenbäder am Swimmingpool, der

Das Las Dunas zeigt die Pracht einer andalusisch-maurischen Hazienda.

Las Dunas displays the splendour of an Andalusian-Moorish Hazienda.

Foto: Pasquale Caprile

Die Rezeption im Trompe-l'œil.

The reception in Trompe-l' œil.

fast das Meer berührt, der Träumereien in der subtropischen Vegetation der Gärten. Und doch wird man sich irgendwann auch zu Ausflügen aufmachen, nach Ronda, 45 km im Landesinnern, mit seinen arabischen Bädern und einer der ältesten Stierkampfarenen der Welt, vielleicht nach Granada und Jerez, ganz sicher aber in die nahe Altstadt von Marbella und Estepona. Wer dort mit nostalgischem Blick durch die malerischen Gassen und über die idyllischen Plätze flaniert, spürt von einer Sehenswürdigkeit zur anderen, wie stilvoll sich das Fünf-Sterne-Refugium, in dem er wohnt, mit maurisch-andalusischem Flair präsentiert. Wenn er an der

Direktor Frank M. Pfaller (Mitte) mit seinem kulinarischen Supervisor Heinz Winkler, Residenz Aschau. Links: Küchenchef Peter Knogl.

Director Frank M. Pfaller (center) with his culinary supervisor Heinz Winkler of the Residenz Aschau and chef Peter Knogl (left).

Mediterrane Keramikkunst am Brunnen neben dem Boule-Platz.

Mediterranean ceramic art at the fountain beneath the boule square.

ble floor in the entrance atrium or in the Gauguin-Hall of Las Dunas. They will perhaps also be aware that the octagon, a typical Moorish method of style, can be found as a central architectural feature everywhere in the house, in the restaurant and below in the Spa area, at the pool and its fountain area, and of course in the entrance. The atrium rises up octagonally over two galleries and acts as an axis for both wings that stretch as far as the sea in a horse shoe shape.

The rococo portal of the Epiphany church at the end of the Calle de Carmen is flanked by a tower that used to belong to a Moorish palace. The square in front is laid out with terracotta, as are the paths under the palms, blooming mimosas and cacti at Las Dunas, like its roofs, like the balconies and terraces of the 75 rooms and suites or like an especially beautifully laid out bathroom in the east wing.

When you admire the most beautiful ceramic benches under the centuries old pine and rubber trees on the Promenade La Alameda, you have discovered another source of inspiration of the Las Dunas designer. As with every shop, street and house number sign in Marbella, these expensive seats are also made from the very beautiful Andalusian tiles. In this way the testimony to the traditional Moorish handcraft in their shining blue-, green-,white-, and yellow shades decorate the fountains, the ridges of the roofs, and the interiors of the Hacienda Las Dunas. Just as the artistic paintings on the ceramic benches attract your gaze towards the most beautiful corner of the old town and the coast, the wall paintings and Trompe-l'oeil works of Marie de Troostembergh have the same effect. The Belgian born master craftswoman of decorative wall paintings, who spent her childhood and youth in Morocco, displays her art in the entrance hall, in the spa and in many rooms, and attracts the eye towards charming garden and

Plaza de los Naranjos einen frischgepreßten Orangensaft genießt und dem achteckigen Marmorbrunnen aus der Renaissance Aufmerksamkeit schenkt, wird er sich wohl nicht nur an die prachtvollen Marmorböden im Eingangs-Atrium von Las Dunas oder in der Gauguin-Halle erinnern. Es wird ihm vielleicht auch bewußt, daß er das Achteck, ein typisch maurisches Stilmittel, überall im Haus als zentrale architektonische Figur antrifft, im Restaurant und darunter im Spa-Bereich, am Pool mit seiner Brunnenanlage und natürlich im Entrée. Das Atrium steigt oktagonal über zwei Galerien nach oben und dient als Achse für die beiden Flügel, die sich hufeisenförmig bis zum Meer ziehen.

Das Rokokoportal der Erscheinungskirche am Ende der Calle de Carmen wird von einem Turm flankiert, der einst zu einem maurischen Palast gehörte. Der Platz davor ist mit Terrakotta ausgelegt, so wie die Wege unter den Palmen, blühenden Mimosen und Kakteen im Las Dunas, wie seine Dächer, wie die Terrassen und Balkone der 75 Zimmer und Suiten oder wie ein besonders schön gestaltetes Badezimmer im Ostflügel.

Wer auf der Promenade La Alameda unter den jahrhundertealten Pinien und Gummibäumen die schönsten Keramikbänke der Küste

picturesque landscapes, bathes the restaurant in its theatrical decor. The way there leads through the octagonal Gauguin-Hall, by the way. Its walls display a panorama of South Sea motifs by the French impressionist who gave the hall its name, painted by Marie-Luce Petit. The fascinating ambiance of the noble refuge which has been welcoming guests since February '96 is certainly just one of its attractions. Director Frank M. Pfaller, internationally in demand Hôtelier, who has successfully opened 16 hotels in 13 different countries to date, has even more to offer. His living areas don't only sparkle with exquisite, tasteful interior furnishings in the style of the favourite Mediterranean colour, but also with every comfort that is part of a First-Class-Logis. The individually laid out and furnished rooms and suites are 44 to 150 sq. meters in size. The Presidential Suite has, among other comforts, its own lift, and it fulfills all security claims. Robert de Nero obviously enjoyed his stay.

Frank M. Pfaller would certainly not have been successful in introducing his present resort as one of the Lead

bewundert, hat weitere Inspirationsquellen der Las-Dunas-Designer entdeckt. Wie jedes Laden-, Straßen- und Hausnummernschild in Marbella sind auch diese kostbaren Sitzgelegenheiten aus den wunderschönen andalusischen Fliesen gefertigt. So schmücken die Zeugnisse traditioneller maurischer Handwerkskunst in ihren leuchtenden Blau-, Grün-, Weiß- und Gelbtönen auch die Brunnen, Dachfirste und Interieurs der Hazienda Las Dunas.

Und wie die kunstvollen Malereien auf den Keramikbänken den Blick in die schönsten Winkel der Altstadt und der Küste entführen, so wirken auch die Wandgemälde und Trompe-l'œil-Werke von Marie de Troostembergh. Die in Belgien geborene Meisterin der dekorativen Wandmalerei, die ihre Kindheit und Jugend in Marokko verbrachte, zeigt ihre Kunst in der Eingangshalle, im Spa und in vielen Zimmern, lockt die Augen in liebliche Gärten und pittoreske Landschaften, taucht das Restaurant in sein theatralisches Dekor. Der Weg dorthin führt übrigens durch die achteckige Gauguin-Halle. Ihre Wände zeigen, gemalt von Marie-Luce Petit, ein Panorama aus Südseemotiven des französischen Impressionisten, der der Halle den Namen gab.

Die faszinierende Ambiance der Edelherberge, die seit Februar 1996 Gäste empfängt, ist freilich nur eine ihrer Attraktionen. Direktor Frank M. Pfaller, international gefragter Hôtelier, der bis dato 16 Hotels in 13 verschiedenen

Ländern mit Erfolg eröffnete, hat noch anderes zu bieten. Seine Wohnensembles glänzen nicht nur mit ausgesucht geschmackvollen Inneneinrichtungen im farbverliebten mediterranen Stil, sondern auch mit all dem Komfort, der einem First-Class-Logis ansteht. Die individuell geschnittenen und gestalteten Zimmer und Suiten sind 44 bis 150 qm groß. Die Presidential Suite verfügt unter anderem über einen eigenen Lift und genügt allen Sicherheitsansprüchen. Robert de Niro genoß den Aufenthalt sichtlich.

Und Frank M. Pfaller wäre sicher nicht gelungen, sein gegenwärtiges Resort bereits nach einem viertel Jahr als eines der Leading Hotels of the World vorzustellen, wenn er nicht fähig wäre, innerhalb kürzester Zeit ein erstklassiges Team um sich zu versammeln. Seine Servicecrew zeigt bei jeder Gelegenheit Freude, helfen, betreuen und umsorgen zu können. Sie macht das Hotel zum privaten Refugium, natürlich 24 Stunden am Tag.

Maurische Eleganz in den Zimmern und Suiten.

Moorisch elegance in rooms and suites.

Erfolgreicher Hôtelier und charmanter Gastgeber: Direktor Frank M. Pfaller.

Successful hôtelier and charming host: director Frank M. Pfaller

ing Hotels of the World after just a quarter of a year, if he hadn't been able to gather a first-class team around him within a very short time. His service crew shows pleasure in being able to help, look after and pamper the guests at every opportunity. They of course turn the hotel into a private refugium 24 hours a day. The Hôtelier has also succeeded in finding an excellent personal acquisition in the culinary area. He was able to gain two-star-chef Heinz Winkler who took on the job of Supervisor of the Las-Dunas-Kitchen as well as his own "Residenz" in Aschau. The result: The Costa de Marbella, perhaps truly not known for its abundance of Gourmet-Highlights now has a top address for the most discerning gourmets. Those who are already enthusiastic about Heinz Winkler's ingenious "cuisine vitale" in Aschau, can enjoy it in Marbella as "cuisine vitale méditeranéenne" with the freshest products from the sea and from the house's own biodynamically cultivated Finca. The view, that Frank M. Pfaller has to serving praline of salmon on marinated cucumbers or to Dorade on lukewarm tomatoes, olives, artichokes and basil in the restaurant, on the terrace and, if desired, also in the garden at the beach, has already been described.

The host provides for entertainment, among other places, in the comfortable bar, decorated in warm pastel colours. Singer Maria Carmen and her accompanist are experts at stimulating the musically swinging southern nights. And the Munich born cosmopolitan Pfaller naturally has an eldorado to offer to golf enthusiasts. 27 courses nearby, 40 courses in the entire Costa del Sol entice golfers to their greens. He maintains a close relationship to La Quinta Golf & Country Club ten minutes away which offers special privileges for guests. Manuel Piñero, vice-captain of the Spanish Ryder-Cup-Team, manages the golf academy there, and Las Dunas is the official hotel of the Ryder Cup that will be held in Valderrama in September. When the central European courses are unplayable in winter, you can best putt on the Costa del Golf.

The elegant host invites his body and beauty conscious guests into the luxuriously designed spa centre.

Eine exzellente personelle Akquisition glückte dem Hôtelier auch im kulinarischen Bereich. Er konnte Zwei-Sterne-Maître-Cuisinier Heinz Winkler dazu gewinnen, sich neben seiner „Residenz" in Aschau auch als Supervisor der Las-Dunas-Küche anzunehmen. Resultat: Die Costa de Marbella, mit Gourmet-Highlights wahrlich nicht im Überfluß bedacht, hat eine Spitzenadresse für verwöhnteste Gaumen. Wer sich in Aschau schon für Heinz Winklers geniale „Cuisine vitale" begeisterte, genießt sie in Marbella als „Cuisine vitale méditerranéenne" mit frischesten Produkten aus dem Meer und von der biodynamisch betriebenen, hauseigenen Finca. Die Aussicht, die Frank M. Pfaller zur Praline vom Lachs auf marinierten Gurken oder zur Dorade auf lauwarmen Tomaten, Oliven, Artischocken und Basilikum mitservieren läßt, im Restaurant, auf der Terrasse und auf Wunsch auch im Garten am Strand, wurde schon beschrieben.

Für Unterhaltung sorgt der Hausherr unter anderem in der behaglichen, in warmen Pastellfarben gehaltenen Bar. Sängerin Maria Carmen und ihre Begleiter verstehen sich anregend auf die musikalischen Schwingungen südlicher Nächte. Und ein Eldorado hat der in München geborene Kosmopolit Pfaller natürlich Golfern zu bieten. 27 Plätze in der näheren Umgebung, 40 Parcours an der ganzen Costa del Sol locken auf ihre Grüns. Enge Beziehungen pflegt man zum zehn Minuten entfernten

Mittelmeerflair in warmem Pastell: die Bar .

Mediterranean atmosphere in warm pastel shades: the bar.

Oben: Fitneß in edler Ambiance.
Darunter: Colon-Hydro-Therapie in der Regena Sol Clinic.

Up: fitness in luxurious ambience.
Below: colon-hydro-therapy in Regena Sol Clinic.

La Quinta Golf & Country Club mit speziellen Konditionen für Gäste. Die dortige Golfakademie leitet Manuel Piñero, Vizekaptän des spanischen Ryder-Cup-Teams, und das Las Dunas ist offizielles Hotel des Ryder Cup, der im September in Valderrama ausgetragen wird. Wenn im Winter die zentraleuropäischen Plätze nicht bespielbar sind, puttet man an der Costa del Golf natürlich am schönsten.

Sein körper- und schönheitsbewußtes Publikum lädt der elegante Gastgeber ins luxuriös designte Spa-Zentrum. Ausgesuchte Beauty- und Wellneß-Programme bieten Gesichts- und Ganzkörperbehandlungen von Thalassotherapie über Algenanwendungen bis zur Shiatsu-Massage. Exklusiv zur Anwendung kommen die Haut- und Körperpflege-Produkte der amerikanischen Kosmetikkünstlerin Janet Sartin, die internationale Hairstylistin Ingrid Klee eröffnete im Hotel einen neuen Coiffeur-Salon, und die Regena Sol Clinic bietet innovative medizinische Vorbeugungsprogramme von der Sauerstoff-Ozon-Therapie bis zu Serum-Regenerationskuren und Therapien zur Stimulation des Immunsystems. Kulinarische Begleitung: Eine von Heinz Winkler kreierte, besonders leichte und vitalisierende Spa-Cuisine.

Und über allem strahlt die Sonne Andalusiens, bringt die flamingofarbenen Fassaden von Las Dunas zum Leuchten und schießt Tag für Tag Myriaden glitzender Pfeile in die blaue See vor Gibraltar.

A well-chosen beauty and well-being programme offers face and whole body treatments from Thalassic Therapy to Algee Baths to Shiatsu massage. The exclusive treatment of the skin and body care products of the American cosmetic artist Janet Sartin, the international hair stylist Ingrid Klee has opened a new hairdressing salon in the hotel and the Regina Sol Clinic offers an innovative medical preventative programme from the Oxygen-Ozone-Therapy to serum regeneration treatments and therapies to stimulate the immune system. Culinary accompaniment: One of Heinz Winkler's creations of especially light and vitalising Spa-Cuisine. Above everything, the Andalusian sun shines, brings the flamingo coloured facades of Las Dunas alight and shoots myriads of sparkling arrows into the blue sea in front of Gibraltar day after day.

Ein Serviceteam, das ein Hotel zum privaten Refugium macht.

A service crew, that makes a hotel a private hideaway.

Mallorca wandelt sein Image. Die größte der Baleareninseln gilt reisenden Individualisten längst wieder als Hort geheimnisvoller Schönheiten fern vom besinnungslosen Lärm der Südküste. Idyllisch vor Manacor gelegen, der zweitgrößten Stadt des Mittelmeer-Eilands, lockt La Reserva Rotana mit authentischem Finca-Flair und exklusiven Faszilitäten für Golfer.

Land- und Golf-Idylle im Osten Mallorcas

La Reserva Rotana

Idyllic countryside and ideal golf in the east of Majorca.

Majorca's image is changing. Once more and indeed for some time now the largest of the Balearic Islands has been regarded by individualistic travellers as a refuge of mysterious beauty, far from the babel of the south coast. Located at an idyllic spot near Manacor, the second largest town of this Mediterranean island, the attraction of La Reserva Rotana lies in the authentic flair of this Spanish country estate and its exclusive golfing facilities.

Text: Günter Ned · Fotos: Klaus Lorke

Das vielzitierte „andere" Mallorca hat unter deutschsprachigen Liebhabern der Baleareninsel viele Stützen. Sie beteiligen sich nicht an den Freizeit- und Bauexzessen mancher Strände und Buchten. Sie sind zum Teil schon lange im Land, lieben die Ursprünglichkeit des Eilands mit den vielen Gesichtern, tragen bei, seine Schönheit, seine Geschichte zu bewahren.

Der Schweizer Juan Ramón Theler und seine deutsche Frau Loretta Prinzessin zu Sayn-Wittgenstein Hohenstein kamen vor 25 Jahren ins Hinterland der Ostküste. Sie erwarben einen alten mallorquinischen Herrensitz, der unter dem Namen La Rotana schon in Chroniken aus dem Jahr 1242 geführt wird. Zuvor gehörte der Grundbesitz zu den Ländereien des Marques Vilallonga Mir i Muntaner und damit einer alten Adelsfamilie Mallorcas.

Die Neuinsulaner trieben auf ihrem weiten Land – La Rotana ist 200 Hektar groß –

The much quoted "other" Majorca has many patrons among German-speaking friends of the Balearic islands. They take no part in the leisure activities and building excesses of certain beaches and bays. Some settled here a long time ago, in love with the simplicity of the island and its variety, and contribute to the conservation of its beauty and its history.

Swiss Juan Ramón Theler and his German wife, Loretta, Princess zu Sayn-Wittgenstein Hohenstein, came to the east coast hinterland 25 years ago. They purchased an old Majorcan manor house mentioned in the chronicles of 1242 as "La Rotana". The property had previously been part of the estates of the Marquis Vilallonga Mir i Muntaner,

ancient nobility of Majorca. Initially the newcomers to the island farmed their large estate – La Rotana has nearly five hundred acres. Then its landlord developed another passion, the conservation and reconstruction of original Majorcan buildings. Today more than a few old manor houses on the island have been restored to their former beauty by Don Juan, as the locals call him.

The most beautiful property is clearly the one standing on his own land. The buildings which came into the possession of this descendant of an eminent Swiss insurance dynasty date back to the 17th century. Paco and Francisca, the family who in the meantime have been farming the land and seeing to the livestock,

zunächst Landwirtschaft. Dann entwickelte der Patron eine andere Passion, die Erhaltung und Rekonstruktion originaler mallorquinischer Bausubstanz. Heute zeigen sich auf der Insel nicht wenige alte Herrensitze in neuer Schönheit, restauriert von Don Juan, wie ihn die Einheimischen nennen.

Die schönste Finca steht wohl auf seinem eigenen Grund und Boden. Die Gebäude, die der Sproß einer renommierten Schweizer Versicherungsdynastie vorfand, stammen aus dem 17. Jahrhundert. Im Herrenhaus wohnten bis in die neunziger Jahre Paco und Francisca, die Bauernfamilie, die inzwischen die Feld- und Viehwirtschaft führt. Dann zogen die Landwirte um, und heute präsentiert sich dort, wo Paco und Francisca wohnten, wo Ställe Vieh und Scheunen Vorräte bargen, eines der feinsten Finca-Hotels Mallorcas.

Exklusive Zimmer und Suiten, reizvoll individuell geschnitten aufgrund der Denkmal-

schutzauflagen, ein Restaurant mit Patio, ein Außen- und ein Indoor-Pool (unterm Brunnen in der ehemaligen Zisterne) empfangen Gäste, die stilvolle Ländlichkeit mit luxuriösem Komfort lieben.

Grüne Höfe und blühende Gärten umgeben „La Reserva Rotana". Man spaziert unter Pinien, Palmen und Platanen, vielfarbige Bougainvilleen wachsen über ockerfarbene Steinfassaden hinauf zu Terrakottadächern. Mit mehr Stilgefühl und größerer Liebe zum ursprünglichen Gesicht Mallorcas kann man eine Finca nicht restaurieren.

Im Herrenhaus mischen eine Suite, sieben Juniorsuiten, fünf Doppel- und ein Einzel-

occupied the manor house right up to the 1990s. They then moved and today where Paco and Francisca once lived, where there had been cattle sheds and storage barns, there is one of the finest country hotels in Majorca.

Exclusive rooms and suites delightfully and individually designed so as to comply with regulations governing the protection of ancient monuments, a restaurant with a patio, an outdoor and indoor pool (beneath a fountain where the underground cistern used to be), all

this greets the guest who values sophisticated country style with luxurious comfort.

Verdant farms and flowering gardens surround "La Reserva Rotana". One can stroll beneath pines, palms and plain trees. Multi-coloured bougainvillaea grows against ochre stone fa†ades right up to the terracotta roofs. It would impossible to restore a property with a greater sense of style or attention to its original Majorcan character.

In the manor house itself Majorcan country house elegance is

zimmer mallorquinische Landhaus-Eleganz mit behaglicher Wohnlichkeit. Überall scheint der bauliche Charme der alten Finca durch. Zwischen venezianischem Stuck sind in den Wohnräumen Feldsteinmauern freigelegt, Bögen aus Santanyí-Stein, Wände aus sonnenfarbenem Marés fügen sich in exquisite mediterrane Interieurs.

Alte Mauerhaken sind erhalten, an denen früher Sobrasadas hingen und neben Melonen und Pa-amb-oli-Tomaten überwinterten. Zimmer Nr. 12 bewahrt steinerne Futterkrippen, und die Badezimmer zählen zu den Perlen der Ambiance. In den warmen Farben der Insel gehalten, sind sie behaglich wie Wohnräume und mit ihren Wanneneinfassungen aus Travertin schmuckvoll wie die Eingangshalle mit ihren neuen Fresken

Juan Ramón Theler kultivierte über die Jahrzehnte, die er mit seiner Familie nun schon auf Mallorca lebt, noch eine weitere Leidenschaft, das Sammeln schöner Gegenstände aus vergangenen Zeiten. So stand ihm ein nahezu unerschöpflicher Fundus zu Gebot, als er daranging, das Fluidum der alten Finca mit raren Antiquitäten zu schmücken. Hübsch so ein Detail wie das Luftgitter aus einer alten Abtei, in den Terrakottaboden eingelassen. Mit stilsicherem Geschmack ausgesucht und plaziert Raritäten wie die Waschbecken aus dem ehemaligen Grand Hotel Palmas, Kostbarkeiten wie die

Im Restaurant genießen Gäste wie überall in der Finca das Flair des alten mallorquinischen Herrensitzes.

In the restaurant as in all parts of this country house, guests can relish the atmosphere and style of an old Majorcan manor.

María Rodríguez Bécares hat ihre Kindheit im Sauerland verbracht und spricht perfekt deutsch.

María Rodriguez Bécares, the Gerneral Manager, spent her childhood in Sauerland. She speaks German perfectly.

marokkanische Truhe in einer Juniorsuite oder in der Halle die geschnitzte Decke aus einem Kloster in Cordoba. Originell dazu das Interieur der Bar. Ihr afrikanischer Stil und die dekorativen Trophäen stammen aus einer Zeit, in der der Hausherr noch regelmäßig den Büros des väterlichen Unternehmens entfloh, um auf dem schwarzen Kontinent Großwild zu jagen. (Heute schießt er nicht einmal mehr Karnickel, sondern zieht Zicklein mit der Flasche groß.) Viele Wohnensembles haben Terrassen, ebenso die sieben Doppelzimmer und Juniorsuiten um den Außenpool.

Direktorin María Rodríguez Bécares hat ihre Kindheit im Sauerland verbracht. Angenehm fürs Publikum deutscher Zunge: sie spricht die Sprache ihres einstigen Gastlandes perfekt. Die charmante Festlands-Spanierin ist mit einem Mallorquiner verheiratet und hat sichtlich ihr Herz an La Reserva Rotana gehängt. Sie führt das Domizil drei Kilometer vor Manacor als attraktiven Stützpunkt für entspannende Aktivitäten. Eine halbe Stunde spaziert man ins Naturschutzgebiet, 20 Minuten fährt man zu den schönsten Buchten der Ostküste. Als wahres Kleinod aber präsentiert sich La Rotana den Golfern. Zur Finca gehört ein trickreicher 9-Loch-Kurs, den Don Juan zunächst für sich selbst gebaut hat. Heute lädt er seine Gäste auf die Greens und Fairways, und zwar exklusiv: Es gibt keinen öffentlichen Zugang. Der eigene Pro, David McGinnes (Han-

combined with homely comfort in the suite, the seven junior suites, the five double rooms and the single room. The architectural charm of the original country house shines through everywhere. In the living areas natural stone walls have been exposed between the Venetian stucco work. Arches of Santanyi stone and walls built of sun-coloured marés are an integral part of the exquisite Mediterranean interiors. Old wall hooks have been retained on which in earlier time pork sausages hung to overwinter alongside melons and pa-amb-oli tomatoes. There are stone cattle troughs in Room 12, but it is the bathrooms which count among the gems of the whole ambience. Decorated in the warm colours of the island they are as comfortable as living rooms, and the baths bordered with travertine are as decorative as the entrance hall with its new frescoes.

Over the many years Juan Ramón Theler has been living with his family on Majorca he has cultivated a further passion – collecting beautiful artefacts from past times. So, when he set about enhancing the atmosphere of the old house by adorning it with rare antiques, he had at his disposal a truly inexhaustible collection. A charming detail would be the ventilation grille from an old abbey set into the terracotta floor.

Rarities have been selected and positioned with unerring taste, such as the washbasin from the old Grand Hotel in Palma de Mallorca, treasures such as the Moroccan chest in one of the junior suites or the carved ceiling from a convent in Cordova in the hall.

The interior of the bar is yet another original feature. Its African style and the decorative trophies go back to a time when the head of the household would regularly escape from the office of his father's company to go big game hunting in Africa. (Nowadays he doesn't even shoot rabbits, preferring to bottle-feed goat kids.) Many of the units have terraces as do the seven double rooms and the junior suites around the open air pool.

María Rodríguez Bécares, the Manager, spent her childhood in Sauerland, most agreeable for German-speaking visitors. She speaks the language of her former host country perfectly. This charming woman from the Spanish mainland is married to a Majorcan and has clearly lost her heart to La Reserva Rotana. She runs the residence three kilometres from Manacor as an attractive base from which to pursue relaxing activities. In half an hour one can be rambling in the nature reserve and the most beautiful bays of the east coast are only 20 minutes away. For golfers though La Rotana is a veritable jewel of a place. The estate has a tricky nine-hole golf course which was initially laid out by Don Juan for his personal use. Nowadays only his own guests have access to the greens and fairway. There is no admission to the public. His own pro, David McGinnes (handicap 0) will willingly coach beginners. In addition there are five 18-hole golf courses nearby from Vall d'Or Porto Colom to Pula Golf, Golf Costa de los Pinos and Golf Canyamel to Golf Roca Viva.

The Rotana golf course is encircled by hills, woods, brooks and fields which stretch across the whole of the five hundred acre estate where agriculture still continues to thrive as in the past. Six hundred ewes are scattered across the green of the fields which merge into the nature reserve up on the hill.

Nowadays Paco and Francisca run the farm from Maiolet, the hotel annexe, and cater for visitors with more modest needs. 12 double rooms furnished in simple Majorcan style await visitors who prefer a rustic atmosphere and more favourable prices.

It is worth mentioning that the Rotana Restaurant has developed a reputation as one of the finest on the island. The father of Santiago Salamanca Glasson is a Majorcan so

Santiago Salamanca Glasson ist Mallorquiner, einer der ganz wenigen einheimischen Gourmet-cuisiniers.

Santiaga Salamanco Glasson is a Majoran, one of the very few native gourmet chefs.

his son is one of the very few native Majorcan gourmet chefs. The young master of cuisine excels with his imaginatively creative Mediterranean cooking, utilizing the fruits and fish of his country's lush vegetation and waters. He himself goes to the market daily and draws up the rich and varied menu according to season. His gazpacho is exquisite and owes its sunny colour to the yellow tomatoes he uses. Glasson occasionally serves the paella as fideua, that is not with rice but with noodles prepared in the same way as the people of Valentia like to eat Spain's national dish. Whether medallions of monkfish on asparagus ragout or lamb chops in rosemary sauce, this very talented young chef demonstrates all the finesse required for the art of reduction. "I believe in simplicity!" Hotelier Juan Ramón Theler has also managed to angle another big fish. The young Majordomo, Klaus Wankelmann, already knows some of the Rotana guests from his brilliant career at the Vila Joya in the Algarve. He perfected personal service and among other things introduced the first Spanish wines on to the wine list which now includes some fine examples from the wines of Majorca.

dikap 0), unterrichtet auch gerne Anfänger. Zusätzlich finden sich fünf 18-Loch-Plätze in der nächsten Umgebung von Vall d'Or Porto Colom über Pula Golf, Golf Costa de los Pinos und Golf Canyamel bis Golf Roca Viva.

Eingefaßt ist der Rotana-Golf-Parcours von den Hügeln und Wäldern, Flüßchen und Feldern, die sich über die 200 Hektar Grundbesitz ziehen. Hier blüht die Landwirtschaft der Finca nach wie vor. Allein 600 Mutterschafe sprenkeln das Grün der Weiden, die oben auf der Anhöhe ins Naturschutzgebiet übergehen. Paco und Francisca führen das Gut nun von der Dependance Maiolet aus und bewirten dort auch Urlauber mit einfacheren Ansprüchen. 12 Doppelzimmer, in schlichtem mallorqinischen Stil eingerichtet, erwarten Besucher, die die rustikale Atmosphäre und die günstigen Preise schätzen.

Bleibt der Hinweis, daß sich das Rotana-Restaurant zu einer der feinen Insel-Adressen entwickelt hat. Der Vater von Santiago Salamanca Glasson ist Mallorquiner, sein Sohn damit einer der ganz wenigen einheimischen Gourmet-Cuisiniers. Der junge Kochkünstler glänzt mit phantasievoll kreativer Mittelmeerküche, zubereitet mit den üppig gedeihenden Land- und Meeresfrüchten seiner Heimat. Er fährt täglich selbst zum Markt, der Wechsel der Jahreszeiten bestimmt den Abwechslungsreichtum der Karte. Köstlich seine Gazpacho, die ihre sonnige Farbe gelben Tomaten verdankt. Die Paella speist man bei Glasson gelegentlich als Fideua, also nicht mit Reis, sondern mit Nudeln, so wie man das spanische Nationalgericht in Valencia liebt. Von den Seeteufelmedaillons auf Spargelragout bis zu den Lammkoteletts in Romero-Sauce zeigt der hochbegabte Nachwuchskoch dabei, wieviel Finesse in der gekonnten Reduktion liegt: „Ich glaube an die Einfachheit!"

Auch für die Serviceleitung ist Patron Theler ein attraktiver Fischzug gelungen. Den jungen Maître Klaus Wankelmann kennt mancher Rotana-Gast schon von seinen brillanten Auftritten in der Vila Joya an der Algarve. Er perfektionierte die individuelle Betreuung und brachte unter anderem die erste spanische Winzergarde auf die Weinkarte. Mit von der Partie sind feine Gewächse von den Rebhängen Mallorcas.

Eine delikate Vorspeisen-Kreation von Santiago Salamanca Glasson: Salat von Gemüsen und Langostinen.

A delicious hors d'œuvre, created by Santiago Salamanca Glasson: crayfish and vegetable salad.

Schattiges Plätzchen für feine Gourmandise: der überdachte Teil des Patio.

A shady spot for the gourmand: the covered part of the patio.

Phantasievolle Desserts sind eine besondere Spezialität des Küchenchefs.

Imaginative desserts are the chef's speciality.

Lili

Sail the Seven Seas
with the Lili Marleen

Marleen

Unter vollen Segeln übers Meer

Weiß wie die Gischt des Wassers, in der nostalgischen Schönheit der Windjammer kreuzt die „Lili Marleen" über die Meere zwischen St. Petersburg und den karibischen Inseln. Passagiere genießen auf der Barkentine der holsteinischen Reederei Deilmann den Luxus eines First-class-Hotels und erleben den Zauber der See mit der Aura vergangener Zeiten.

White as the foam on the water, with the nostalgic beauty of the windjammers, the "Lili Marleen" cruises the seas between St. Petersburg and the Caribbean islands. On this barquentine, owned by the Holstein shipping company Deilmann, passengers enjoy the luxury of a first class hotel and experience the magic of the sea with the aura of times past.

Whether our fairy-tale destinations beckon from afar or are close at hand after short trips, we always look forward to arriving. Once we are there, the stress will melt away. We will be caught up in the magical atmosphere, our palates titillated by renowned cuisine, fascinating cities fill us with their metropolitan charm and cultural flair, idyllic countryside backed by steep cliffs or sheltered by high palm trees draw our thoughts back to ourselves. The journey is planned to be as smooth and comfortable as possible, taking us to our luxury hideaway like a fast lift. Sea-lovers, however, know a different elixir. For them, the journey is an end in itself. They love travelling slowly, only really starting out when the engine is turned off and they can let themselves be carried along by spontaneous forces, eagerly awaiting the next unexpected event. We are, of course, talking about real sea-lovers. Their nostalgic love is for the wind and the sails, their penchant for the most ancient way of sailing the seas, a particularly attractive kind of anachronism from which the entire cruise trade has developed. Technological progress and the increasing attractiveness of air travel made crossing the North Atlantic by ship seem ever more dated and, in the 1950s, the great shipping companies were finally and inexorably slipping towards bankruptcy. Then, released from their centuries-old transport function, the great ocean liners sud-

Ob die traumhaften Destinationen als ferne Ziele winken oder als nahe Paradiese nach kurzen Trips, unsere Freude gilt immer dem Ankommen. Wenn wir erst dort sind, wird sich der Streß schnell lösen. Zauberhafte Ambiancen werden uns einfangen, eine Cuisine von besonderem Ruf verwöhnt unsere Gaumen, faszinierende Metropolen füllen uns mit ihrem urbanen Charme und kulturellen Flair, idyllische Landschaften an steilen Kliffs oder unter hohen Palmen lenken die Gedanken zurück auf uns selbst. Die Fahrt ist dabei so zügig und komfortabel wie möglich gedacht, als schneller Lift ins luxuriöse Versteck.

Freunde der See kennen da noch andere Elixiere. Sie machen schon den Weg zum Ziel, setzen auf Langsamkeit, brechen erst richtig auf, wenn der Motor abgeschaltet ist, lassen sich von spontanen Kräften tragen, neugierig aufs nächste unerwartete Ereignis. Natürlich ist hier von ganz bestimmten Freunden der Seefahrt die Rede. Ihre nostalgische Liebe gehört Wind und Segeln, und ihr Faible für die älteste Art, mit Schiffen über die Meere zu reisen, ist eine besonders reizvolle Spielart des Anarchronismus, dem eigentlich die ganze Seetouristik entwuchs.

Der technologische Fortschritt, die zunehmende Attraktivität des Flugverkehrs ließen die Schiffspassagen über den Nordatlantik immer unzeitgemäßer werden und brachten die Reedereien in den fünfziger Jahren endgültig und unaufhaltsam in die roten Zahlen. Da entwickelten die großen Oceanliner, entlastet von der jahrhundertealten Transportfunktion, plötzlich ihre nostalgische Aura. Die Seereise wurde von der alltäglichen Notwendigkeit zum außer-

denly developed their nostalgic aura. Sea travel was transformed from an everyday necessity to an extraordinary pleasure, a romantic delight. In the 1960s, German ship-owners and travel companies began intensively marketing exotic destinations in this new branch of the tourist industry. German travel companies had a marked "home advantage" for quality-conscious travellers. The high standard of German shipyards is renowned the world over, and the international reputation of ships sailing under the German flag with the best-qualified German crew has traditionally been high – as, of course, has the price. And as the problems of high costs also affect the shipping industry, it is no wonder that today only a few hand-picked ships still sail under the black, red and gold stripes of the German flag. Apart from the "Europa", owned by Hapag-Lloyd and the "Arkona", the flagship of the former East Germany, only the cruise ships of the Holstein shipping company Deilmann can afford this luxury. Its ocean-going cruise ship "Berlin", the "Dream Ship" of the popular German television programme of the same name, calls at the most glittering destinations from the North Cape to Tangiers, from Scot-

ordentlichen Genuß, zum romantischen Vergnügen. In den 60er Jahren begannen deutsche Schiffseigner und Reiseunternehmen die fernwehträchtigen Angebote des jungen Touristikzweiges intensiv zu vermarkten.

Dabei hatten sie für qualitätsbewußte Reiselustige einen starken Heimvorteil. Die Wertarbeit deutscher Werften ist weltweit bekannt, das internationale Ansehen von Schiffen, die unter deutscher Flagge und mit den bestens qualifizierten deutschen Mannschaften fahren, war traditionell hoch, ebenso freilich die Kosten. Und da auch in Reederkreisen Standortdiskussionen auf der Tagesordnung stehen, ist es kein Wunder, daß heute nur mehr einige handverlesene Schiffe unter den schwarz-rot-goldenen Streifen fahren. Neben der „Europa" von Hapag Lloyd und der „Arkona", dem Flaggschiff der ehemaligen DDR, leisten sich nur noch die Kreuzfahrer der holsteinischen Reederei Deilmann diesen Luxus.

Ihr Hochsee-Cruiser „Berlin", als TV-„Traumschiff" längst in aller Munde, läuft die schillerndsten Destinationen vom Nordkap bis Tanger, von Schottland bis Singapur an. Ihre Flußschiffe wie die „Princesse de Provence", die

In dem eleganten Restaurant genießen die Gäste erstklassige Feinschmeckermenüs.

At the elegant restaurant the guests are enjoying top-quality gourmet-menues.

Der Kapitän der „Lili Marleen", Immo von Schnurbein, war früher langjähriger Kommandant der berühmten „Gorch Fock".

The captain of the "Lili Marleen", Immo von Schnurbein, has been for many years the former commander of the famous "Gorch Fock".

Das „Palaverdeck" lädt zum Verweilen ein.

The "Palaverdeck" is inviting for a stay.

„Prinzessin von Preussen", die „Dresden", die „Mozart" oder die „Donauprinzessin" locken zu luxuriösen Kreuzfahrten auf den Strömen Europas, und der jüngste Stolz von Deilmanns Hochseeflotte, der Dreimastsegler mit dem erinnerungsvollen Namen „Lili Marleen" präsentiert sich als Hideaway der Sonderklasse.

Losgelöst von festen Orten, fasziniert von den wechselhaften Gesichtern der See genießen ihre Passagiere nicht nur den Komfort und persönlichen Service eines Luxusdomizils. Auf der Yacht mit dem Heimathafen Neustadt in Holstein bleibt die Besatzung nicht anonym und unsichtbar wie hinter den Kulissen eines Superliners mit 1800 Gästen. An Bord der „Lili Marleen" berühren sich die Sphären der Muße und der Arbeit, und dazu birgt die über die Zeiten gerettete Fahrt auf einem Windjammer ihre eigenen Erfahrungen. Wenn die Mannschaft Segel setzt wie in historischen Jahrhunderten, mit traumhaft sicheren, tausendmal trainierten Griffen Hand in Hand arbeitet, nimmt das Publikum teil an einem unausweichlichen Zusammenhalt. Das Spiel mit den Elementen, mit Wind und Wellen fordert Vertrauen in die Kraft des anderen, Rücksicht auf das schwächste Glied in der Kette, klare Kommunikation – Tugenden aus längst vergangenen Zeiten?

Zugleich bleibt viel Raum für individuelle Stunden, für neue Gedanken, vielleicht mit einem Buch aus der Bibliothek in Lili's Bar, für Träume unterm Sternenhimmel in warmen karibischen Nächten, für lange Minuten an der Reeling des Sonnendecks. Man blickt aufs uferlose Meer, und nach und nach beginnt man, Zeit zu spüren.

Peter Deilmann gründete seine Reederei mit Sitz im Ostseehafen Neustadt vor 25 Jahren. Er ist bis heute alleiniger Eigentümer, und seine Philosophie zielt auf Reisen mit besonderem Flair. „Die Seetouristik blüht. Aber wir haben eine negative Entwicklung. In Amerika werden die Schiffe immer größer, immer unpersönlicher. Die Menschen haben kein persönliches Verhältnis mehr zu dem Mann an der Rezeption, sind nur Nummern. Das ist der falsche Weg. Man muß ihn zurückgehen. Man darf nicht an der Landschaft ohne Zeitgefühl vorbeirauschen, sondern muß dabei etwas empfinden dürfen. Die Zeit war reif für ein Schiff wie die ‚Lili Marleen'."

Der Titel des weltberühmten Liedes, das von Goebbels verboten war, weil es zum Marschlied nicht taugte, das die Soldaten an allen Fronten sangen, um ihre Sehnsucht nach einer Zeit ohne Krieg auszudrücken, ist ein guter

land to Singapore. Its river vessels, such as the "Princesse de Provence", the "Prinzessin von Preussen", the „Dresden", the "Mozart" and the "Donauprinzessin" entice the traveller to luxury cruises on the major rivers of Europe, and the most recent pride of the Deilmann ocean-going fleet, the three-mast sailing ship with the evocative name "Lili Marleen", belongs to a special class of hideaway. Freed from fixed locations, fascinated by the changing faces of the sea, her passengers enjoy more than just the comfort and personal service of a luxury hotel. On this yacht, whose home port is Neustadt in Holstein on the Baltic coast, the crew is not hidden anonymously and invisibly behind the scenes, as on a superliner with 1,800 guests. Aboard the Lili Marleen, the worlds of work and leisure meet, and windjammer sailing, preserved from times past, reveals unique experiences. When the crew sets sail as in days of old, pulling together with breathtaking assurance, with actions practised a thousand times over, its audience also becomes part of an inevitable bond. The interplay with the elements, with the wind and the waves, demands faith in the strength of others, consideration for the weakest link in the chain, clear communication – virtues from a bygone age?

Yet there is also a lot of space for individual time, for new thoughts, perhaps with a book from the library in Lili's bar, for dreams under the starry skies of warm Caribbean nights, for long moments at the rail of the sun-deck. Look out across the sea with no land in sight, and, by and by, you begin to feel the trace of time. Peter Deilmann founded his shipping company, registered in the Baltic seaport of Neustadt, twenty-five years ago. He is still the sole proprietor, and his philosophy aims to provide holidays with a special flair. "Ocean tourism is blossoming. But there is also a negative trend. In America, ships are becoming larger and larger, losing their personal touch. Passengers no longer have any personal contact with the man at the reception desk – they are just numbers. This is the wrong road to follow, and we have to retrace it. You cannot just slip past a landscape with no sense of time; you have to be allowed some perceptions. The time was ripe for a ship like the 'Lili Marleen'."

The title of the world-famous song, banned by Goebbels because it was unsuitable for marching, sung by

MS "Baltic Star"
SEETOURISTIK

soldiers on all fronts to express their longing for a time without war, is a good name for this beautiful three-mast sailing ship, emphasising the peaceful, cosmopolitan aspect of holiday cruising. The barquentine, completed in the autumn of 1994, is also proof of her owner's quality consciousness.

"It is quality that motivates me. That is my real concern. You don't build a ship like this just to make money. The 'Lili Marleen' is something I have been considering for many years. I want to use her to escape from increasing anonymity, to rediscover individuality."

Deilmann also insisted on the very highest quality and competence when he employed Immo von Schnurbein, the captain of the 76-metre yacht, as early as the planning and design stage of the rigging and the sail structure. Schnurbein, for many years commander of the "Gorch Fock", the German navy's own sailing ship used for training purposes, and a navigator of international renown, pleaded for traditional rigging, where the crew still sets manoeuvres and takes in the sails by hand, only supported by electric winches at key points – a decision which also ensured the authentic windjammer experience for the passengers.

Name für den wunderschönen Dreimast-Großsegler. Er betont den friedlichen, völkerumspannenden Aspekt der touristischen Kreuzfahrt. Zugleich ist die im Herbst 1994 fertiggestellte Barkentine ein Nachweis für das Qualitätsbewußtsein ihres Eigners.

„Es ist die Qualität, die einen voranbringt. Das ist eigentlich mein Anliegen. So ein Schiff baut man nicht, wenn man nur Geschäfte machen will. Die ‚Lili Marleen' ist etwas, an das ich seit vielen Jahren denke. Ich will mit ihr weg von der Vermassung, hin zur Individualität."

Auf optimale Qualität und Kompetenz setzte Deilmann auch, als er Immo von Schnurbein, den Kapitän der 76-Meter-Yacht, bereits zur Planung und Konstruktion des Riggs, des gesamten Segelaufbaus, zuzog. Der langjährige Kommandant der „Gorch Fock", des Segelschulschiffes der Bundesmarine, ein Navigator mit internationalem Renommee, plädierte für eine traditionelle Takelage, bei der die Mannschaft die Segel noch von Hand setzt, manövriert und birgt, unterstützt lediglich von gezielt eingesetzten elektrischen Winden – eine Entscheidung, die nicht zuletzt das authentische Windjammer-Erlebnis der Passagiere sicherstellte.

Auf keinem anderen Schiff nehmen die maximal 50 Gäste so unmittelbar am Leben der Besatzung teil. Man erfährt hautnah die Arbeit der Matrosen, hoch oben in den Rahen des Fockmastes oder an den Gaffelsegeln des zweiten oder dritten Mastes. Kapitän, Offiziere und Bootsmann geben hilfsbereit Auskunft über ihr Metier, und wer schon Segelerfahrung hat, darf gelegentlich auch selbst Hand anlegen.

Letzteres ist an Bord der „Lili Marleen" auch für das gesamte Hotelteam bei allen Manövern eine Selbstverständlichkeit, für die Oberzahlmeisterin, wie hier die Hotel- und Kreuzfahrtdirektorin heißt, für den Küchenchef und seine Brigade, für den Barchef wie für die Restaurant- und Kabinenstewards. Dennoch bleibt ausreichend Zeit, dem Publikum auf vermeintlich engem Raum alle Annehmlichkeiten eines vorzüglich geführten First-Class-Hotels zu bieten, vom perfekt eingerichteten Bad in der eigenen Kabine bis zum Fünf-Gang-Feinschmecker-

Die Kabinen und die Bar vermitteln Komfort und elegantes Interieur.

The cabins and the bar procure comfort and elegant interior design.

Strahlend blauer Himmel ist auf vielen Törns ein ständiger Begleiter.

A bright blue sky is a constant company on many sailing trips.

There is no other ship where fifty passengers at most take part so directly in the life of the crew. You experience the work of the sailors at first hand, high up in the yards of the foremast or the gaffsails of the second and third masts. The captain, officers and boatswain are happy to tell you about their profession and, if you already have sailing experience, you may occasionally be allowed to lend a hand yourself. Lending a personal hand is a matter of course aboard the "Lili Marleen" for the entire hotel team in all manoeuvres – for the chief purser, as the hotel and cruise director is known here, for the chef de cuisine and his team, for the head barman and the restaurant and cabin stewards. Yet there still remains time to offer the guests all the comforts of an immaculately run first-class hotel, even in what seems like a rather small space, from a perfectly appointed en-suite bathroom in your own cabin to a five-course gourmet menu for lunch and dinner in an elegant ambience. Attractive destinations also ensure that a trip on the "Lili Marleen" becomes an enchanting experience. Guests enjoy the paradise of the sun-kissed Antilles or the beauty of St. Petersburg. Younger guests try out "Nyhaven 17", the crew's latest hot tip for a night out in a Copenhagen pub, and nobody could fail to be charmed by the reception given by the Swedish town of Helsingborg on the yacht's first visit. The red carpet was rolled out, and a brass band, three men and one woman, played "As once Lili Marleen". "You shouldn't really go on the excursions," believes Annemarie, who is enjoying a peaceful retirement with her husband, Otto. "They're just a distraction. They have nothing to do with real sailing." On the third day of the trip, she prophecies that "Everything will calm down later." And indeed, when a good wind finally starts to blow, the sails swell, the foresail is squared, the engine turned off and the "Lili Marleen" ploughs through the waves, carried along only by the forces of nature, a contemplative kind of atmosphere descends on the lounge, the sun-deck and the cosy library. At the outside bar on the open deck, Karola (40) and Karlheinz (50) have a plan in mind which they have been following for a decade. They want to work for five more years and then spend the rest of their time together cruising the oceans of the world in their own 15 metre yacht. Their ship is already being built.

menü zum Lunch und Dinner in eleganter Ambiance. Natürlich sorgen auf Fahrten mit der „Lili Marleen" auch attraktive Destinationen für reizvolle Erlebnisse. Man genießt das Paradies auf den Sonneninseln der Antillen oder die Schönheit von St. Petersburg. Jüngere Jahrgänge testen „Nyhaven 17", den aktuellen Kopenhagener Kneipengeheimtip der Crew, und niemand konnte sich dem Charme entziehen, mit dem die schwedische Stadt Helsingborg die schöne Yacht bei ihrem ersten Besuch empfing. Zum ausgerollten roten Teppich intonierte eine Blaskapelle, drei Mann und eine Frau, „Wie einst, Lili Marleen".

„Dabei sollte man eigentlich die Ausflüge gar nicht machen", meint Annemarie, die mit ihrem Mann Otto einen harmonischen Lebensabend genießt. „Man lenkt sich ab. Es hat mit dem richtigen Segeln nichts zu tun." Und sie prophezeit am dritten Tag der Reise: „Später wird alles noch ruhiger."

Und wirklich, als schließlich guter Wind aufkommt und die Segel bläht, der Fockmast vierkant gebraßt wird, der Motor stillsteht, und die „Lili Marleen", nur von Naturkraft getragen, die Wellen teilt, kehrt eine Art von Besinnlichkeit ein in der Lounge, auf dem Sonnendeck, in der gemütlichen Bibliothek. Und an der Außenbar des Palaverdecks haben Karola (40) und Karl-Heinz (50) einen Plan im Sinn, den sie seit einem Jahrzehnt verfolgen. Sie wollen noch fünf Jahre arbeiten, und dann werden sie für den Rest ihrer gemeinsamen Zeit mit einer eigenen 15-Meter-Yacht über die Meere der Welt kreuzen. Ihr Schiff wird bereits gebaut.

ÜBERSICHT DER HOTELS

Cocoa Island

Makunufushi, South-Male-Atoll
Republic of Maldives
Telefon: 0 09 60 / 44 37 13
Telefax: 0 09 60 / 44 19 19

Cocoa Island ist eine Insel im Süd-Male-Atoll, 25 km südlich der Malediven-hauptstadt Male.

8 zweistöckige Bungalows für 2 bis 3 Personen wenige Schritte vom Strand, naturnaher geschmackvoller Komfort, Terrassen auf Korallensand unter Palmen und wildem Hibiskus. Preise pro Tag für 2 Personen mit Vollpension von US $ 320,– (Nachsaison) bis US $ 480,– (Hauptsaison).

Im Preis inbegriffen: Wasserski, Windsurfen, Katamaransegeln, Volleyball. Nicht inbegriffen: Nachtfischen, die Leistungen der resorteigenen Tauchschule mit Kursen für Anfänger und Fortgeschrittene.

Frische feine Küche, phantasievolle Zubereitungen mit dem Fischreichtum der herrlichen maledivischen Fanggründe.

Ausgeglichenes sonnenreiches Klima ohne nennenswerte jahreszeitliche Schwankungen, Temperaturen zwischen 23°C und 30°C. Hauptsaison von Mitte Dezember bis Ende April. Vor- und Nachsaison empfehlen sich nicht nur wegen reduzierter Preise.

Agentur für Deutschland: Airtours International, Telefon: 0 69 / 7 92 80

Emirates fliegt von Frankfurt über Dubai nach Male und ist an Komfort schwer zu übertreffen. Empfehlenswert für Direktflüge sind die Comfort-Class-Angebote von Condor, LTU, Balair (von Zürich) und Lauda Air (von Wien).

Exklusives, naturbelassenes, individuell-intimes Inselresort fern von jedem touristischen Klischee. Mitglied bei Relais & Châteaux.

Royal Palm

Grand Baie, Mauritius
Telefon: 00 2 30 / 2 63 / 83 53
Telefax: 00 2 30 / 2 63 / 84 55
Beachcomber Hotels
Dianastraße 4, 85521 Ottobrunn
Telefon: 0 89 / 6 09 69 31
Telefax: 0 89 / 6 09 68 11

Im Norden von Mauritius an der Grand Baie.

66 Zimmer, 15 Suiten und eine Royal-Suite. Alle Zimmer mit Meerblick, Klimaanlage, Terrasse oder Balkon. 750,– bis 2 500,– DM (Arrangements zum Beispiel bei FERIA oder AIRTOURS).

Drei Tennisplätze, 9-Loch-Golf-Platz, Tauchen, Speedbootfahrten. Wasserski, Windsurfing, Glasbodenboote im Preis inbegriffen.

Internationale First-Class-Küche; Hummer, Langusten, zahlreiche orientalische und landestypische Spezialitäten.

Tropisches Seeklima, von November bis April ca. 30° C, von Mai bis Oktober ca. 20° C Durchschnittstemperatur.

Air Mauritius fliegt zweimal wöchentlich ab Frankfurt nach Mauritius, dienstags via München, freitags via Genf. Air France, British Airways und Condor fliegen ebenfalls ins tropische Urlaubsparadies.

Einziges „Leading Hotel of the World“ im Indischen Ozean.

Blue Mountain Lodge

P. O. Box 101, Kiepersol,1241
Republic of South Africa
Telefon und Telefax:
00 27 / 13 / 7 37 84 46

In Mpumalanga, dem ehemaligen Transvaal, nahe dem Krüger-Nationalpark, eine der schönsten Gegenden Südafrikas.

Insgesamt 13 Zimmer für maximal 26 Gäste: „Ballentine Suite“ (Presidential Suite) R 1 080,–, Victorian Suite R 750,–, Quadrant Suite R 530,–. Preise pro Person. Eingeschlossene Leistungen: Übernachtung, Frühstück und Abendessen. 1 Rand entspricht ca. 0,40 DM.

Mehrere Golf- und Tennisplätze in der Nähe. Angeln im hoteleigenen See, Bergradeln, Jogging, Billard.

Internationale Spezialitäten im Stil eines kreativen „Guest-Entertainment“– alles geht! Chef Walter Butti beherrscht annähernd jede regionale Küche der Welt.

Subtropisches Klima, heiße Sommer mit höherer Luftfeuchtigkeit (November bis April), milde Winter. Ganzjahresziel. Die Blue Mountain Lodge und die gesamte Region sind ganzjährig malariafrei, nicht jedoch der Krüger-Nationalpark.

Neben South African Airways wird Südafrika auch angeflogen von Lufthansa, LTU, Air France, KLM, Austrian Airlines und British Airways.

Hubschrauberausflüge: Vom Sektfrühstück hoch auf der Bergspitze bis zur Landung auf einer privaten Tierfarm wird alles angeboten.

SUMMARY OF THE HOTELS

Cocoa Island

Makunufushi
South-Male-Atoll
Republic of Maldives
Telephone: 0 09 60 / 44 37 13
Telefax: 0 09 60 / 44 19 19

Cocoa Island is an Island in the South-Male-Atoll, 25 km south of the Maldives capital Male.

8 two-storey bungalows for 2 to 3 people just a few steps from the beach, close to nature tasteful comfort, terraces of coral sand under palms and wild hibiscus. Price per day for 2 people with full board from US $ 320,– (off season) to US $ 480,– (main season).

Included in the price: water skiing, windsurfing, catamaran sailing, volleyball. Not included: night fishing, the benefits of the resort's own diving school with courses for beginners and advanced.

Fresh, delicate cuisine, prepared with fantasy, rich in fish from the Maldives fishing grounds.

Well-balanced sunny climate without appreciable seasonal differences, temperature between 23 °C and 30 °C. Main season from the middle of December to the end of April. Pre and post season are not only to be recommended due to the reduced price.

Agent for Germany:
Airtours International
Telephone: 0 69 / 7 92 80

Emirates flies from Frankfurt and is concerning comfort difficult to surpass. Recommended for direct flights are the Comfort-Class offers from Condor, LTU, Balair (from Zürich) and Lauda Air (from Vienna).

Exclusive, natural, individual-intimate resort far from all tourist stereotypes. Member of Relais & Châteaux.

Royal Palm

Grand Baie, Mauritius
Telephone: 00 2 30 / 2 63 / 83 53
Telefax: 00 2 30 / 2 63 / 84 55
Beachcomber Hotels
Dianastrasse 4, 85521 Ottobrunn
Telephone: 0 89 / 6 09 69 31
Telefax: 0 89 / 6 09 68 11

Situated in the north of Mauritius at the Grand Baie.

66 rooms, 15 suites and 1 royal suite. All rooms with sea-view, aircondition, terrace or balcony.
750 to 2 500 DM, package holidays with FERIA or AIRTOURS.

3 tennis-courts, 9-hole-golf-course, diving, speedboat-trips. Waterskiing, windsurfing, glass-bottom-boats included.

International First-class-Cuisine, lobster, langustinos, oriental and typical dishes from the island.

Tropical sea-climate, from November to April approximately 30° Celsius, from May to Oktober 20° Celsius average temperature.

Air Mauritius flies twice a week from Frankfurt to Mauritius, on Tuesday via Munich, on Fridays via Geneve. Air France, British Airways and Condor also have flights to the tropical holiday-paradise.

The Royal Palm is the only member of the „Leading Hotels of the World" at the Indian Ocean.

Blue Mountain Lodge

P. O. Box 101, Kiepersol,1241
Republic of South Africa
Telephone and Telefax:
00 27 / 13 / 7 37 84 46

In Mpumalanga, the former Transvaal, near Krüger National Park, one of the most beautiful areas in South Africa.

Altogether 13 rooms for a maximum of 26 guests: "Ballentine Suite" (Presidential Suite) R 1,080,–, Victorian Suite R 750,–, Quadrant Suite R 530,–. Prices per person. Services included: Bed, breakfast and evening meal. 1 Rand is equivalant to approx. 0,40 DM.

Several golf courses and tennis courts nearby, fishing in the hotel's own lake, mountain biking, jogging, billiards.

Specialities in the style of a creative "guest entertainment" – everything goes! Chef Walter Butti has a good command of almost every regional cooking in the world.

Subtropical climate, hot summer with high humidity (November–April), mild winter. Non-seasonal. The Blue Mountain Lodge and the whole area are free from malaria all year round, not however Krüger National Park.

As well as South African Airways, Lufthansa, LTU, Air France, KLM, Austrian Airlines and British Airways also fly to South Africa.

Helicopter trips: Everything is on offer from a champagne breakfast high on the mountain top to landing at a private animal farm.

ÜBERSICHT DER HOTELS

Mala Mala Game Reserve

Suite 4 Tulbagh, 360 Oak Avenue
Ferndale 2575, South Africa
Telefon: 00 27 / 11 / 7 89 26 77
Telefax: 00 27 / 11 / 8 86 43 82
E-Mail: jhb@malamala.com
Internet-Seite:
http://www.malamala.com

Das Mala Mala liegt auf dem größten privaten Safarigelände Afrikas an der Grenze zum Krüger-Nationalpark in Mpumalanga.

25 Zimmer, darunter 5 Suiten, eine behindertengerecht, für maximal 50 Gäste. Im Übernachtungspreis von 2 700,– R bzw. 1 600,- R p.P./Tag im DZ sind alle Mahlzeiten und Snacks, nichtalkoholische Getränke, die Transfers von und zum Flughafen Skukuza sowie sämtliche Buschexkursionen enthalten.

Swimmingpool.

Internationale Spezialitäten mit deutlichen afrikanischen Akzenten, darunter das wohlschmeckende Venison (Impala). Sonderwünsche, Diäten und vegetarische Ernährungspläne werden berücksichtigt.

Heiße Sommer (Oktober–März) mit gelegentlichen Nachmittagsgewittern. Warme Winter mit kalten Nächten. Ganzjährig Malaria-Prophylaxe empfohlen.

Neben South African Airways wird Südafrika auch angeflogen von Lufthansa, LTU, Air France, KLM, Austrian Airlines und British Airways.

Mala Mala ist Teil der Rattray Reserves, die weitere Game Lodges führen.

Fancourt Hotel

P. O. Box 2266
George 6530, South Africa
Telefon: 00 27 / 4 41 / 70 82 82
Telefax: 00 27 / 4 41 / 70 83 92

In der Nähe von George in Südafrika, eine halbe Autostunde von den bildschönen Stränden des Indischen Ozeans entfernt.

30 Zimmer und Suiten im historischen Manor-House, ausgestattet mit antikem Mobiliar, 60 Garden-Suiten mit bis zu vier Schlafzimmern, zweckmäßig mit Küche ausgestattet. 625 bis 1 550 Rand (in DM zirka die Hälfte).

Fancourt ist der Inbegriff für Golf in Südafrika schlechthin. Hervorragendes Health- &-Beauty-Centre mit modernem Fitneß-Center für gesundheitsbewußte Gäste.

Vier Restaurants, die allen Ansprüchen gerecht werden. Das „Montagu“ ist eine elegante koloniale Gourmet-Oase mit 40 Plätzen.

Angenehmes subtropisches Meeresklima, heiße Sommer (November bis Februar), milde Winter (Mai bis September). Ganzjahresziel.

Zahlreiche tägliche Flugverbindungen nach Kapstadt werden von KLM, British Airways und Air France angeboten. Nonstop ab Frankfurt fliegen Lufthansa und South African Airways. Flugzeit zirka zwölf Stunden, Transferflug nach George zirka 60 Minuten.

Hochmodernes Conference Centre für bis zu 200 Personen, ausgestattet mit neuester Kommunikationstechnik.

Santiburi Dusit Resort

12 / 12 Moo 1, Tambol Mae Nam
Koh Samui, Surat Thani
84140, Thailand
Telefon: 00 66 / 77 / 4 25-0 31-38
Telefax: 00 66 / 77 / 4 25-0 40

An der Nordküste der Insel Koh Samui im Golf von Thailand.

Sechzehn modern eingerichtete, zweistöckige Suiten, 59 Villen mit Terrasse im Thai-Stil, zwölf Villen, davon zwei Präsidenten-Suiten, direkt am Strand, luxuriöser Komfort, ca. 460,– bis 1 060,– DM zgl. 17 % Mehrwertsteuer und Service.

Flutlichttennisplätze, Squash, Volleyball, 50-Meter-Swimmingpool, Fitneß, Sauna, Thai-Massage, Segeln, Windsurfen, Schnorcheln, Tauchen.

Thai-Cuisine der Spitzenklasse, internationale Gourmetküche, kulinarische Themenabende vom Suki Yaki bis zum Schwimmenden Markt.

Tropisches Klima. Beste Reisezeit von Februar bis November, hohe Niederschläge im Dezember und Januar.

Flüge nach Bangkok: direkt mit der Lufthansa zweimal täglich ab Frankfurt (11 Stunden 20 Minuten) und mit der Air France einmal täglich ab Paris; mit SAS/Thai Airways viermal wöchentlich ab München und fünfmal wöchentlich ab Düsseldorf. Von Bangkok nach Koh Samui fliegt Bangkok Airways mehrmals täglich.

Die Villen liegen in einem zehn Hektar großen, tropischen Paradiesgarten. Stiller schattiger Palmenstrand.

SUMMARY OF THE HOTELS

Mala Mala Game Reserve

Suite 4 Tulbagh
360 Oak Avenue
Ferndale 2575, South Africa
Telephone: 00 27 / 11 / 7 89 26 77
Telefax: 00 27 / 11 / 8 86 43 82
E-mail: jhb@malamala.com
Internet-Site:
http://www.malamala.com

Mala Mala is situated in the largest private safari park in Africa, directly bordering the Kruger National Park in Mpumalanga.

25 rooms including 5 suites for a maximum of 50 guests, one equipped for the disabled. The price of R 2,700.–, or R 1,600.– per person per day in a double room, includes all meals and snacks, non-alcoholic drinks, transfers from and to Skukuza Airport as well as all excursions into the bush.

Swimming pool.

International specialities with strong African influence, including delicious venison (Impala). Special requests, diets or vegetarian dietary plans are catered for.

Hot summers (October–March) with occasional afternoon thunder storms. Warm winters with cold nights. Prophylactic measures against malaria is recommended all the year round.

Besides South African Airways, Lufthansa, LTU, Air France, KLM, Austrian Airlines and British Airways fly to South Africa.

Mala Mala is part of Rattray Reserves which also operate further Game Lodges.

Fancourt Hotel

P. O. Box 2266
George 6530, South Africa
Telephone: 00 27 / 4 41 / 70 82 82
Telefax: 00 27 / 4 41 / 70 83 92

Situated in South-Africa near to George. The wonderful beaches of the Indian Ocean can be reached just a half hour by car.

30 rooms and suites at the historical Manor-House, furnished with antiques, 60 Garden-Suites including up to four bedrooms, suitable furnished with kitchen and apliances. Room rates: from 625 to 1.550 Rand.

Fancourt is the byword for golf in South-Africa. Excellent health & beauty centre with modern, professional guided gym for health- and fitness-consicous guests.

Four restaurants for demanding guests. „Montagu" is an elegant, colonial oasis for gourmets with 40 seats, serving continental and regional cuisine on a first-class level.

Pleasant sub-tropical climate like in the south of Italy, hot summertimes (November to February), mild winters (May to September), a destination for any time of the year.

Numerous flights to Cape Town daily with KLM, British Airways and Air France. Nonstop-flights with German Lufthansa and South African Airways from Frankfurt. Flying time from Germany to Cape Town approximately 12 hours, connecting flight to George one hour.

Innovative Conference Center with high-tech communcation facilities up to 200 persons.

Santiburi Dusit Resort

12/12 Moo 1, Tambol Mae Nam
Koh Samui, Surat Thani 84140, Thailand
Telephone: 00 66 / 77 / 4 25-0 31-38
Telefax: 00 66 / 77 / 4 25-0 40

On the north coast of the island Koh Samui in the Gulf of Thailand.

Sixteen modernly furnished, two storied suites, 59 villas with terraces in Thai style, 12 villas, including 2 presidential suites directly on the beach. Luxurious comfort, 460,– to 1,060,– DM excluding 17 % V.A.T. and Service.

Floodlight tennis courts, squash, volleyball, 50 m swimming pool, fitness room, sauna, Thai massage, sailing, windsurfing, snorkeling, diving.

First class Thai cooking, international gourmet cuisine, culinary theme evenings from Suki Yaki to the floating market.

Tropical climate, February to November.

Flight to Bangkok: Direct with Lufthansa twice daily from Frankfurt (11 hrs. 20 mins.) and with Air France, once a day from Paris; with SAS/ Thai Airways four times a week from Munich and five times a week from Düsseldorf. Bangkok Airways flies several times a day from Bangkok to Koh Samui.

The villas are situated in a 10 hectare tropical garden of paradise. Peaceful shady palm beach.

ÜBERSICHT DER HOTELS

Chiva-Som

Buchungen beim Generalagenten für Deutschland GALKA GOLDEN TOURS Individual & Incentive Reisen weltweit Hamburger Chaussee 75, 24113 Kiel
Telefon: 04 31/ 68 80 06
Telefax: 04 31/ 68 50 70

Am Rande von Hua Hin, 200 Kilometer südlich von Bangkok, direkt am Golf von Thailand.

Hotel im Stil eines Thai-Dorfes. Insgesamt 57 Wohneinheiten der edelsten Oberklasse: 33 Ocean View Rooms, 7 Suiten und 17 Pavillonzimmer, alle mit Klimaanlage, TV, Kühlschrank und Telefon.
Preise: 8 Tage/7 Nächte: 3 399,– DM, 15 Tage/14 Nächte: 6 460,– DM, jeweils pro Person im Doppelzimmer.

Eines der schönsten Gesundheits- und Wellneß-Resorts der Welt.

Leichte, frische Spa Cuisine unter weitgehender Vermeidung tierischer Fette, Salz, Alkohol und zuviel Kalorien. Jede Art von Diät wird individuell ermöglicht.

Tropisches Klima, Temperaturen ganzjährig um 30 ° C. Von November bis März etwas kühler.

Zahlreiche Flüge nach Bangkok, u. a. angeboten von Lufthansa, Condor, LTU, Air France, Garuda Indonesia, Royal Brunei Airlines, Thai Airways. Flugzeit ab Europa: 10–11 Stunden. Flug von Bangkok nach Hua Hin ca. 30 Minuten (zweimal täglich).

Sehr empfehlenswert sind Fahrradausflüge zu den nahegelegenen farbenprächtigen buddhistischen Tempeln mit ihren sehr freundlichen Mönchen. Achtung: Frauen dürfen einen Mönch niemals berühren. Zweimal wöchentlich hält der berühmte Eastern & Oriental Express in Hua Hin.

The Oberoi Bali

Legian Beach, Jalan Kayu Aya
PO Box 3351, Denpasar
80033, Bali, Indonesia
Telefon: 00 62 / 3 61 / 7 30 3 61
Telefax: 00 62 / 3 61 / 7 30 7 91

Im Südwesten der Insel, an der Legian Beach.

15 Villas und 60 Lanai-Zimmer, über jede Kritik erhaben, im Stil einer balinesischen Tempelanlage.
Zimmerpreise: Lanai Cottage ab 240,– US$, Luxus-Villen ab 400,– US$, Villa mit Pool ab 590,– US$.

Beauty-Salon, hochmoderner Health-Club mit Massagen, Sauna und Kraftraum. Tennis, Surf-Boards, Wassersport gelegentlich wegen hoher Wellen nur eingeschränkt möglich.

Indonesische, asiatische und kontinentale Spezialitäten, von kulinarischem Top-Team täglich frisch kreiert.

Tropisch heiß bei 30 °C das ganze Jahr über, Wassertemperaturen nur wenig darunter, häufige kurze Regenschauer zwischen November und April.

Neben Garuda Indonesia fliegen auch LTU, Lufthansa, Qantas, Singapore Airlines, Cathay Pacific Airways, Royal Brunei Airlines und Thai Airways nach Bali. Dauer der Anreise ca. 20 Stunden ab Frankfurt.

Mitglied bei „The Leading Hotels of the World" und „Small Luxury Hotels of the World".

Bel-Air

701 Stone Canyon Road
Los Angeles, California 90077
Telefon: 0 01 / 3 10 / 4 72 12 11
Telefax: 0 01 / 3 10 / 4 76 - 58 90
Gebührenfreie Telefonnummer in den USA: 800 - 648 4097

Im exklusivsten Stadtteil von Los Angeles, Bel Air. Hollywood und Beverly Hills sind ebenso wie die mondäne Shopping-Meile Rodeo Drive nur fünf Minuten entfernt.

40 Suiten, 52 Zimmer in mehreren Gebäuden innerhalb einer Parkanlage mexikanischen Stils. Alle denkbaren technischen Extras vorhanden, erstklassige Telekommunikationsanlagen. US$ 495,– bis 2 500,–.

Neues Fitness Center, rund um die Uhr geöffnet im umgebauten „Marilyn Monroe Cottage". Full Service Beauty Salon. Ganzjährig beheizter Pool. Tennis und Golf auf direkt benachbarten Grundstücken.

Amerikanische, mexikanische und französische Küche. Außerdem vollwertige, fett- und kalorienreduzierte „Cuisine Légère" bei Lunch, Dinner und Room-Service. Alles im Stil der Saison mit eigenen, frischen Produkten angereichert.

Südkalifornisches, subtropisches Seeklima, ähnlich wie Südspanien: heiße Sommer, milde Winter.

Neben USAir fliegen zahlreiche namhafte Airlines wie Lufthansa, British Airways, Delta und American Airlines täglich nach Los Angeles.

Das Hotel ist Mitglied der „Leading Hotels of the World".

SUMMARY OF THE HOTELS

Chiva-Som

Reservations at the German general agent GALKA GOLDEN TOURS
Individual & Incentive Reisen weltweit
Hamburger Chaussee 75, D-24113 Kiel
Telephone: 04 31 / 68 80 06
Telefax: 04 31 / 68 50 70

Situated in Hua Hin, 200 kilometres in the south of Bangkok, directly at the Gulf of Thai.

The hotel is built like a Thai village. 57 rooms at the highest standards: 33 Ocean View Rooms, 7 suites and 17 Bungalowrooms, all with air condtion, tv, minibar (just with mineral water). Prices: 8 days/7 nights – DM 3,399, 15 days/14 nights – DM 6,450 per person in a double room.

One of the most beautiful health and fitness resorts of the world.

Light and fresh Spa cuisine prepared as far as possible without animal fat, salt, alcohol and to much calories. Each diet cure is available.

Tropical climate, temperatures at any time of the year nearly constant at 30° Celsius. From November to March a little lower.

Numerous flights to Bangkok with Lufthansa, Condor, LTU, Air France, Garuda Indonesia, Royal Brunei, Thai Airways, Quantas Airways, British Airways. Flying time from Europe between 10 and 11 hours. Connecting flight from Bangkok to Hua Hin approximately 30 minutes (twice a day).

Bicycle-trips to the colourful, nearby Buddha-Temples with its kind monks are recommendable. Twice a week the famous Eastern & Oriental Express has a stop over in Hua Hin.

The Oberoi Bali

Legian Beach, Jalan Kayu Aya
PO Box 3351, Denpasar 80033
Bali, Indonesia
Telephone: 00 62 / 3 61 / 73 03 61
Telefax: 00 62 / 3 61 / 73 07 91

In the south west of the island, at the Legian Beach.

15 Villas and 60 Lanai-Rooms, raised above every criticism, in the style of a Balinese temple layout.
Room price: Lanai Cottage from US$ 240,–, Luxury Villas from US$ 400,–, Villa with pool from US$ 590.

Beauty Salon. Very modern Health Club with massage, sauna and weight lifting room. Tennis, surfboards. water sports with limited possibilities due to occasional high waves.

Indonesian, Asiatic and continental specialities from a top team. Fresh daily and served in a friendly way.

Tropically hot at 30 °C the whole year, water temperature only a little less. Often short rain showers between November and April.

As well as Garuda Indonesian, LTU, Lufthansa, Qantas, Singapore Airlines, Cathay Pacific Airways, Royal Brunei Airlines and Thai Airways fly to Bali. Journey time: approx. 20 hours from Frankfurt.

Member of "The Leading Hotels of the World" and "Small Luxury Hotels of the World".

Bel-Air

701 Stone Canyon Road
Los Angeles, California 90077
Telephone: 0 01 / 3 10 / 4 72 12 11
Telefax: 0 01 / 3 10 / 4 76 - 58 90
Free phone in the USA: 800 - 648 4097

Situated in the most exclusive part of Los Angeles, Bel Air. Hollywood and Beverly Hills are, just like the elegant shopping-mile Rodeo Drive just five minutes away by car.

40 suites, 52 rooms in different buildings within a Mexican style park. All the technical extras that you can imagine are at hand; first class telecommunication installations.
Rooms: US$ 285,– to 435,–, suites US$ 495,– to 2,500,–.

A new fitness centre, open around the clock, in the renovated "Marilyn Monroe Cottage". Full service beauty salon. Pool heated throughout the year. Tennis and golf on the directly neighbouring property.

American, Mexican and French cuisine. In addition wholemeal fat and calorie reduced "Cuisine Légère" at lunch, dinner and room service. Everything seasonal and prepared with home grown fresh produce.

South Californian, subtropical sea climate, similar to southern Spain: hot summers, mild winters.

As well as USAir, numerous well known airlines like Lufthansa, British Airways, Delta and American Airlines fly daily to Los Angeles.

The hotel is a member of the "Leading Hotels of the World".

ÜBERSICHT DER HOTELS

Cambridge Beaches

Kings Point, Somerset
Bermuda MA 2
Telefon: 0 01 / 4 41 / 2 34 03 31
Telefax: 0 01 / 4 41 / 2 34 33 52

Rund 1500 Kilometer östlich der USA und ebensoweit nördlich der Karibik im golfstromerwärmten Atlantik.

82 individuell eingerichtete Bungalows und Suiten, alle vor kurzem renoviert. Alle Zimmer mit Terrasse, die meisten mit Meeresblick, Klimaanlage, Telefon, Radio, Fön. US$ 335,– bis 1 075,–. Tax, Gratuity extra.

3 Tennisplätze, Putting Green, Croquet Lawn, Schnorcheln, Tauchen, Hochseefischen. Vollausgestattete Marina mit Segel- und Motorbooten. Zugang zu allen Golfplätzen Bermudas (kein Handicap erforderlich). Neueröffnetes Health and Beauty Center.

Internationale Haute Cuisine, täglich wechselndes 5-Gang-Dinner. Hervorragend sortierter Weinkeller. Zimmerservice bis 22.00 Uhr.

Sonniges Ganzjahresziel, heiße Sommer (über 30 °C im Juli/August), milde Winter (ca. 15 °C zu Weihnachten).

Neben Delta Air Lines wird Bermuda auch von Condor, British Airways, USAir, American Airlines und Continental Airlines angeflogen. Anreise per Kreuzfahrtschiff: ab New York mit der „Song of America“ oder ab Boston mit der „Royal Majesty“.

Teilweise deutschsprachiges Personal. Fahrrad- und Mopedverleih. Formelle Kleidung zum Dinner an mehreren Abenden der Woche. Reiseschecks werden problemlos akzeptiert, Kreditkarten jedoch nicht.

Mustique

Mustique Villa Rentals
Hermann-Lingg-Straße 13
80336 München
Telefon: 0 89 / 5 43 95 04
Telefax: 0 89 / 5 43 97 65

Mustique gehört im Bereich der Kleinen Antillen zu den Grenadines, einer Gruppe von 122 kleinen Inseln in der Karibik.

Auf Mustique stehen ca. 50 Villen zur Verfügung, die vermietet werden. Die Hausgröße variiert von zwei Schlafzimmern für max. 4 Personen bis zu sieben Schlafzimmer für max. 13 Personen. Die Mietpreise für die Villen betragen pro Woche von 3 000,– bis 15 000,– US Dollar.

Tennis (kostenlos), reiten, tauchen, schnorcheln, segeln.

Jeder Villenhaushalt wird von eigenem Personal geführt. In den Küchen führen erfahrene Köchinnnen die Regie, die ganz nach den Wünschen der Gäste schmackhafte Gerichte auftischen.

Die Jahresdurchschnittstemperatur beträgt 28 °C. Hauptsaison ist von Dezember–Mai (kaum Niederschläge). Von April bis November gibt es oftmals Regenschauer, die aber selten lange anhalten. Im September ist die Gefahr für Hurrikans am größten.

Von Frankfurt aus fliegt Condor direkt nach Barbados (Returnticket im Winter 1588,– DM, im Sommer 1 498,– DM, Zuschlag Comfort Class jeweils 1 000,– DM). British Airways fliegt via London nach Barbados. Von Barbados aus geht es weiter mit Mustique Airways (Flugzeit 50 Minuten, One-way-ticket 98,– US $).

Schlosshotel Bühlerhöhe

Schwarzwaldhochstraße 1
77815 Bühl (bei Baden-Baden)
Telefon: 0 72 26 / 5 50
Telefax: 0 72 26 / 5 57 77

Im nördlichen Schwarzwald an der Schwarzwaldhochstraße, 800 Meter oberhalb und 14 Kilometer südlich von Baden-Baden.

90 Zimmer, Alkoven und Suiten, 1 Präsidentensuite (180 qm). Zimmer, Junior-Suiten und Alkoven von 300,– bis 990,– DM, Suiten von 1 150,– bis 2 500,– DM.

Eine der schönsten Beautyfarmen Europas. 18-Loch Golfplätze in Baden-Baden und Strasbourg, Billard und Tennis im Hotel. Wandern, Skifahren, Angeln, Jagen und Reiten im Schwarzwald.

Gourmetrestaurant „Imperial“ (1 Michelin-Stern) mit kreativer Top-Cuisine und vorzüglichem Service. Schloßrestaurant mit nationaler und regionaler Küche.

Sonne im Sommer, verschneite Wälder im Winter. Im Frühling blühen die Parks und Obstplantagen, im Herbst lockt die badische Weinlese.

Limousinen-Chauffeur-Transfer zu den Airports von Strasbourg (50 Kilometer) Stuttgart (110 Kilometer), Frankfurt und Basel (je 170 Kilometer) und zum Flugplatz für Privat- und Geschäftsflugzeuge in Baden-Baden (14 Kilometer). Hubschrauber-Landeplatz am Hotel.

„Bühler Begegnungen“ (Vortragsreihe mit internationaler Prominenz), Iffezheimer Rennwochen, Baden-Badens berühmtes Casino. Eines der „Leading Hotels of the World“.

SUMMARY OF THE HOTELS

Cambridge Beaches

Kings Point, Somerset
Bermuda MA 2
Telephone: 0 01 / 4 41 / 2 34 03 31
Telefax: 0 01 / 4 41 / 2 34 33 52

Around 1,500 kilometers east of the USA and equally as far north of the Caribbean in the Gulf Stream warmed Atlantic.

82 individually furnished bungalows and suites, all recently renovated. All rooms have a terrace and most have a sea view. Air conditioning, telephone, radio, hair drier.
US$ 335,– to US$ 1,075,–. Tax and gratuity extra.

3 tennis courts, putting green, croquet lawn, snorkeling, diving, high sea fishing, a fully equipped marina with sailing and motor boats. Access to all golf courses in Bermuda (no handicap necessary). Newly opened Health and Beauty Centre.

International haute cuisine. The 5 course dinner changes daily. Excellently assorted wine cellar. Room service until 22.00 h.

Sunny all year, hot summers (over 30 °C in July/August), mild winters (approx. 15 °C at Christmas).

As well as Delta Air Lines, Condor, British Airways, USAir, American Airlines and Continental Airlines also fly to Bermuda. Journey by cruise ship: from New York with the "Song of America", or from Boston with the "Royal Majesty".

Partially German speaking personnel. Bicycle and moped hire. Formal clothes for dinner on several evenings in the week. Travellers cheques are accepted, credit cards not.

Mustique

Mustique Villa Rentals
Hermann-Lingg-Strasse 13
80336 München
Telephone: 0 89 / 5 43 95 04
Telefax: 0 89 / 5 43 97 65

Mustique belongs to the Grenadines in the area of the small Antilles, a group of 122 small islands in the Carribean.

50 villas are rented out at Mustique. The size varies from a villa with two bedrooms for max. 4 people to houses with seven bedrooms for max. 13 people. The price amount from 3,000 to 15,000 US $ per week.

Tennis (free of charge), horse riding, diving, schnorkeling, sailing.

Each villa has its own staff with runs the household. In the kitchen there are experienced cooks, who serve delicious dishes according to the wishes of the guests.

The yearly average temperature is 28 °C. The peak season is from December to May with nearly no rain. From April to November its often raining, but only for short showers.

From Frankfurt Condor flies directly to Barbados (returnticket in the wintertime 1,588,– DM / summertime 1,498,– DM, comfort-class-charge: 1,000,– DM). British Airways flies via London to Barbados. The shuttle from Barbados to Mustique is served by Mustique Airways in 50 minutes flightime. One-way-ticket 98,– US $.

Schlosshotel Bühlerhöhe

Schwarzwaldhochstrasse 1
D-77815 Bühl (near Baden-Baden)
Telephone: 00 49 / 72 26 / 5 50
Telefax: 00 49 / 72 26 / 5 57 77

Situated in the north of Germany's Black Forest Mountains, 800 metres above and 14 km south of Baden-Baden.

90 rooms, alcoves and suites, 1 Presidential suite (180 square meters).
Rooms and alcoves from DM 300,– to DM 990,–, suites from DM 1,150,– to DM 2,500,–.

One of the most beautiful Spa's of Europe. 18-hole golf-courses near Baden-Baden and Strasbourg, billard and tennis-centre at the hotel. Jogging, hiking, skiing, fishing, hunting and riding at the Black Forest Mountains.

Gourmet-restaurant "Imperial" (awarded with 1 star of Michelin) featuring creative top-cuisine and excellent service. Schlossrestaurant with German and local specialities.

Mild and well-balanced climate during spring and summertime, a lot of snow in the wintermonths. Parks and fruit orchards are blossoming at springtime.

Limousin-chauffeur-transfer from the airports of Strasbourg (50 km), Stuttgart (110 km), Frankfurt and Basel (both 170 km) and to the airstrip for private planes in Baden-Baden (14 km). Helicopter landing pad directly at the hotel.

"Bühler Meetings" (lecture series with well-known personality), famous casino, Iffezheimer Turf-weeks in May and August. Member of the "Leading Hotels of the World".

ÜBERSICHT DER HOTELS

Schloss Reinhartshausen

Erbach im Rheingau
Hauptstraße 43
65346 Eltville
Telefon: 0 61 23 / 67 60
Telefax: 0 61 23 / 67 64 00

Am Beginn des Rheingaus, umgeben von ersten Rieslinglagen, Park zum Rhein.

53 Zimmer und Suiten, eleganter Stil, erstklassiger Komfort, kunstbetonte Ambiance. 360,– bis 1 200,– DM.

400 Quadratmeter Fitneßfläche mit Pool, Whirlpool, Sauna, Solarium, Ruhezone mit Blick zum Schloßpark.

Frische Saisonküche im Wintergarten und auf der Terrasse, feine regionale Küche im Schloßkeller, kreative Zwei-Sterne-Küche im Restaurant Marcobrunn, exzellente Kreszenzen vom eigenen Weingut.

Mildes, sonniges Klima; im Frühjahr und Sommer genießt man den blühenden und grünenden Rheingau, im Herbst die Weinlese, im Winter genußvolle Stunden am Kamin.

35 Autominuten über BAB 66 und B 42 vom Rhein-Main-Airport in Frankfurt.

Schloß und Weingut, exklusive Hotellerie und önologisches Spitzenniveau klingen genußvoll zusammen.

Schlosshotel Lerbach

Lerbacher Weg
51465 Bergisch Gladbach
Telefon: 0 22 02 / 20 40
Telefax: 0 22 02 / 20 49 40

Im Bergischen Land, 20 bzw. 40 Autominuten von Köln bzw. Düsseldorf, umgeben von einem 28 Hektar großen Park.

54 Zimmer und Suiten, exklusiver Komfort, individuelle Interieurs im englischen Landhausstil, 290,– bis 1 280,– DM.

Tennisplatz, Schwimmbad, Joggingwege im Park, Wandern und Radfahren im Bergischen Land, Golf-Club „Bergerhöhe", Ballooning, Bogenschießen, Fischen; Lancaster Beauty Farm.

Zwei-Sterne-Restaurant „Dieter Müller" mit französisch-mediterraner Cuisine, feine regionale Küche in der Schloßschänke.

Ganzjahresziel.

Über die Flughäfen Köln-Bonn und Düsseldorf schnell zu erreichen. Das Hotel holt und bringt die Gäste auf Wunsch mit dem eigenen Rolls Royce.

Behagliches feines Schloßhotel, klassischer Landschaftspark, Küche auf Weltklasseniveau.

Residenz Heinz Winkler

Kirchplatz 1
83229 Aschau im Chiemgau
Telefon 0 80 52 / 1 79 90
Telefax: 0 80 52 / 17 99 66
Internet: http.www.Residenz-Heinz-Winkler.com
email: Residenz-Heinz-Winkler @t.online.de

Aschau liegt zwischen München und Salzburg am Rand der Chiemgauer Alpen.

32 Zimmer und Suiten, stilvoll und mit allem Komfort eingerichtet, teilweise mit Balkon, Garten, Terrasse, Bergblick. Doppelzimmer von 220,– bis 350,– DM, Deluxe-Doppelzimmer von 370,– bis 450 DM, Suiten von 450,– bis 580,– DM.

Estée Lauder Skincare Center mit Dampfsauna, Wassersport im Chiemsee, sieben Golfplätze in der nahen Umgebung, Ballooning, die Natur der Bergwelt.

Heinz Winkler war mit 31 Jahren jüngster Drei-Sterne-Koch aller Zeiten und präsentiert mit seiner „Cuisine vitale" eine Küche von Weltrang.

Ganzjahresziel mit attraktiven kulturellen Programmen für jede Saison.

Aschau erreicht man über die Flughäfen von München (1 Autostunde entfernt) oder Salzburg (30 Minuten). Die „Residenz" übernimmt gerne die Transfers.

Das Hotel reserviert Karten für die Salzburger Festspiele.

SUMMARY OF THE HOTELS

Schloss Reinhartshausen

Erbach im Rheingau
Hauptstrasse 43
65346 Eltville
Telephone: 0 61 23 / 67 60
Telefax: 0 61 23 / 67 64 00

At the beginning of the Rheingau, surrounded by the first Riesling vineyards on the Rhine.

53 rooms and suites, elegant style, first-class comfort, artistically accentuated ambience. 360,– to 1,200,– DM.

400 sq. mts. Fitness area with pool, whirlpool, sauna, solarium, resting area with view over the Schlosspark.

Fresh seasonal cooking in the winter garden and on the terrace, fine regional cuisine in the Schlosskeller, creative two star cuisine in restaurant Marcobrunn, excellent wines from their own estate.

Mild, sunny climate; in spring and summer, you can enjoy the blossoming, green Rheingau, in autumn, the wine harvest and in winter, pleasant hours by the open fire.

35 mins. by car on the BAB 66 and B 42 from Rhein-Main-Airport-Frankfurt.

Schloss Hotel and famous wine estate, exclusive hotel business and ecological top niveau sound good together.

Schlosshotel Lerbach

Lerbacher Weg
51465 Bergisch Gladbach
Telephone: 0 22 02 / 20 40
Telefax: 0 22 02 / 20 49 40

In Bergischen Land, 20 mins., by car from Cologne and 40 mins., by car from Düsseldorf, surrounded by a 28 hectare park.

54 rooms and suites, exclusive comfort, individual interiors in the English country house style, 290,– to 1,280,– DM.

Tennis court, swimming pool, jogging paths in the park, walking and cycling in the Bergischen Land, golf club "Bergerhöhe", ballooning, archery, fishing, Lancaster Beauty Farm.

Two star restaurant "Dieter Müller" with French-Mediterranean cuisine, fine regional cooking in the Schloßschänke.

Schloss Lerbach is worth a stay at any time of the year.

Easily accessible from the airports Cologne-Bonn and Düsseldorf. The hotel will collect you and take you back if desired with their own Rolls Royce.

Comfortable fine Schloss Hotel, classic landscape park, world class cuisine.

Residenz Heinz Winkler

Kirchplatz 1
83229 Aschau im Chiemgau
Telephone 0 80 52 / 1 79 90
Telefax: 0 80 52 / 17 99 66
Internet: http.www.Residenz-Heinz-Winkler.com
email: Residenz-Heinz-Winkler@t.online.de

Aschau is between Salzburg and Munich at the edge of the Chiemgauer Alpen.

32 rooms and suites furnished with style and comfort, some with balcony, garden, terrace, mountain view. Double room from 220,– to 350,– DM. Deluxe double room from 370,– to 450,– DM. Suites from 450,– to 580,– DM.

Estée Lauder Skincare Centre with steam sauna, watersports in Chiemsee, seven golf courses nearby, ballooning, nature in the mountainous countryside.

Heinz Winkler was, at 31, the youngest three-star-chef ever and creates a worldwide famous "cuisine vitale".

An all year destination with attractive cultural programmes for every season.

Aschau is reached through Munich airport (1 hour away by car) or Salzburg (30 minutes). The "Residenz" will gladly take over the transfer arrangements.

The hotel takes care of the ticket reservation for the Salzburg festival.

ÜBERSICHT DER HOTELS

Schloßhotel Vier Jahreszeiten

Brahmsstraße 10
14193 Berlin-Grunewald
Telefon: 0 30 / 8 95 84 - 0
Telefax: 0 30 / 8 95 84 - 8 00

Im Berliner Stadtteil Grunewald, zehn Minuten vom Kürfürstendamm und der City entfernt.

40 Zimmer und 12 Suiten mit luxuriösestem Komfort, von Karl Lagerfeld designed. 545,– bis 3 500,– DM.

Swimming-pool, Sauna, Dampfbad, Fitneß-Center, Beautyfarm, Massagen. Idyllische Jogging- und Spazierwege im Grunewald.

Exquisite Feinschmeckerküche im Restaurant „Vivaldi", Saisonorientierte Frischeküche im „Le Jardin".

Die neue deutsche Hauptstadt mit ihrem vielfältigen Kulturangebot ist zu jeder Zeit eine Reise wert.

Viele große Airlines und Regionalfluggesellschaften fliegen Berlin-Tegel und Berlin-Tempelhof an.

Das Hotel wurde von Modezar Karl Lagerfeld designed. Eines der „Leading Hotels of the World".

Hotel Stadt Hamburg

Strandstraße 2
25980 Westerland / Sylt
Telefon: 0 46 51 / 8 58 - 0
Telefax: 0 46 51 / 8 58 - 2 20

Im Zentrum von Westerland auf Sylt, der größten deutschen Nordseeinsel.

Traditionsreiches, stilsicheres Haus mit 72 komfortablen Zimmern und Suiten und klassischem Mobiliar.
176,– bis 500,– DM.

Die Insel bietet für Sport- und Fitneßbegeisterte zahlreiche Attraktionen vom Angeln über das Segeln bis zum Reiten.

Erstklassige Küche mit entsprechendem Service in den „Hamburger Stuben"; leichte Gerichte mit französischem Einschlag, fernöstlichen Aromen und regionalen Produkten.

Westwinde sorgen auf Sylt für angenehme Sommer und Winter. Die Luft ist dann besonders heilkräftig; Hauptferienzeit Juni bis September.

Sylt wird von allen großen Flughäfen mit kleinen Maschinen angeflogen.
Im Winter sehr eingeschränktes Flugangebot.

Mitglied bei „Relais & Châteaux".

Chewton Glen

New Milton, Hampshire BH25 6QS
England
Telefon: 00 44 / 14 25 / 27 53 41
Telefax: 00 44 / 14 25 / 27 23 10
US toll free telephone: 1 800 344 5087
US toll free fax: 1 800 398 4534
Gebührenfreies Telefon für Deutschland:
01 30 81 08 90
E-mail: 100547.3423 compuserve.com.

An der englischen Kanalküste zwischen Lymington und Christchurch, gegenüber der Isle of Wight.

53 Doppelzimmer und Suiten, viele mit Balkon oder Terrasse zum Park. Luxuriöser, detailbetonter Komfort.
£ 195.00 – £ 370.00.

Health-Club der Superlative, Innen- und Außenpool, Badestrand am Meer (1 Kilometer), Tennis, 9-Loch-Golfplatz im Park, 12 der schönsten britischen Golfresorts in der Nähe, Croquet-Wiese, Fischen, Tontaubenschießen.

Gourmet-Cuisine in drei Restaurants (1 Michelin-Stern), hervorragender Keller mit preisgekröntem Sommelier, original English Afternoon Tea.

Ozeanisch geprägtes, ausgeglichenes Klima. Warme Sommer, durch den Golfstrom milde Winter. Es empfehlen sich Aufenthalte über das ganze Jahr.

Flüge zu den Londoner Airports Heathrow und Gatwick von allen großen deutschen Flughäfen. Lufthansa und British Airways fliegen täglich. Limousinen-Chauffeur-Transfer und Helikopter-Landeplatz am Hotel.

„Relais-&-Châteaux"-Refugium, eines der „Leading Hotels of the World". Traumhafter englischer Landhausstil, exzellenter individueller Service.

SUMMARY OF THE HOTELS

Schlosshotel Vier Jahreszeiten

Brahmsstrasse 10
14193 Berlin-Grunewald
Telephone: 0 30 / 8 95 84 - 0
Telefax: 0 30 / 8 95 84 - 8 00

Situated in the Grunewald, a residential area of Berlin, just ten minutes away from the Kurfürstendamm and the city-centre.

40 rooms and 12 suites with the most luxurious comfort, designed by Karl Lagerfeld.
545,– to 3.500,– DM.

Swimmingpool, sauna, steambath, fitness-centre, beauty-spa, massages. Guests could have a walk or jog in the beautyful nature of Grunewald.

Exquisite gourmet-cuisine at the restaurant "Vivaldi", fresh seasonal specialities at the "Le Jardin".

The new German capital with its many-sided, extraordinary cultural offers is worth a trip at any time of the year.

Many great Airlines and some regional carriers fly to Berlin-Tegel and Berlin-Tempelhof.

The Schlosshotel has been designed by the famous czar of fashion Karl Lagerfeld. It belongs to the „Leading Hotels of the World"

Hotel Stadt Hamburg

Strandstrasse 2
25980 Westerland-Sylt
Telephone: 0 46 51 / 8 58 - 0
Telefax: 0 46 51 / 8 58 - 2 20

In the centre of Westerland on Sylt, the largest German North Sea island.

A house that is rich in tradition and style with 72 comfortable rooms, suites and classic furniture.

The island offers numerous attractions from fishing to sailing to riding for sport and fitness enthusiasts.

First-class cuisine with corresponding service in the restaurant "Stadt Hamburg"; light meals with a French element, far eastern aromas and local products.

The west wind on Sylt provides pleasant summers and winters: The air is especially medicinal; high season June to September.

Small machines take off regularly from all large airports to Sylt from the beginning of May to the end of September. In the winter months there is a restricted flight offer.

Member of "Relais & Châteaux".

Chewton Glen

New Milton, Hampshire BH25 6QS
England
Telephone: 00 44 / 14 25 / 27 53 41
Telefax: 00 44 / 14 25 / 27 23 10
US toll free tel.: 1 800 344 5087 US toll free fax: 1 800 398 4534
Toll free telephone for Germany:
01 30 81 08 90
e-mail: 100547.3423 compuserve.com.

Situated at the English Channel coast between Lymington and Christchurch, opposite of the Isle of Wight.

53 Doublerooms and suites, most of them with balkony or terrace. Luxury comfort down to the last details, wonderful interior design. Rooms and suites from £ 195.00 to £ 370.00.

Health-club and spa with fascilities of superlative, Indoor- and Outdoor-swimmingpool, oceanfront beach (1 km), tennis-court, own 9-hole golf course, 12 of the most beautiful golf-resorts nearby, fishing and trap shooting.

Gourmet-cuisine served in three restaurants (awarded with 1 star of Michelin), excellent wine cellar with awarded sommelier, original English Afternoon Tea.

Well-balanced climate, characterized by the ocean. Warm summertimes, mild winters caused by the gulf-stream. Chewton Glen is worth a stay at any time of the year.

Flights to the airports of London, Heathrow and Gatwick, are available from all German Airports. Lufthansa and British Airways are flying daily. Limousin-chauffeur-transfer organized by Chewton Glen, helicopter landing pad at the hotel.

Member of the „Leading Hotels of the World" and „Relais & Châteaux".

ÜBERSICHT DER HOTELS

Château de la Messardière

Route de Tahiti, F-83992 Saint-Tropez
Telefon: 00 33 / 4 94 56 76 00
Telefax: 00 33 / 4 94 56 76 01
Internet:
Web : http://messardiere.com/hotel
E-mail: hotel@messardiere.com

Vollkommen ruhige Lage in einem acht Hektar großen Park hoch über Saint-Tropez.

90 Zimmer, Appartements und Suiten, sublime Interieurs, erstklassiger Komfort; Preise von 300,– DM für ein „Classic-Single"- Zimmer in der Vorsaison bis 4 000,– DM für die Toskanische und die Venezianische Suite in der Hauptsaison.

Swimmingpool (24 m x 12 m), Golfplätze in Sainte Maxime und Beauvallon, Wasserski, Monoski, Jet-Ski, Bootsfahrten am Strand Tropezina. Der Concierge arrangiert Katamaran, Tiefsee-Fischfang, Tauchen, Yachtkreuzfahrten.

Exzellente provenzalisch-asiatische Cuisine. Küchenchef Jean-Louis Vosgien veranstaltet während der Saison attraktive Kochkurse.

Mildes, ausgeglichenes Klima. Heißeste Monate Juni, Juli, August mit durchschnittlich 26–30 °C im Schatten, Meer 20–25 °C. Saison von April bis Oktober.

Anflüge von französischen Flughäfen zum Airport von Hyères-Toulon (50 Kilometer vom Hotel), mit internationalen Linien nach Nizza (90 Kilometer). Air France fliegt täglich von fast allen großen deutschen Flughäfen nach Nizza. Transfer mit Limousinen des Châteaus, mit dem Hubschrauber nach Saint-Tropez oder zum Landeplatz des Hotels.

Reizvolle Architektur, kunstbetontes Fluidum, sensationeller Blick auf den Golf von Saint-Tropez und die Strände. Attraktionen von Saint-Tropez wie die Nioulargue oder die alljährliche Bravade.

L'Albereta

Via Vittorio Emanuele 11
I-25030 Erbusco, Brescia
Telefon: 00 39 / 3 07 76 05 50
Telefax: 00 39 / 3 07 76 05 73
Telefon Restaurant:
00 39 / 3 07 76 05 62

Die Locanda liegt in Erbusco, einer Stadt zwischen Bergamo und Brescia, 40 Kilometer östlich von Mailand in Franciacorta am Südufer des Lago d'Iseo.

44 Appartements, Suiten und Doppelzimmer sind stilvoll mit Antiquitäten und First-class-Komfort eingerichtet. Luxuriöse Bäder, herrliche Ausblicke. Preise je nach Saison von 180,– DM bis 750,– DM.

Sporthalle, Pool mit Unterwassermassage, Sauna, Solarium, Massageraum, Trimm-dich-Pfad, Tennis; 18 + 9-Loch-Golfplatz in nächster Nähe; Mountainbiking, Reiten.

Zwei-Sterne-Restaurant Gualtiero Marchesi. Marchesi ist der Grandseigneur der italienischen kreativen Cuisine.

Typisch für die lombardische Seenlandschaft: sehr mildes Subkontinaltalklima. Beste Zeit Frühjahr bis Herbst (Weinlese!).

Man landet auf den internationalen Flughäfen von Mailand, Malpensa oder Linate. Dann mit dem Mietwagen oder dem Fahrservice des Hotels über A4, Ausfahrt Rovato, nach Erbusco. Heliport an der Locanda.

Die Locanda gehört zu dem Weingut Bellavista.

Der Scholteshof

Kermtstraat 130
3512 Stevoort-Hasselt
Telefon: 00 32 / 11 / 25 02 02
Telefax: 00 32 / 11 / 25 43 28

Stevoort liegt auf dem Lande in der belgischen Provinz Limburg, nächste größere Stadt ist Hasselt.

18 Zimmer, Suiten und Appartements, Interieurs mit Antiquitäten, ländlichem Charme, Raumensembles in reizvollen, auch doppelstöckigen Gestaltungen, kunstbetonte Ambiancen, Blicke in die herrlichen Gärten.
145,– bis 700,– DM.

Tennisplatz, die Oase der Gärten.

Zwei-Sterne-Restaurant mit offener Küche, erfindungsreiche französische Cuisine mit Akzent auf Gemüsen, Kräutern und Obst aus dem eigenen Garten.

Die verträumt gestaltete Natur lockt von Frühjahr bis Herbst mit den Schönheiten der jeweiligen Jahreszeit. Im Winter ist die Behaglichkeit des Restaurants und der kunstbetonten Ambiance doppelt reizvoll.

Die nächsten Flughäfen sind Maastricht und Liège, der nächste große internationale Airport ist Brüssel. Der Scholteshof hat einen eigenen Heliport, mit dem Auto fährt man über die A 13/E 313 nach Hasselt, nimmt die Ausfahrt 27 und erreicht Steevort dann über die N 2.

Stilvolles Ensemble von Küche, Kunst und Natur.

SUMMARY OF THE HOTELS

Château de la Messardière

Route de Tahiti, F-83992 Saint-Tropez.
Telephone: 00 33 / 4 94 56 76 00
Telefax: 00 33 / 4 94 56 76 01
Internet:
Web : http://messardiere.com/hotel
E-mail: hotel@messardiere.com

Completely quiet setting in an eight hectare large park high above Saint-Tropez.

90 rooms, apartments and suites, sublime interiors, first class comfort; price from 300,- DM for a "Classic Single"-room in pre season, to 4,000,- DM for the Tuscan and the Venetian suite in high season.

Swimming pool (24m x 12m), golf course in Saint Maxime and Beauvallon, water skiing, mono skiing, jet skiing, boat trips at Tropezina beach. The concierge can arrange a catamaran, deep sea fishing, diving, yacht cruise trips.

Excellent Provincial-Asiatic cuisine. Chef Jean-Louis Vosgien organises attractive cookery courses during the season.

Mild, well-balanced climate. Hottest months June, July and August with an average temperature of 26-30 °C, sea temperature 20-25 °C.
Season from April to October.

Flights from French airports to the airport of Hyeres-Toulon (50 km from the hotel), international to Nice (90 km). Air France flies daily from almost all large German airports to Nice. Transfer by the Château's limousine, by helicopter to the Heliport of Saint-Tropez or to the landing pad at the hotel.

Fascinating architecture, artistically emphasized aura, sensational view of the Gulf of Saint-Tropez and the beach. The attractions of Saint-Tropez from the Nioulargue to the all year Bravade.

L'Albereta

Via Vittorio Emanuele 11
I-25030 Erbusco, Brescia
Telephone: 00 39 / 3 07 76 05 50
Telefax: 00 39 / 3 07 76 05 73
Telephone Restaurant:
00 39 / 3 07 76 05 62

Locanda is located in Erbusco, a town between Bergamo and Brescia, 40 kms east of Milan in Franciacorta at the southern shore of Lake d'Iseo.

44 apartments, suites and double rooms are elegantly furnished with antiques and first class comfort. Luxurious bathrooms, heavenly views. Prices according to season: from DM 180,- DM to 750,-.

Gymnasium, pool with underwater massage, sauna, solarium, massage room, keep-fit trail, tennis; 18 + 9-hole golf course nearby, mountain biking, riding.

2-star restaurant of Gualtiero Marchesi. Marchesi is the Grand Master of Italian creative cuisine.

A feature of the Lombardy lakeland landscape is the very mild subcontinental climate. Best time of year – spring to autumn (grape harvest!).

Arrival at the international airports in Milan, Malpensa or Linate. Then either by hired car or the car service of the hotel via the A 4, Rovato exit, on to Erbusco. There is a Heliport at Locanda.

Locanda belongs to Bellavista wine-growing estates.

Der Scholteshof

Kermtstraat 130
3512 Stevoort-Hasselt
Telephone: 00 32 / 11 / 25 02 02
Telefax: 00 32 / 11 / 25 43 28

Stevoort is in the countryside in the Belgian province of Limburg, the nearest large town is Hasselt.

18 rooms, suites and apartments, interiors with antiques, country charme, room ensembles in attractive, also two-storied designs, artistically, emphasised ambience, with view over the wonderful garden, 145,- to 700,- DM.

Tennis court, the oasis of the garden.

Two star restaurant with an open kitchen, richly inventive French cuisine with an accent on vegetables, herbs and fruits from their own garden.

The idyllic designs of nature entire from spring to autum with the beauty of the seasons. In winter the comfort of the restaurant and the artistically emphasised, stylish ambience are double attractive.

The nearest airports are Maastricht and Liège, the nearest international airport is Brussels. The Scholteshof has its own heliport. By car you drive on the A 13/E 313 to Hasselt, take the exit 27 and reach Stevoort by the N 2.

A stylish ensemble of cuisine, art and nature.

ÜBERSICHT DER HOTELS

Las Dunas Beach Hotel & Spa

La Boladilla Baya
Crta. Cádiz, km 163,5
29689 Estepona (Málaga), Spanien
Telefon: 00 34 / 5 / 2 79 43 45
Telefax: 00 34 / 5 / 2 79 48 25

Las Dunas liegt unmittelbar am Strand zwischen Marbella und Estepona.

75 luxuriöse Zimmer und Suiten im mediterranen Stil mit Terrasse oder Balkon.
Preise je nach Saison: Doppelzimmer mit Einzelbelegung 250,– bis 390,– DM, Doppelzimmer 320,– bis 480,– DM, Suiten 460,– bis 2 100,– DM.
Las Dunas Suites: 28 Deluxe-Residenzen mit 1–3 Schlafzimmern, 1–2 Bädern und Küche, ab 140 000,– Ptas pro Woche.

Golf: 27 Plätze in der näheren Umgebung, 40 Plätze an der gesamten Costa del Sol, besondere Konditionen im zehn Minuten entfernten La Quinta Golf & Country Club; Jet Skiing, Wasserski, Katamaransegeln, Paragliding; Regena Sol Clinic und Spa-Bereich.

Exquisite Gourmet-Cuisine, Supervisor: Zwei-Sterne-Koch Heinz Winkler, Residenz Aschau.

Das subtropische Klima macht die Costa del Sol zu einem Ganzjahresziel. Die Hauptsaison geht von Ende April bis Mitte Oktober. Golfer schätzen die hervorragende Bespielbarkeit der Plätze im Winter.

Zahlreiche Fluggesellschaften bieten von Frankfurt, Berlin, Düsseldorf, München, Wien und Zürich täglich Direktflüge nach Malaga an. Autotransfer von dort ca. 45 Minuten.

La Reserva Rotana

Cami de S'Avall. K.M. 3
Apartado Correos 69
E-07500 Manacor, Mallorca
Telefon: 00 34 / 71 / 84 56 85 - 84 56 86
Telefax: 00 34 / 71 / 55 52 58

La Reserva Rotana liegt drei Kilometer westlich von Manacor, zwanzig Autominuten von Portocristo und der Ostküste entfernt.

14 Einzel- und Doppelzimmer, Suiten und Juniorsuiten im exklusiven mallorquinischen Landhausstil, teilweise mit eigenem Garten oder mit Terrasse zum Außenpool.
Preise von ca. 360,– bis 600,– DM inklusive Frühstück.

Innen- und Außenpool, Reiten, privater 9-Loch-Golfplatz exklusiv für Hausgäste, eigener Pro, fünf 18-Loch-Golfplätze in nächster Umgebung.

Mediterrane Gourmet-Cuisine, Weinkarte mit spanischem Schwerpunkt und mallorquinischen Kreszenzen. Das Restaurant mit Patio zählt zu Mallorcas feinen Adressen.

Mediterranes Klima mit trockenen heißen Sommern und milden Wintern. Als Ganzjahresziel speziell auch für Golfer attraktiv.

LTU, Lufthansa, Condor, Hapag Lloyd, Aero Lloyd und Air Berlin decken Direktflüge nach Palma von fast allen deutschen Flughäfen ab. Auch im Winter mehrmals wöchentlich. Im Sommer fliegen LTU und Hapag Lloyd von Düsseldorf aus täglich. Vom Airport in ca. 45 Minuten mit dem Mietwagen zum Hotel.

Exklusive Zuflucht im authentisch restaurierten Finca-Stil. Geheimtip für Golfer.

Lili Marleen

Peter Deilmann Reederei
Am Hafensteig 17–19
23730 Neustadt in Holstein
Telefon: 0 45 61 / 6 10 60
Telefax: 0 45 61 / 82 07

Törns in die Ostsee, ins Mittelmeer, in den englischen Kanal, entlang der westeuropäischen Küsten, zu den Azoren und den karibischen Inseln.

Zwei-Bett-Kabinen mit erstklassigem Komfort auf dem Promenadendeck, dem Hauptdeck und dem Kabinendeck. Je nach Kategorie und Route Preise pro Fahrt und Person zwischen 2 790,– und 9 980,– DM.

Sonne, Luft und Meer. Für Segelkundige ist die Teilnahme an Manövern möglich.

Elegantes Restaurant, vorzügliches Frühstücksbüffet, erlesene Lunch- und Dinner-Menüs. Regionale Spezialitäten je nach Destination.

Klima wechselt nach Destination und Route. Fünf- bis zwanzigtägige Trips übers ganze Jahr.

Wenn die Reise nicht im Heimathafen beginnt oder endet, arrangiert die Reederei An- und Abreisen mit Linienflügen der Lufthansa oder anderer renommierter Fluggesellschaften einschließlich des Personen- und Gepäcktransfers.

Authentische Segelerfahrung auf der traditionell getakelten Hochseeyacht mit dem Komfort eines Luxushotels. Hochqualifizierte deutsche Crew.

SUMMARY OF THE HOTELS

Las Dunas Beach Hotel & Spa

La Boladilla Baya
Crta. Cádiz, km 163,5
29689 Estepona (Málaga), Spain
Telephone: 00 34 / 5 / 2 79 43 45
Telefax: 00 34 / 5 / 2 79 48 25

Las Dunas lies directly on the beach between Marbella and Estepona.

75 luxurious rooms and suites in the Mediterranean style with terrace or balcony. Price according to the season: Double room with single occupancy 250,– to 390,– DM. Double room 320,– to 480,– DM. Suites 460,– to 2,100,– DM. Las Dunas Suites: 28 deluxe residences, 1–3 bedrooms, 1–2 bathrooms and kitchen, from Pts. 140 000,– per week.

Golf: 27 courses in the near vicinity, 40 courses on the whole of the Costa del Sol, special privileges for guests at La Quinta Golf & Country Club ten minutes away; Jet skiing, Water skiing, Katamaran sailing, Paragliding; Regena Sol Clinic and Spa.

Exquisite gourmet cuisine, Supervisor: Two-star-chef Heinz Winkler, Residenz Aschau.

The subtropical climate makes the Costa del Sol an all year destination. The high season is from the end of April to the middle of October. Golfers appreciate the excellent opportunity to play on the courses in winter.

Numerous airlines fly directly to Malaga daily from Frankfurt, Berlin, Düsseldorf, Munich, Vienna and Zürich. Transfer from there by car approx. 45 minutes.

La Reserva Rotana

Cami de S'Avall. K.M. 3
Apartado Correos 69
E-07500 Manacor, Majorca
Telephone:
00 34 / 71 / 84 56 85 - 84 56 86
Telefax: 00 34 / 71 / 55 52 58

La Reserva Rotana is located three kilometres west of Manacor, twenty minutes drive from Portocristo and the east coast.

14 single and double rooms, suites and junior suites in exclusive Majorcan country house style, some with their own gardens or with a terrace leading to the outdoor pool.
Prices from approx. DM 360,– to DM 600,– including breakfast.

Indoor and outdoor pools, riding, private 9-hole golf course for the exclusive use of residents, own professional golf coach, five 18-hole golf courses in the immediate vicinity.

Mediterranean gourmet cuisine, wine list with a Spanish flavour and Majorcan wines. The restaurant with patio is one of Majorca's most exclusive culinary venues.

Mediterranean climate with dry, hot summers and mild winters. Attractive for golfers all the year round.

LTU, Lufthansa, Condor, Hapag Lloyd, Aero Lloyd and Air Berlin all offer direct flights to Palma from nearly all German airports. Also in winter flights several times weekly. In the summer LTU and Hapag Lloyd fly daily from Düsseldorf. The journey from the airport to the hotel takes about 45 minutes in a hired car.

Exclusive refuge in authentically restored Spanish country house style.
Confidential tip for golfers.

Lili Marleen

Peter Deilmann Reederei
Am Hafensteig 17–19
23730 Neustadt in Holstein
Telephone: 0 45 61 / 6 10 60
Telefax: 0 45 61 / 82 07

Trips on the Baltic, Mediterranean, the English Channel, along the West-European coast, the Azores and the Caribbean Islands.

Cabins for double occupancy with first-class comfort at the promenade deck and the main deck. Depending at the route and the category, a trip will be charged from DM 2.790,– to DM 9.980,– p. p.

Sun, wind, blue sky and sea every time. For passengers with sailing experiences is the participation at the manoeuvres possible.

Elegant restaurant, excellent breakfast, served as a buffet, creative lunch- and dinner menus. Local specialities depending on the destination.

Climate depending of the destination and the route. Sailing trips from five to twenty days all year available. Ask for the topical programm.

If the sailing trip doesn't start or end at the home port, the Deilmann shipping company organizes the journey and the departure with scheduled flights of the German Lufthansa or other renowned airlines.

Genuine experience on a wonderful sailing ship with traditional rigging combined with the first-class comfort of a luxury hotel. Highly qualified crew from Germany.

Jetzt verschenken!

Der vorliegende *Hideaways* Bildband ist ein exklusives Geschenk für Genießer. Die faszinierenden Portraits der schönsten Hotels und Destinationen der Welt laden zu genußvollen Träumereien ein. 98,– DM (zzgl. Versandkosten)

Bitte frei- machen

Antwort

Hideaways
Leserservice
Klocke Verlag GmbH
Höfeweg 62 a

D-33619 Bielefeld

Jetzt reservieren!

Im **November 1998** erscheint der 2. Band von *Hideaways*. Er präsentiert auf 228 Seiten die schönsten Hotels auf Bora-Bora, den Fidschi-Inseln, Neuseeland, in Südafrika, der Karibik und vieles mehr. Reservieren Sie sich bis zum 30. September 1998 Ihr Subskriptionsexemplar für 78,– DM (inklusive Versandkosten).

Bitte frei- machen

Antwort

Hideaways
Leserservice
Klocke Verlag GmbH
Höfeweg 62 a

D-33619 Bielefeld

Jetzt abonnieren!

Für nur 27,– DM kommt das HIDEAWAYS Reisemagazin zweimal im Jahr zu Ihnen nach Hause. Lassen Sie sich verzaubern von den schönsten Hotels der Welt, die wir mit umfangreichen Portraits und atemberaubender Fotografie vorstellen.

Bitte frei- machen

Antwort

HIDEAWAYS
Leserservice
Klocke Verlag GmbH
Höfeweg 62 a

D-33619 Bielefeld

❑ Hiermit bestelle ich _______ Exemplare des exklusiven Bildbandes *Hideaways* – Die schönsten Hotels der Welt, **Band 1** (248 Seiten, Leineneinband) zum Preis von 98,– DM (zzgl. Versandkosten).

Name / Vorname: ______________________________

Straße / Nummer: ______________________________

PLZ / Wohnort: ______________________________

Datum / Unterschrift: ______________________________

❑ Ich zahle bequem durch Bankabbuchung.

Konto: ______________________ BLZ: ______________________

Geldinstitut: ______________________________

❑ Gegen Rechnung. Bitte Rechnungsstellung abwarten.

❑ Ich möchte _______ Exemplare des exklusiven *Hideaways* Bildbandes zum Preis von 98,– DM (zzgl. Versandkosten) verschenken. Bitte liefern Sie das Buch/die Bücher an die nachstehende Adresse. Die Rechnungsstellung erfolgt an meine Anschrift.

Name / Vorname: ______________________________

Straße / Nummer: ______________________________

PLZ / Wohnort: ______________________________

Datum / Unterschrift: ______________________________

❑ Hiermit bestelle ich _______ Exemplare des exklusiven Bildbandes *Hideaways* – Die schönsten Hotels der Welt, **Band 2** (228 Seiten, Leineneinband) zum Subskriptionspreis von 78,– DM (inkl. Versandkosten). Der Subskriptionspreis ist nur gültig bis zum 30. September 1998, danach kostet das Buch 98,– DM (zzgl. Versandkosten).

Name / Vorname: ______________________________

Straße / Nummer: ______________________________

PLZ / Wohnort: ______________________________

Datum / Unterschrift: ______________________________

❑ Ich zahle bequem durch Bankabbuchung.

Konto: ______________________ BLZ: ______________________

Geldinstitut: ______________________________

❑ Gegen Rechnung. Bitte Rechnungsstellung abwarten.

❑ Ich möchte _______ Exemplare des exklusiven *Hideaways* Bildbandes zum Subskriptionspreis von 78,– DM verschenken. Bitte liefern Sie das Buch/die Bücher an die nachstehende Adresse. Die Rechnungsstellung erfolgt an meine Anschrift.

Name / Vorname: ______________________________

Straße / Nummer: ______________________________

PLZ / Wohnort: ______________________________

Datum / Unterschrift: ______________________________

❑ **Ja,** ich möchte das Reisemagazin HIDEAWAYS abonnieren und bestelle hiermit 2 Ausgaben (März und September) zum Vorzugspreis von 27,– DM (statt 32,– DM) inkl. Porto (im Ausland zzgl. Portokosten). Das Abo verlängert sich jeweils um ein weiteres Jahr, wenn ich es nicht drei Monate vor Ablauf schriftlich kündige.

Name / Vorname: ______________________________

Straße / Nummer: ______________________________

PLZ / Wohnort: ______________________ Datum / Unterschrift: ______________________

❑ **Ja,** ich möchte ein HIDEAWAYS-Abonnement, beginnend mit Ausgabe _______, befristet bis Ausgabe _______ verschenken (mindestens 2 Ausgaben). Das Geschenk-Abonnement erhalte ich zum Vorzugspreis von 27,– DM (statt 32,– DM) inkl. Porto (im Ausland zzgl. Portokosten). Senden Sie die Magazine an die nachstehende Adresse. Die Rechnungsstellung erfolgt an meine o. g. Anschrift.

Name / Vorname: ______________________________

Straße / Nummer: ______________________________

PLZ / Wohnort: ______________________ Datum / Unterschrift: ______________________

❑ Ich zahle bequem durch Bankabbuchung (27,– DM für 2 Hefte).

Konto: ______________________ BLZ: ______________________

Geldinstitut: ______________________________

❑ Gegen Rechnung. Bitte Rechnungsstellung abwarten.

Widerrufsgarantie: Diese Bestellung kann ich durch Absenden einer kurzen Mitteilung an den HIDEAWAYS-Leserservice, Höfeweg 62 a, 33619 Bielefeld, innerhalb von 10 Tagen (Poststempel) widerrufen. Ich bestätige dies mit meiner zweiten Unterschrift.

Datum / Unterschrift: ______________________________